실기 · 예비교사를 위한

교육방법론

김진호 · 최철용 · 박혜경 · 강병재 공저

Educational Methodology

동 문 사

머/리/말

우리의 현대교육은 1945년 9월 24일 우리의 글과 역사를 배우는 수업이 시작되면서 비롯되었다. 그 후 초·중등 교육에 있어서 교육의 과정 기본 요소인 교육목표, 교육과정, 교육방법, 교육평가 등은 항상 교육문제의 대상이 되어 왔다. 특히, 교육목표나 교육과정의 문제로는 교육철학의 부재와 비합리성에 있었다 하겠다. 급변하는 사회 속에서 그러한 문제해결을 위한 관심은 7차에 걸친 교육과정 개편에 이르게 하였다. 한편, 교육의 과정에서 간과할 수 없는 또 다른 중요한 영역은 교육방법과 교육평가 영역이다. 아무리 좋은 교육목표와 교육과정을 가지고 있다하더라도 목표달성을 위한 적합한 교육방법이 행해지지 않고, 그 교육을 평가한다는 것은 아이러니가 아닐 수 없다.

전통적인 교육방법에서는 목표달성을 위하여 주로 교사가 주도되어 내용을 학습자가 수용하는 것으로 전개되었던 것이 지배적이었다. 상급학교 진학을 위한 입시제도나 학교교육 평가체제에서 교육방법의 개선은 무색할 정도로 초보적이었던 것도 부인할 수 없다. 입시준비나 선택형 평가체제에서 최상의 교육방법을 찾으려 했던 것이 우스운 일이었는지도 모른다. 그러나 최근 다행인지 불행인지 몰라도, 수행평가나 수학능력시험과 같은 평가체제가 보급되고 정책적으로 채택되고 있는 이유로 교육방법에 대한 관심이 고조되고 있다. 여기에서 '불행인지는 몰라도'라는 표현에는 그 이유가 있다. 왜냐하면, 어떤 방법으로 가르치고, 그것이 잘 가르쳐져서 학습목표가 제대로 달성되고 있는지 또는 잘 되었는지를 따지는 것이 평가일 터인데, 오히려 평가를 위하여 교육방법을 개선하고자 하는 식의 전후가 뒤바뀐 느낌이 들기 때문이다.

아무튼, 이제는 더 이상 많은 교육방법 교재나 연구물에서 제시되고 있는 교육방법에 관련된 원리, 이론, 기법들이 단순히 일정한 과정에서 이수하는 것으로 취급되지 않고, 이들을 실제적인 지식으로 활용할 때가 되었다. 이러한 시점에서 교육방법론에 대한 집필은 무척 다행스럽기도 하다.

필자들은 교육방법론의 전개를 논리적이며 쉽게 이해할 수 있도록 구성하려고 노력하였다. 따라서 심오한 이론은 가능한 배제하고 교사를 준비하는 대학생들에게 직접적으로 필요한 필수적이며 기초적인 내용을 담으려고 하였다. 또한 각 장의 서두에는 개요에 해당하는 '생각하기'를 제시하여 생각하면서 학습하는 학습방법을 포함시켰다.

이 책의 구성을 위한 주요내용을 장별로 간단히 제시해 보면 다음과 같다.

제1장에서는 최소한 교직에 관련된 사람이라면 교육이 무엇이며, 교육은 왜 해야 하는지를 알아야 한다는 판단 하에 교육의 개념을 쉽게 풀이했다. 제2장은 교육의 개념을 바탕으로 교수방법의 의의, 교수-학습과정의 구성요소, 교수활동 영역을 상세히 다루었다. 특히 교수(instruction)의 개념을 분명히 하였다. 제3장은 학습의 촉진을 위한 기본적인 학습이론에 구성주의를 포함시켜 다루었다. 제4장은 교수-학습과정에서의 주요 변인, 즉 학습자, 교사, 교수내용 등에 대하여 심리학적 이해와 역할을 살폈다. 제5장에서는 교수방법의 창안이나 전개의 원리가 될 수 있는 기본적인 교수이론과 다양한 교수모형을 다루었다. 제6장은 실제 교수-학습장면에서 사용될 수 있는 다양한 교수방법의 유형들을 제시하였다. 제7장은 교수-학습활동의 준비로서 과제 및 학습행동의 분석, 교수목표의 진술, 학습지도안의 작성방법 등을 구체적으로 다루었으며, 제8장에서는 교수방법의 지원체제로써 각종 교수매체의 유형을 제시하였다. 특히, 교수-학습에서 컴퓨터의 교육적 활용과 멀티미디어의 교육적 활용을 구체적으로 다루었다. 끝으로, 부록에 실기교과의 실제를 위한 학습지도안의 예시를 제시하였다.

결론적으로, 필자들은 본 교재가 현장의 교사나 특히, 교사가 되고자 하는 예비교사들에게 조금이나마 도움이 되었으면 하는 바람을 가지며, 앞으로 새로운 교육방법의 동향을 연구하여 계속적인 개정 및 보완을 약속한다.

끝으로, 이 책이 발간될 수 있도록 물심양면으로 도와주신 동문사의 이중수 사장님께 감사드린다.

2007

필자일동

차/례

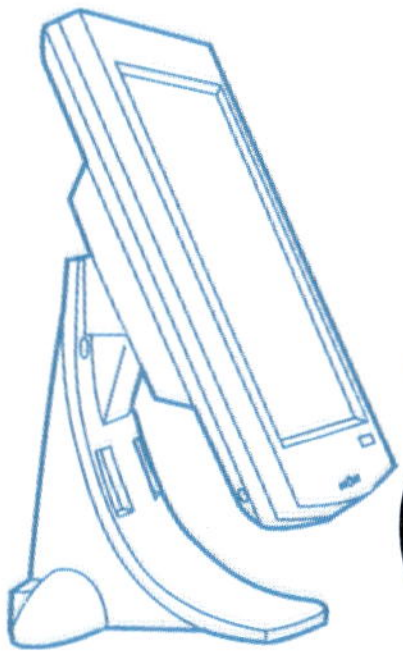

Chapter

01 학습과 교육의 이해

1 | 학습의 개념

2 | 교육의 개념

생각하기

교육방법론에서의 강조점은 어떻게 하면 잘 가르칠 수 있는가에 있다. 즉 어떻게 하면 교육내용을 잘 조직하여 전달할 수 있는가? 또는 어떻게 가르쳐야 학생들이 쉽게 이해할 수 있는가? 등에 관심을 가지는 것이 교육방법론의 목적인 것이다.

교육방법론을 연구하거나 교육방법에 대한 이해를 위해서 반드시 선행하여 알아야 할 것이 있다. 바로 교육이란 과연 무엇이고, 교육은 왜 하며, 또 훌륭한 교육을 위해서는 어떤 절차와 단계를 밟아야 하고, 교육에서 필수적으로 고려해야 할 요소들은 무엇인지 등에 관한 이해가 그것이다. 먼저 교육이란 무엇인가를 접근해보자.

교육은 특성상 어느 한 관점이나 영역 내에서 이해될 수 있는 것이 아니다. 이미 교육학 개론서나 기타 교육에 관련된 서적 및 강좌를 통해서 교육의 개념을 경험한 바가 있을 것이다. 교육의 개념에 대한 정의는 철학적 가치를 중심으로 하는 규범적 정의, 사회적 적응이나 전수를 목적으로 하는 기능적 및 사회적 정의 등이 있다.

중요한 것은 그 개념들이 추구하는 목적을 어떻게 이행해 나갈 것이냐 하는 것이다. 필자는 개인의 '심리적 변화' 과정에서 그 해결방안을 찾고자 한다. 다시 말하면, 가치를 추구해야 하는 규범적 정의나 사회의 한 구성원으로 성장하고 적응을 목적으로 하는 기능적 및 사회적 정의에 대한 성취는 결국 개인의 변화를 통해서 이루어질 것이라는 관점이다. 이는 근대 교육학을 최초로 과학적으로 체계화시킨 Johann E. Herbart가 교육의 목적은 윤리학에서 그리고 교육방법은 심리학에서 그 원리를 도출해야 한다고 주장한 것과 맥을 같이 한다고 하겠다.

이 장에서 교육의 개념은 주로 개인의 심리적 변화를 중심으로 전개하고자 한다. 특히, 여기에서 교육의 개념에 대한 이해의 목적은 두 가지에 있다. 그 하나는 본래적으로 개인의 심리적 변화를 중심으로 하는 교육의 개념을 이해하는 것이며, 다른 하나는 개인의 심리적인 변화라는 점에서 학습의 개념과의 차이를 분명히 밝혀 학습에서의 심리적 변화와 교육에서의 심리적 변화를 정확히 이해하고자 하는 것이다.

1 | 학습의 개념

우리는 학습이라는 용어를 주변에서 쉽게 듣기도 하고 사용하기도 한다. 여기에서는 학습을 심리학적 관점에서 살펴보기로 하겠다. 어떤 노력이나 환경적 영향에 의해서 개인에게 심리적인 변화가 왔다면 학습되었다는 말을 할 수 있다. 좀더 학문적으로 말하자면 '행동의 변화'가 왔다고 할 수 있다. 학습자가 지금까지는 전혀 할 수 없었는데 이제는 할 수 있게 되었다면 그 현상 자체가 학습된 것이다. 학습과 관련하여 몇 가지 예를 들어 보자.

어떤 영아가 걷지 못하였는데 엄마의 손을 잡고 많이 연습을 해서 다른 영아보다 더 일찍 걷게 되었다면 행동에 변화가 온 것이기 때문에 학습된 것이라고 할 수 있다. 또 25m 정도밖에 던지지 못했었는데 많은 연습을 통해서 이제는 평균적으로 30m를 던질 수 있게 되었다면 이 역시 행동의 변화가 온 것이다. 즉 그 아동의 던지기 능력은 5m만큼 향상된 것이다. 이쯤 되면 누구나 학습은 행동의 변화라고 이해하는 데 무리가 없을 것이다. 한편 학습을 공부하는 것으로 생각하는 사람들도 많다. 이 또한 당연한 것이다. 학습은 '배우고 익히는 것'이라는 해석도 맞는 말이다.

다음과 같은 예를 들어 보자. 지금까지는 몰랐는데 공부를 열심히 해서 일차방정식 문제를 풀 수 있게 되었다면 이 역시 학습되었다는데 이의가 없다. 또 지금까지는 일차방정식 문제밖에 못 풀었었는데, 이제는 이차방정식을 풀 수 있게 되었다면 학습의 깊이가 더해졌다고 할 수 있다.

이상과 같은 예시들을 통해서 우리는 학습의 현상을 이해할 수 있었다. 이제는 학습의 개념을 정리할 필요가 있다. 지금까지 많은 학자들은 학습에 대한 개념정의를 제시해 왔다. Morgan 등(1979)은 학습이란 "경험 또는 연습의 결과 생기는 비교적 지속적인 행동변화"로 정의하고 있으며, Hilgard와 Bower(1981)는 "학습이란 새로운 행동이 일어나거나 어떤 행동이 변용되어지는 과정"이라고 정의하고 있다. 그리고 Estes(1975)는 "학습이란 어떤 특수한 상황에서의 경험의 결과로 생기는 행동이나 행동성향의 체계적 변화"로 정의하고 있으며, Gagné(1985)는 "학습이란 일정기간 이상 인간의 성향이나 능력에 변화를 가져오는 현상"으로 정의하고 있다.

이상의 학습과 관련된 예시와 학자들의 개념들을 정리하여 정의하면 다음과 같다.

학습이란 '특정의 경험이나 연습을 통하여 새로운 행동이 생성(form)되거나 기존의 행동이 또 다른 행동으로 변화(change)되는 것으로써 비교적 지속적인 행동의 변화과정 및 결과'이다.

이와 같이 정리된 정의를 포괄적으로 정의하면 '모든 유기체의 행동의 변화'로 규정할 수 있다. 단, 특정의 연습이나 훈련을 통하지 않은 자연적인 성장 · 성숙 · 발달, 그리고 유기체가 본래적으로 타고난 생득적 반응경향성(포유동물의 젖빨기 행동)은 학습에서 제외되며, 행동의 변화는 왔으나 일시적인 행동변화(우연한 기록경신, 약물복용으로의 행동 등)도 학습에서는 제외된다.

학습의 개념을 정확히 이해하기 위해서는 몇 가지 고려해야 할 사항들이 있다.

첫째, 학습의 대상은 인간을 포함하는 모든 동물이다. 그 대상이 모든 유기체냐 아니면 그 대상이 반드시 인간이냐가 바로 학습과 교육의 차이이기도 하다.

둘째, 행동은 위의 예시에서처럼 겉으로 드러나는 행동과 드러나지 않는 행동을 모두 포함한다. 즉 공을 던지는 행동과 같은 외현적(外現的) 행동과 지식을 습득하고 사고하는 것과 같은 내면적(內面的) 행동 모두를 말한다.

셋째, 행동의 변화는 자연적인 변화가 아니고 특정의 연습이나 훈련의 과정을 통한 변화이어야 한다. 만일 어머니가 손을 잡고 꾸준히 아이를 걷게 하는 연습의 결과로 어떤 영아가 10개월째 걷게 되었다면 이는 학습이라고 말할 수 있다. 그러나 개인차는 있으나 보편적인 발달과업으로 볼 때, 특정의 연습을 하지 않고서도 12개월쯤에 걷게 되었다면 이는 학습이라 할 수 없으며 자연적인 성장이나 발달로 보아야 할 것이다.

넷째, 행동의 변화는 어느 정도 지속되어야 한다는 것이다. 방금 전에는 할 수 있었는데 지금은 할 수 없는 경우나, 우연적인 행동의 변화는 학습의 형태로 이해할 수 없다는 것이다.

2 | 교육의 개념

여기에서는 '개인의 심리적 변화'의 관점에서 교육의 개념을 살펴보기로 하겠다. 무엇보다도 학습자를 대상으로 교육을 담당할 교사는 교육이란 무엇인가에 대해서 그 개념을 분명히 정의할 수 있어야 한다. 교육을 개인의 심리적 변화의 관점에서 볼 때, 정범모의 정의를 인용하여 한마디로 정의하면 "바람직한 인간행동을 계획적으로 변화시키는 과정"이라 할 수 있다.

교육의 개념을 이해하기 위해서는 이 정의에서 내포되어 있는 속뜻을 정확히 파악하여 의미화 할 수 있어야 한다. 왜 바람직한 행동변화이어야 하고, 그 대상은 인간이며, 어떤 계획을 의미하는 것인지 등을 정확히 이해해야 한다는 것이다. 특히, 학습에서의 '행동의 변화'와 교육에서의 '행동의 변화'는 어떤 차이가 있는지를 분명히 함으로써 교육의 개념을 정확히 이해할 수 있을 것이다.

1) 바람직한 행동의 이해

교육의 이해는 왜 바람직한 행동변화이어야 하며, 그 대상은 인간인가에 대한 정확한 이해에서부터 접근될 수 있다. 학습에서의 대상이 인간을 포함한 모든 유기체라면 교육의 대상은 반드시 인간이다. 학습과 교육은 그 대상의 구분에서 차이가 있는 것이다.

다음과 같은 진술들은 과연 타당한지를 생각해 보자. '개를 교육시킨다', '지하철 안에서의 소매치기 방법을 교육한다', '사기꾼 집단에서 남을 속이는 방법을 교육한다' 등과 같은 진술을 보면 그럴싸하지만, 이러한 경우는 교육이라는 말보다는 훈련, 연습, 학습이라는 용어들이 더 어울린다. 왜냐하면, 개는 인간이 아니며, 소매치기 하는 방법이나 사기를 치는 방법을 바람직하다고 볼 수는 없기 때문이다.

교육은 반드시 인간을 대상으로 바람직하고 가치 있는 행동을 변화시키는 것을 목적으로 하는 것이다. 그러므로 학습이나 훈련의 개념에서는 '바람직한 행동의 변화'라는 표현보다는 '원하는 행동의 변화'라는 표현이 적절하다. 그리고 교육은 가치지향적인 행동변화로 이해해야 한다. 이것이 바로 학습과 교육의 기본적인 차이이다. 과거 행동주의 심리학이 많은 비판을 받은 이유도 동물을 대상으로 하여 실험한 학습의 결과를 여과 없이 인간에게 적용하고자 했기 때문이기도 하다. 비록 동물을 대상으로 한 행동주의 실험에서 벌의 효과가 강화의 효과만큼 나타난 것도 사실이지만, 과연 인간에게 있어서도 벌이 칭찬보다 더 효과적이라고 할 수 있는가?

그리고 반드시 염두에 두어야 할 것이 있는데, 교육은 바람직한 행동의 결과만으로 가치를 판단해서는 안 된다는 것이다. 교육은 오히려 결과보다는 그 과정이 얼마나 바람직했으며 가치 있었는가에 더 의미가 있어야 한다. 그렇다고 교육의 결과를 경시하는 것은 아니다. 다시 말해서, 결과도 중요하지만 과정이 더 중요하다는 의미이다. 아마도 교사라면 '교육은 결과보다 과정이 더 중요하다'라는 표현을 깊이 생각해 볼 수 있어야 한다. 예를 들어, 어떤 교사가 학생들의 성적을 향상시키기 위해서 긴장과 공포감을 조성하는 수업 분위기나 과중한 숙제, 그리고 그에 따른 체벌을 가하여 그 반의 성적을 향상시켰을 때, 결과만을 중시했다면 향상된 성적 그 자체를 바람직한 행동변화로 볼 수도 있을 것이다. 그러나 그 과정을 바람직했다고 하는 사람은 한 사람도 없을 것이다. 학습에서만이 수단과 방법을 가리지 않고 원하는 행동의 변화로써 학습의 효과를 말할 수 있을 뿐이다. 따라서 세뇌나 강요된 결과를 교육된 결과로 말할 수 없는 것이다.

여기에서 우리는 어려운 문제에 직면하게 되는데, 과연 어느 것이 그리고 어느 정도가 바람직하고 가치 있는 것인가? 바람직 하다느니 가치 있다느니 하는 것을 판단하는 것은 쉬운 일이 아니다. 한편, 더 나아가 숙명적인 것으로 받아들여야 하는 것은 대부분 교육을 담당해야 할 교사가 바람직하고 가치 있는 것을 판단해야 한다는 것이다. 만일 교사의 판단이 정확하지 못했다면 그로 인해 이루어지는 교육의 과정과 결과는 불보듯 뻔하기 때문이다. 그러므로 바람직하고 가치 있다라는 판단을 정확히 하기 위한 교사로서의 자질을 함양하는 노력이 필요하다 하겠다. 정확한 판단에 도움이 될 수 있는 몇 가지 준거를 제시해 보자.

가치를 논함에 있어 어느 곳에서나 누구에게나 가치부여 수준이 같거나 비슷한 경우도 있을 것이고, 때로는 누구는 가치를 높게 부여하지만 반대로 어떤 사람은 같은 사물이나 상황에 대해서도 가치를 별로 두지 않을 수도 있다. 이 세상에 절대적인 가치를 단정하여 말할 수 있는 것은 드물겠지만, 보편적이고 공유적인 가치가 있는 것도 있고, 상대적인 가치를 가지는 것도 있다. 바로 이러한 보편적이고 공유적인 가치와 상대적인 가치의 판단이 정확할수록 바람직하고 가치 있는 판단이 보다 용이해진다.

예를 들어, '도둑질을 하지 않는다든지, 살인행위를 하지 않는다든지, 약속을 지킨다든지, 다른 사람을 사랑한다든지, 인류의 평화를 지켜야 한다든지' 등은 아마도 어느 시대나 어느 사회를 막론하고 보편적이고 공유적인 가치로 인정되어 왔을 것이다. 즉 이러한 행위들을 바람직한 행동으로 보아 온 것이다. 또 상대적인 가치에 관한 예를 들어 보면, 우산장사는 비의 고마움을 느끼겠지만, 솜사탕 장사는 비가 오는 것을 바라지 않을 것이다. 이와 같이 어떤 사물이나 사상에 대한 가치는 상황에 따라 그 가치 수준이 다를 수 있는 것이다. 특히, 교육현장에서의 상대적 가치는 보다 중요하다고 하겠다. 왜냐하면, 교육이 이루어지는 장면은 어느 곳이나 항상 같지 않을 것이기 때문이다. 도시 아동들과 시골 아동들의 문화나 사회적 환경에 따라서도 가치의 의미는 다를 수 있다. 이와 관련하여 최근 제6차, 제7차 교육과정에서 두드러지게 강조되고 있는 지역의 특성이나 학교의 특성을 살릴 수 있도록 지역교육청장이나 학교장에게 교육과정에 대한 충분한 재량권이 부여되고 있는 것도 이와 맥을 같이 하는 것으로 보아야 할 것이다.

필자의 강조점은 교육상황에 따라 교육목표, 교육과정, 교육방법 등을 달리 적용할 수 있는 교사의 의무를 말하고 싶다. 즉 어떤 그리고 어느 수준의 교육목표 선정, 교육과정에 대한 이해와 보충, 최적의 교육방법의 탐색 등이 바로 교사의 의무이며, 이러한 노력에 따라서 '바람직하다' 또는 '가치 있다'고 하는 것에 접근할 수 있을 것이다.

2) 인간행동의 이해

이제부터는 교육에 있어서 인간행동에 대해 보다 구체적으로 알아보자. Bloom의 교육목표 분류학에 따르면 인간의 행동은 인지적 행동(cognitive behavior), 정의적 행동(affective behavior), 심체운동기능(psychomotor skill) 등으로 나누어진다.

인지적 행동은 지적인 행동으로서 사고력 · 지능 · 이해력 · 분석력 · 조직력 · 창의력 · 비판력 등을 말하고, 정의적 행동은 인간의 품성에 관련된 것으로 감정 · 정서 · 태도 · 가치체계 · 신념 · 동기 · 자아개념 · 인성 등이 이에 포함된다. 그리고 심체운동기능은 신경조직과 근육운동에 관련된 것으로 신경조직의 발달 · 근육의 발달 · 운동기능의 발달 등에 관련된 행동이다.

이상의 인지적 행동, 정의적 행동, 심체운동기능은 인간의 모든 행동을 포함하고 있다. 이들 행동은 교육을 통해서 변화시켜야 할 중요한 행동들이다. 어떤 행동이 더 중요하다고 말할 수 없으며, 나름대로 각 영역의 행동들은 그 중요성을 가지고 있다. 분명한 것은 이들 행동들에 대해 교육에서 어떤 행동에 편중하여 강조하거나 소홀히 한다면 교육의 의미는 그만큼 상실되고 만다. 즉 전인교육의 중요성을 말하자는 것이다. 많은 것을 지적으로 판단하는 것도 중요하고, 좋은 인성을 갖추는 것도 중요하며, 튼튼한 몸을 가꾸는 것도 중요하다. 어떤 행동도 교육에서는 경시할 수 없는 것이다.

최근 우리나라의 경우 교육의 문제로 지적되고 있는 것을 보면, 인지적 행동 중심의 교육을 말하고 있다. 그 원인은 아마도 입시제도와 무관하지 않을 것이다. 한편, 우리의 교육이 인지적 교육 중심이라는 표현에도 문제의 소지는 있다. 그 이유는 단순한 지식의 습득이나 이해 정도로 지적 교육을 모두 대변할 수 없기 때문이다. 인지적 교육의 관심은 오히려 습득된 지식을 활용할 수 있는 적용력, 원리를 탐구하고 분해할 수 있는 분석력, 자신의 생각이나 지식을 조직화할 수 있는 종합력, 상황을 정확히 판단할 수 있는 평가력 등의 고차적인 인지행동에 초점을 두어야 할 것이다. IMF 당시 온 나라가 국가경쟁력 향상을 위한 노력의 일환으로 절약을 강조한 적이 있다. 그러나 절약만으로는 근본적으로 국가경쟁력을 높일 수 없다는 것을 깨달았다. 100대의 컴퓨터 조립품 값이 1장의 CD에 실려 있는 프로그램의 값과 같다면 어느 것이 더 경쟁력이 높은 것인지는 자명해지는 것이다. 이러한 경쟁력은 바로 고차적인 인지적 능력으로 가능해지는 것이다. 이제는 더 이상 단순한 지식의 전달이나 그에 대한 이해 수준의 교육에 머물지 말고 보다 고차적인 적용력, 분석력, 종합력, 평가력 등을 겸비한 창의적인 인간으로의 성장을 위한 교육이 강조되어야 할 것이다.

이와 관련하여 아직까지도 문제의 여지는 있겠지만, 그래도 다행스러운 것은 보다 고차적인 인지능력을 평가하고자 하는 목적으로 도입된 수학능력시험은 우리의 인지적 행동에 대한 교육의 정상화를 꾀하고 있다고 할 수 있겠다. 그리고 우리의 교육문제는 유치원에서부터 대학까지에서 나타나고 있지만, 초등학교까지의 교육과정이나 교육의 과정은 비교적 과거에 비해 질적인 발전을 가져왔다고 필자는 나름대로 판단하고 싶다. 유치원 교육의 상황을 보면 이제는 과거에서처럼 한글을 익히고 단순한 산수를 계산하는 것이 전부가 아니다. 유아들은 뛰면서 놀이나 게임을 하고, 노래도 부르며, 노래와 함께 숫자놀이를 하고 있는 것이 오늘날 대부분 유치원 교육의 현상이기도 하다. 이와 같은 교육은 별거 아닌 것처럼 보이지만 상당히 깊이 있는 교육의 과정인 것이다. 뛰고 놀이하면서 튼튼한 몸을 단련하고, 게임을 하면서 규칙과 사회성 및 협동심을 배우며, 노래를 통해 즐거운 마음을 느끼면서 긍정적 정서를 함양하며, 숫자놀이를 통해서 지적인 학습활동을 하는 등의 의미가 내포되어 있는 교육의 과정인 것이다.

3) 계획적 변화의 이해

17세기 이후 세계적으로 공교육기관들이 본격적으로 설립되면서부터 교육은 학교라는 장소에서 대부분 이루어지고 있다. 학교교육이라는 형식적 교육기관을 통해서 이루어지는 교육은 그 교육의 체계에 따라서 교육의 효과를 달리하고 있다. 형식적 교육기관이 없을 때는 체계적인 교육이 어려웠다. 고대 그리스시대에 많은 소피스트들은 나름대로의 민주적인 사회분위기에 따라 자신의 사변을 교육내용으로 삼았을 것이다. 또한 일정한 교육장소가 거의 없었기 때문에 교육장소는 자신의 집이나 집회장소, 때로는 길목 어귀가 되었을 것으로 추측되며, 그때그때의 생각들이 교육내용이었을 것이다.

그러나 오늘날은 대부분 일정한 교육장소와 일정한 교육과정에 의한 교육이 이루어지고 있다. 건축가는 튼튼한 집을 짓기 위해서 지질회사에 지반검사를 의뢰할 것이고, 자재의 선정에 신경을 쓸 것이며, 실용성과 미적 효과를 주기 위하여 건축설계자에게 설계도면을 의뢰할 것이다. 이와 같이 철저한 사전준비와 계획에 따라서 건축가는 튼튼하고 실용적이며 멋있는 집을 지을 수 있다. 이러한 예와 논리는 교육에서도 마찬가지이다. 철저한 준비와 계획에 따라 교육의 효과는 달라질 수 있다. 교사가 수업준비를 위하여 수업계획안을 잘 짰다면 그만큼 수업의 질을 향상시킬 가능성은 크다고 할 수 있기 때문이다.

이와 같이 교육에서의 계획적이란 구속하거나 제한한다는 의미에서의 계획이 아니라 보다 좋은 교육을 위한 준비이며, 교육의 체계적 접근을 위한 계획이라 할 수 있다. 교육에서의 계획을 위한 기본적인 요소 및 과정으로는 교육목표의 준비, 교육과정의 준비, 교육방법의 준비, 교육평가의 준비 등을 들 수 있다. 즉 어떤 인간행동을 어떤 방향으로 변화시킬 것인가의 목표를 정하고(교육목표), 목표달성을 위한 내용(교육과정)과 방법(교육방법)을 결정하고, 그에 따른 교육이 이루어진 후 교육의 효과를 평가(교육평가)해 보는 일련의 전문적인 과정이 투입되어짐을 의미한다.

첫째, 교육의 준비에는 우선적으로 교육목표의 설정이 필요하다. 즉 교육하는 이유는 어디에 있으며, 무엇을 교육할 것이냐를 정해야 한다. 교육목표는 어떤 인간의 행동을 어떤 방향으로 변화시키고자 하는 최종적인 행동의 제시인 것이다. 그렇다면 교육목표는 어떻게 정할 것인가가 중요한 문제로 대두될 수 있다. 교육목표는 철학적, 사회·문화적, 학습 및 발달심리학적 배경 등을 그 준거로 삼는다. 교육목표는 인간이 추구해야 할 가치를 내포하고 있는지, 사회의 요구나 조류 및 문화를 충분히 반영하고 있는지, 개인의 발달 수준이나 학습 가능성은 있는지 등을 우선적으로 고려한다. 또한 목표는 실현 가능하고, 합리적이며, 타당해야 한다. 만일 학습자의 수준을 고려치 않고 무리한 목표를 제시한다면 목표달성의 가능성이 희박해질 것이고, 시대적으로 뒤떨어진 목표는 합리적이지 못하며, 다른 교과나 영역에서 다루어야 할 목표를 다룬다면 타당성이 없는 것이다. 교육목표는 이와 같은 준거 요소들을 충분히 고려하여 설정되어야 한다.

둘째, 목표가 설정되면, 그 목표달성을 위한 도구가 필요하다. 즉 목표를 달성하는 데 필요한 교육(교과)과정의 선정을 말한다. 교육과정에서의 우선적인 고려점은 과연 목표달성을 위해서 현재의 교육과정, 즉 내용은 충분한가에 있다. 부족하다면 교사는 관련서적이나 참고자료 등을 통해서 교육내용을 보충하는 활동을 해야 한다. 한편 교육과정 선정활동이 충분한 이론적 근거와 실증적 증거를 근거로 할 때 최적의 교육과정으로 선정될 수 있다. 교육과정 선정활동은 발달 또는 심리학적 이론에 따른 내용의 선정 및 조직과 그에 따른 실험을 통하여 평가된 교육과정을 적용하는 과정을 거쳐야 한다.

셋째, 목표와 교육과정이 선정된 다음에는 그것을 직접적으로 학생과 함께하는 교육활동으로 옮겨져야 한다. 이왕에 교육을 하려면 잘해야 되지 않겠는가? 교육을 한 후에 학생의 이해가 모호하다면 무언가 잘못된 교육일 수 있다. 즉 최적의 교육방법의 적용을 말하는 것이다. 단순히 가르친다는 것이 아니라 '어떻게 가르칠 것인가'에 강조를 두어야 한다. 따라서 교사는 다양한 교육방법에 대한 지식과 이해를 겸비해야 하며, 교육상황에 따라 최적의 교육방법을 선택 또는 최적의 교육방법을 창안할 수 있는 능력을 갖추어야 한다. 예를 들어, 교사는 새로운 지식이나 정보의 전달을 위해서는 설명식 교수방법, 가치관 형성에 관한 수업을 위해서는 토론식, 원리를 발견하기 위해서는 발견학습이나 탐구학습방법 등을 적용하거나 병행할 줄 알아야 할 것이다. 또한 필요에 따라 교수자료 및 교수매체를 적기에 활용할 수 있어야 한다.

넷째, 교육활동은 목표를 설정하고, 목표달성을 위한 내용을 선정하고, 그것을 가르치는 것으로 끝나는 것은 아니다. 즉 교육은 평가의 과정을 통해서 그 효과성을 밝혀야 한다. 왜냐하면, 결과적으로 교육된 것이 없다면 그것은 시간적인 낭비만 가져온 것이기 때문이다. 물론 앞의 과정을 철저히 했다면 교육의 효과는 있었겠지만 교육은 기계를 조작하거나 제품을 만드는 것과는 그 성질이 다르다. 인간을 대상으로 한 이상 과연 한 개인에게 얼마나 바람직한 변화를 가져왔는가를 평가할 필요가 있다. 즉 교육평가활동이 반드시 이루어진 후에야 비로소 교육이 어느 정도 마감됐다고 할 수 있는 것이다. 결과적으로, 교육의 효과가 없다면 그것은 교육된 것도 아니며 교육자의 무책임을 면할 수 없을 것이다. 그리고 만약 효과가 없었다면 그 원인을 찾아 보충하고자 하는 태도가 필요하다.

한편, 교육평가는 마지막에 한 번 평가하는 것으로만 이해해서는 안 된다. 앞서도 지적했듯이 교육은 결과도 중요하지만 그 과정이 더 중요하다고 한 진술을 다시 생각해 볼 필요가 있다. 교육평가는 교육의 전 과정에 대한 평가의 의미를 내포하고 있어야 한다. 혹시 최초의 목표는 너무 추상적이거나 학생의 수준에 맞지는 않는지에 대한 교육목표의 평가, 과연 목표달성을 위해 내용은 충분하였는지에 대한 교육과정에 대한 평가, 적합하지 못한 교수방법을 사용한 교사의 교수활동으로 인한 결과가 학생의 탓으로 돌려지지는 않았는지를 따져 볼 수 있는 교수방법에 대한 평가 등에 대한 교육 일련의 과정에 대한 평가활동이 이루어져야 할 것이다. 즉 교수활동이 끝난 후 누군가의 반문이 'So What?'이라면 그에 대한 답을 할 수 있을 때 비로소 교육활동을 했다고 할 수 있는 것이다.

위와 같은 평가활동이 교육의 전 과정에서 일어났다면 그 반문에 대한 답에 우리는 쉽게 접근할 수 있을 것이다. 예를 들어, 기존의 목표가 너무 추상적이었기 때문에 목표를 구체적으로 진술하거나 수정하여 제시하지 않았는가? 교과서의 내용으로는 목표달성이 어렵다고 판단하였기 때문에 별도의 자료를 제공하지 않았는가? 또 처음의 방법으로 설명했을 때 이해가 안 되었기 때문에 다른 방법을 통해서 이해하지 않았는가? 등과 같은 대답들일 것이다. 바로 이러한 대답에 이의가 없다면 교육은 분명히 이루어진 것이다.

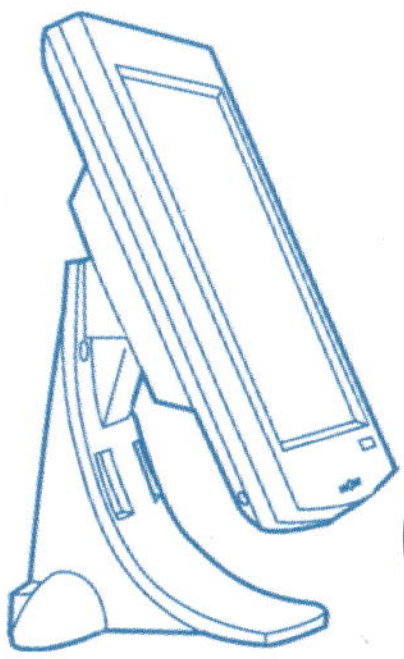

Chapter

02 교수-학습과정의 이해

생각하기

앞 장에서 교육이란 무엇인가에 대하여 학습의 개념과 대비하여 살펴보았다. 우리는 교육을 '바람직한 인간행동을 계획적으로 변화시키는 과정'이라고 개념정의하고, 과연 '바람직하다'는 것은 무엇이며, 교육에서 '계획적'이란 무엇을 의미하는지를 탐구하였다.

다음으로 그러한 '바람직하다', '계획적이다'라는 것의 의미를 실천에 옮길 수 있는 방법을 탐구하는 데 관심을 가져야 한다. 즉 어떻게 교육해야 바람직한 행동으로 변화시킬 수 있으며, 어떻게 계획해야만이 최상의 교육을 할 수 있는가라는 관심이다. 따라서 이 시점에서는 최상의 교육과정 및 결과를 위하여 어떻게 또는 어떤 방식으로의 교육활동 즉 교육방법론적 활동을 탐구하는 것이 필수적인 절차인 것이다.

한편, 교육의 영역은 포괄적이다. Reigeluth(1983)는 교육을 다섯 가지 영역으로 구분하고 있는데 교수(instruction), 교육과정(curriculum), 상담(counseling), 행정(administration), 평가(evaluation) 등이 그것이다. 이들 각 영역들은 교육을 성립시키는 필요조건으로서, 교육적 상황에 따라 독립적으로 또는 상호 유기적으로 작용한다. 본 교과과정의 특성상 교수(instruction) 영역을 중심으로 과정을 전개함을 미리 밝혀 둔다.

이 장에서는 교수방법의 개념과 의의, 교수과정 및 구성요소, 교수의 개념, 교수의 영역 등을 살펴보기로 하겠다.

1 | 교수방법의 개념과 의의

일반적으로 방법이란 어떤 목적을 달성하기 위한 방식이라고 할 수 있다. 어떤 목적을 달성하는 데에는 그 경로나 방식에 따라서 달성 수준이나 시간적 소요에 있어서 차이가 있을 수 있다. 즉 방법에 따라서 결과의 효과성과 효율성 수준이 다르다는 것이다.

변영계 등(2000)은 일반적 방법에 대한 이해를 위해서는 그 개념에 내포된 두 가지의 특징을 알아야 한다고 하고 있다.

특징의 하나는 방법이라는 말은 어떤 '목적'을 염두에 두고 있으며, 또한 목적은 목적에 도달하지 못한 '현재의 상태'를 반드시 전제로 한다는 것이다. '운전해야 할 필요'나 '미적분을 풀어야 할 필요' 또는 '다른 방법을 찾아야 하는 현재' 등이 그 예가 될 수 있다.

또 다른 하나의 특징은 방법이라는 말을 넓게 보면 목적에 도달하기 위한 '이론적 지식'과 이를 실현시킬 수 있는 '실행력'을 포함하고 있다는 것이다. 예컨대, '승용차를 운전하는 방법을 안다'는 것은 승용차를 운전하는 절차를 말로 설명하거나 글로써 표현할 수 있는 이론적 지식과 그 지식을 바탕으로 실제로 승용차를 운전할 수 있는 실행력을 포함하고 있는 것이다.

현재 학습자의 상태는 승용차를 운전해야 하는 상황이며, 이론적 지식은 안전벨트를 착용해야 하는 것, 시동을 걸어야 하는 것, 좌우·전후 등을 확인 주시해야 하는 것, 기어를 주행위치에 놓아야 하는 것, 액셀러레이터를 서서히 밟기 시작해야 하는 것 등을 말하며, 실행력은 실제로 승용차를 운전하여 주행하는 행위를 말한다.

'상황'에서 '행위'에로의 절차가 바로 방법인 것이다. 이러한 일반적 방법의 개념은 교육에서도 마찬가지이다. 다시 말해서 교육하는 방법에 따라서 교육목적 달성 수준 및 속도는 다르다. 여기에서 우리의 관심은 '어떻게 하면 의도하는 목적을 보다 쉽고 빠르게 달성할 수 있는가'라는 교수방법에 있다. 교수방법이란 교수목표를 달성하기 위해서 어떻게 가르칠 것인가를 지시하는 다양한 전략을 말한다. 한편, 전략은 교수의 전 과정에 대한 체제적 접근에 의해 결정된다.

따라서 '교수방법이란 교수목표 달성을 목적으로 제반의 교수활동인 설계 · 개발 · 적용 · 관리 · 평가를 하는 데 요구되는 지식과 그 지식을 실천에 옮기는 실행력'이라고 정의할 수 있다.

일반적인 방법의 특성을 기초로 교수방법의 특성을 표현하면 다음과 같다(변영계 외, 2000 재인용).

그림 2-1 교수방법의 특성

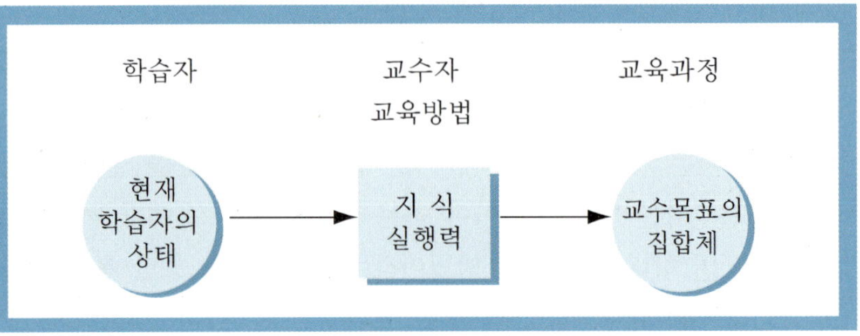

교수방법은 교수-학습 활동을 전개해 나가는 전문적 방법으로서, 학습자의 행동을 의도한 대로 변화시키거나 촉진시키는 것을 목적으로 한다. 교수방법의 의의는 '교수과정(教授過程)'에 대한 Corey (1967)의 정의에서 찾을 수 있다.

Corey는 "교수(instruction)란 개인으로 하여금 특정한 조건 하에서, 또는 특정한 상황에 대한 반응으로서의 특정한 행동을 나타내도록 학습하게 하거나 또는 그 특정 행동에 참여할 수 있도록 개인을 둘러싼 환경을 계획적으로 조작하는 과정"이라고 정의하고 있다(김호권, 1985 재인용). 이 정의에서의 핵심은 '특정한 행동을 나타내도록' 그리고 '개인을 둘러싼 환경을 계획적으로 조작'이라는 표현에 있다.

제1장에서 전술한 바 있는 교육의 개념에 비추어 볼 때, '특정한 행동을 나타내도록'과 '계획적인 변화'라는 표현은 한마디로 '무엇을 어떻게 가르칠 것인가'로 변형시킬 수 있다. 교육은 '무엇을 어

떻게 가르칠 것인가'의 분명한 의도에서 출발한다고 할 수 있다. 이를 토대로 '교수방법이란 개인이 특정한 행동(what)으로 나타낼 수 있도록 효과적이고 효율적으로 내용을 조작(how)하기 위한 계획적 방안'이라고 할 수 있다.

따라서 최상의 교수를 위한, 즉 최적의 교수과정 및 결과를 이끌어내기 위한 철저한 교수방법의 이해, 준비, 적용은 교육에 있어서 필수적인 절차로서 중요한 의의를 지닌다고 할 수 있다.

2 | 교수-학습의 과정

1) 교수-학습의 구성요소

교수-학습(instruction)은 교수자, 학습자, 내용의 관계 속에서 전개된다. 이들 요소는 흔히 교육의 3요소(three elements of education)로 간주되고 있다. 즉 교육은 내용을 매개로 교수자와 학습자 간의 상호작용을 통해서 교육의 정도와 질적 수준을 더해 가는 것이다. 교수-학습과정에서도 마찬가지로 이들 3요소의 관계 속에서 교수-학습의 깊이가 더해진다.

그러나 전통적 수업에서는 교수자가 주체가 되어 학습자는 단지 교수자의 내용전달을 수용하는 데 머무는 경우가 많았다. 한편, 최근의 교수이론, 특히 대안적 교수-학습체제로서의 구성주의(constructivism) 교수-학습 전략은 학습자 주도의 교수-학습 활동을 강조하고 있다. 이 전략은 학습자의 지식습득과정에 초점을 두고, 학습자 중심의 교수-학습 환경을 마련하여 학습자의 이해구조를 형성하는 것을 주된 원리로 하고 있다(허형, 1997). 지식의 습득에 대한 구성주의적 관점은 지식을 학습자 개개인이 외부세계와 상호작용하는 과정에서 개인적으로 구성하는 의미(meaning)로 보는 것이다.

한편 여기에서는 위의 3요소의 관계에서 교수자를 주체로, 학습자를 객체로, 내용을 매개체로 보는 전통적인 관점을 바꾸고자 한다. 다시 말하면, 현대적 교수-학습의 전략을 전제로 하고자 하는 것이다. 즉 학습자 주도의 교수-학습 활동을 전제로 하면서 내용을 매개체로 하여 교수자와 학습자의 상호작용 관계를 기본으로 하는 교수-학습을 말하는 것이다.

교수-학습 과정에서 교수자만이 주도가 되면 학습자 활동이 무시되기 쉬우며, 또 지나치게 학습자만이 주체가 되면 교수행동의 의미가 무색해지기 쉽기 때문이다. 물론 교수-학습 활동의 궁극적인 목적이 학습자의 성취에 있지만 교수-학습 체제에서는 교수행동 없이 자동적으로 학습활동이 일어난다는 보장도 없기 때문이기도 하다. 결과적으로 교수행동과 학습행동이 서로 상호적인 관계 속에서 최종의 학습목표가 성취될 수 있는 것이다. 즉 교수-학습 체제에서는 학습활동을 촉진시키기 위한 제반의 교수행동이 전개되고, 동시에 학습자의 적극적인 학습행동이 일어날 때 최상의 교수-학습 활동이 가능한 것이라는 것이다.

이상의 진술은 Macdonald가 제시한 "교수-학습을 위한 교육" 도식을 참고하여 다음과 같은 교수-학습의 요소와 관계를 구체적으로 이해할 수 있을 것이다([그림 2-2]).

[그림 2-2]에서 보면 교육과정(내용)을 가지고 교수행동과 학습행동이 이루어지는 교수-학습 활동의 체제를 도출할 수 있다. 즉 교수-학습 활동의 3요소(내용, 교수행동, 학습행동)는 교수-학습 체제에서 그 관계가 성립되는 것이다.

그림에서 이론적으로 교수-학습 성취(빗금)는 최대한의 교육내용을 최대한의 교수행동과 최대한의 학습행동으로써 확대될 수 있을 것이라는 기대를 할 수 있다. 한편, 이들 3요소가 최대한의 조화(일치)를 이룰 때 최상의 수업활동을 통한 최대의 교수-학습의 성취가 가능해질 수 있는 것이다.

즉 목표적 조화는 수업활동을 통해서 가능하다는 것을 염두에 두고 볼 때, 교수자와 학습자의 상호작용은 필수적인 활동이라고 할 수 있다.

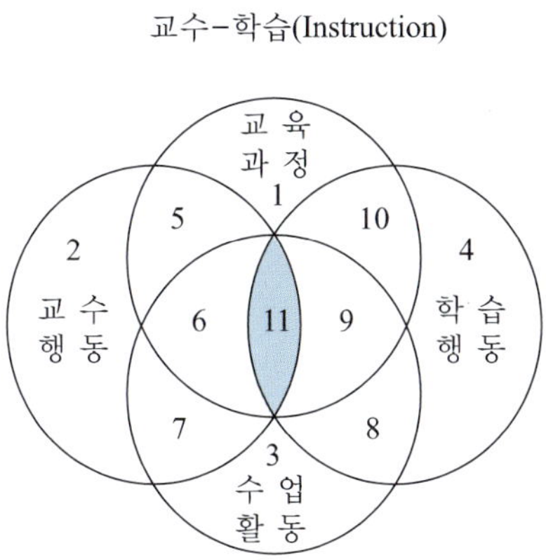

그림 2-2 교수-학습의 요소 및 관계

그러나 최대한의 목표적 조화가 단순히 추론적인 도식의 변형으로써 무한정으로 확대되는 것은 아니다. 즉 도식의 네 원이 하나의 원으로 합치되지는 않는다는 것이다. 단지, 목표적 조화가 보다 확대되는 것이다. 이러한 논리는 이제부터 설명될 도식에서의 각 부분에 대한 구체적인 이해를 통해서 깨닫게 될 것이다.

우선, 도식에 나타난 주요 요소를 간단히 설명하면 다음과 같다.

- 교육과정(내용)(curriculum) : 교수-학습활동을 전개하기 위한 지침으로서 선정 · 조직된 내용
- 교수행동(teacher's behavior) : 학습자의 학습 성취를 촉진시키기 위한 제반의 전문적인 교사의 목적적 행동
- 학습행동(learner's behavior) : 학습과제를 성취하고자 하는 제반의 학습자의 목적적 행동
- 수업활동(teaching) : 교수행동과 학습행동이 상호적으로 고려되어 교수-학습성취를 목적으로 하는 하나의 사회적 체제

다음은 세부적인 영역(1～10)의 특성을 살펴보기로 하겠다(그림의 번호 설명).

1: 교수행동, 학습행동, 수업활동에 포함이 안 된 내용(따라서 이

부분을 최대한으로 교수행동, 학습행동, 수업활동에 포함시키려는 계획 및 활동이 필요하다.)

2: 교육내용을 직접 다루는 교수행동이 아닌 교수 보조활동(수업자료의 준비, 매체의 준비, 교수-학습 환경 배치 등)이다. 이 부분은 수업활동에 직접 포함되지는 않았으나, 궁극적으로는 교수-학습 활동을 지원하는 간접적인 자원으로 작용할 수 있다.

3: 교수행동, 학습행동이 이루어지지 못한 부분, 즉 수업활동이 이루어지지 못한 부분(따라서, 이 부분은 교수행동과 학습활동이 일어날 수 있는 교수방법의 탐구 및 적용을 통해서 교수-학습 활동으로 유도될 필요가 있다.)

4: 교육내용도 아니며 교수행동도 접촉이 안 된 수업 외적 학습활동(학습자료 및 도구의 준비, 학습환경, 학습시간, 학습태도 등)에 관련된 영역으로 학습행동을 촉진 또는 저해시킬 수 있는 학습자 내외 특성으로 작용할 수 있다.

5: 수업활동에 포함이 안 된 교육내용 및 교수행동. 이 부분은 비록 수업과정에 직접적으로 포함되지는 않았으나, 예를 들어, 심도 있는 교육내용에 대한 교수자의 이해행동은 궁극적으로 교수-학습 활동을 지원하는 간접적인 자원으로 작용할 수도 있는 경우이다. 따라서 교수자는 교과에 대한 해박하고 전문적인 지식을 겸비해야 한다.

6: 교육내용을 수업에서 교수하였으나 학습자의 학습이 발생되지 않은 부분(평가적 차원에서 대안이 될 수 있는 최적의 교수방법의 탐구 및 적용이 필요하다.)

7: 의도적인 교육내용은 아니나 수업과정에서 학습자의 이해를 도모시키기 위한 관련적 보조 교수활동의 기능을 하는 영역으로써 일상생활의 경험이나 예시를 활용하는 활동 영역이다.

8: 의도한 교육내용도 아니고 그에 대한 교수행동도 없었으나 수업 속에서 학습활동으로 인해 학습된 부분(잠재적 학습)

9: 교육내용을 교수행동에 의해 의도적으로 다루지 않았으나 수업

과정에서 학습자가 교육내용을 학습한 부분(독립적 학습, 때로는 교수매체를 통한 개별 학습활동일 수도 있다.)

10: 수업활동에서 다루지 않은 내용을 학습한 부분(기초학습, 심화학습)

위의 도식을 정리하면 다음과 같다.

먼저 교수행동 요소를 보면, 목표(조화)에 직접적으로 접목되는 부분은 6으로서 내용을 교수하는 것이며, 2, 5, 7은 간접적인 교수행동으로서 결과적으로 교수-학습 활동을 지원한다.

다음으로 학습행동 요소를 보면, 목표(조화)에 직접적으로 접목되는 부분은 9이지만 4, 10도 학습행동으로서 교수-학습 활동을 지원하는 간접적 학습활동이다. 한편 8은 의도된 교육내용도 아니고, 또한 의도된 교수활동도 없었으나 학습자에게서 학습이 발생한 경우이다. 이를 의도한 목표나 교수활동이 아닌 데서 나타난 학습이라 하여 잠재적 학습(latent learning)이라고 하며, 이런 내용을 잠재적 교육과정(latent curriculum)이라고도 한다. 예를 들어, 어떤 수학시간에 '선의의 경쟁심'이나 '협동심'을 분명히 교수목표로 정하지도 않았고 그에 관련된 내용도 없었으나 다른 학생들의 성취에 자극되어 '선의의 경쟁심'이 발동(학습)되거나, 어려운 문제를 동료와 함께 협동하여 해결함으로써 협동의 가치를 깨달아 '협동하는 태도'가 생겨나는(학습) 것을 들 수 있다.

마지막으로, 교육과정(내용) 요소는 무엇을 교수-학습할 것인가에 관한 것이다. 여기에서의 최대의 과제는 최적의 내용을 제시하는 것이다. 이는 교육과정이론이나 그 원리에 충실함으로써 가능하다. 즉 연령, 학교급별, 학년별, 교과별 등에 적합한 내용의 선정 및 조직은 철학적, 사회·문화적, 발달 및 학습심리학적 이론 및 준거에 근거함으로써 가능하다는 것이다.

한편, 최종 내용의 선정 및 조직의 결정에 앞서서 실증적 검토(연구)도 필수적 절차라는 것을 알아야 한다. 또한 가능한 고차적 지식을 다루고, 학습의 이해나 전이가 잘 일어날 수 있도록 지식의 구조화 과정을 거친 내용을 제시해야 한다.

2) 교수의 개념

우리는 흔히 수업(授業)을 '가르쳐 주는 것', '가르치고 배우는 것' 등의 뜻으로 이해하고 있다. 그러나 수업이 교사가 가르치는 내용을 그저 받아들이기만 하는 것이라는 뜻은 현대적 의미에서는 받아들이기 어려운 개념이다. 따라서 수업의 개념 이해에 혼동을 피하기 위하여 'teaching'과 'instruction'으로 구분하여 수업의 개념을 분명히 하고자 하는 노력들이 나타나고 있다(Corey, 1967; Reigeluth, 1983; 김호권, 1985; Gagné & Brriggs, 1987; 변영계 외, 2000). 최근 국내의 문헌을 보면 이들 용어에 대해서 teaching을 수업으로, 그리고 instruction을 교수로 해석하는 경향이 있다(김호권, 1985; 변영계 외, 2000; 박숙희 외, 2004).

여기에서는 teaching을 수업, instruction을 교수로 하는 해석을 따랐다. 많은 정의들에서 teaching(수업)은 교사의 적용과 실행에 중점을 두는 개념으로 간주하고, 교수-학습의 개념인 instruction(교수)은 교사 행동, 교수 내용, 학습자 행동 모두를 포함시키고 있는 것이 지배적이다.

교수와 수업의 개념이 혼용되어 사용된 것이 사실이지만, 수업(授業)은 사전적 정의에서 보듯이 '학문이나 기술을 가르침'에 가깝다. 수업(teaching)은 교사와 학생이 함께 하는 체제 속에서 학습자의 학습활동을 도와주는 것을 주요 목적으로 가르치는 일에 필요한 지식이나 정보, 적절한 상황 또는 조건을 준비하는 것과 같은 학습을 촉진시키기 위한 내 · 외적인 조건을 체계적으로 조정하는 활동이라 할 수 있다. 한편, 교수(instruction)는 교수자와 학습자 간의 활동이 반드시 상호관계에 있음을 전제로 하고, 교수-학습 활동을 극대화시키는 데 요구되는 교육적 의도를 가지는 제반의 활동(설계, 개발, 적용, 관리, 평가 등)을 포함시키는 체계적 구조로 보는 것이 타당할 것이다.

Gagné와 Brriggs(1987)도 instruction의 사용을 주장하면서 이를 teaching보다 포괄적인 의미로 보고 있다. 본 교과과정에서의 교수의 의미는 특별한 언급이 없는 한 수업(teaching)의 의미를 초월한 개념인 instruction으로 보기로 함을 미리 언급한다. 따라서 교수(instruction)는 수업을 지원하는 일련의 활동을 비롯하여 수업(teaching)을 포함하는 포괄적 개념으로 이해해야 할 것이다.

Reigeluth(1983)도 "수업(teaching)은 주로 교수자의 적용과 실행에 중점을 두고, 교수(instruction)는 수업에 비해 포괄적인 것으로 설계 · 개발 · 적용 · 관리 · 평가를 포함한다"고 하였다.

이상의 교수에 대한 개념을 정리하면, 수업(teaching)을 '수업시간에 학습을 촉진시키는 데 주요 목적을 두고 가르치는 활동'이라고 한다면, 교수(instruction)는 '수업시간의 가르침은 물론 수업을 위한 준비, 계획, 수업활동, 수업 후의 처치, 즉 평가활동들을 포함하는 제반의 활동'이라고 할 수 있다.

3) 교수의 영역

교수활동은 교수설계, 교수개발, 교수실행, 교수관리, 교수평가로 구성된다.

다음 교수의 다섯 가지 하위영역을 구체적으로 살펴보기로 하자.

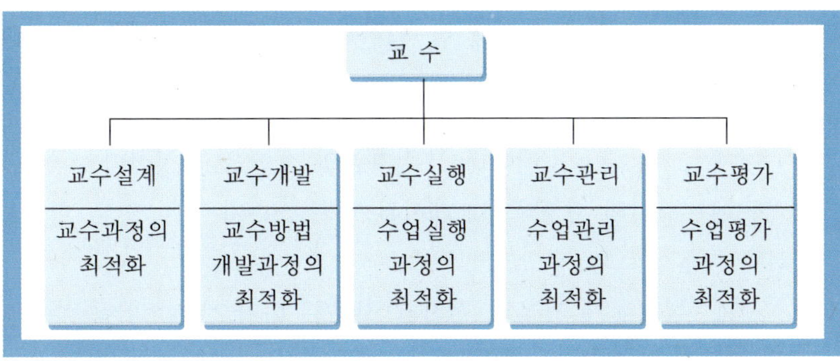

그림 2-3 교수의 하위 영역

(1) 교수설계(instructional design)

교수설계는 교수개발자와 교수실행자에 의해 수행되는 전문적 활동으로서 최대의 교수-학습 성취를 위해 교수활동이나 방법을 분석 · 개선 · 적용하는 데 필요한 제반활동과 전략적인 방안들을 계획하는 활동이다. 즉 교수-학습의 효과를 증진 · 개선시키기 위하여 교수-학습 과정을 최적의 조건으로 구성하는 데 요구되는 제반의 사태들을 기술 · 설명 · 처방 · 예언하는 일종의 교수-학습 계획안이라고 할 수 있다.

교수설계의 과정에는 학습자 및 과제의 특성 분석, 교수-학습의 관련 요소의 체계적인 조직, 적합한 교수방법의 선정 및 조직 등의 활동이 포함된다. 이와 같은 활동들을 통하여 최종적인 교수-학습 계획안이 마련되는 것이다. 예를 들어, 선정된 탐구학습법에 따른 도입, 전개 및 발전, 정리 및 평가 등의 일련의 수업절차를 구상하는 것을 들 수 있다.

(2) 교수개발(instructional development)

교수개발은 교수설계 단계에서 선정된 교수방법을 제작하는 과정으로서, 교수방법을 창안하는 기법을 개발하고 개선하는 것을 목적으로 한다. 즉 교수-학습 계획이 바로 교수-학습활동에서 실행될 수 있도록 교수자료나 매체, 교수활동 도구 등과 같은 교수방법 요소들을 개발 · 적용하는 기법이나 절차를 마련하는 것이다.

교수개발에서 고려해야 할 일반적인 절차는 다음과 같다(Dick와 Carey, 1996).

첫째, 교수 프로그램이나 교수자료의 초안을 작성한다.

둘째, 작성된 초안을 교과전문가와 학습자 대상으로 형성평가한다.

셋째, 형성평가 결과로 수집된 정보를 바탕으로 초안을 수정 · 보완하여 최종 산물로 개발한다.

(3) 교수실행(instructional implementation)

교수실행은 개발된 교수방법으로 활용될 각종 프로그램이나 자료를 가장 적합한 교수절차에 따라 실제적인 교수상황에서 처방하고 활용하는 핵심적인 수업의 과정이다.

(4) 교수관리(instructional management)

교수관리는 실행과정 및 실행된 교수방법을 관리하는 것이다. 교수관리는 실행된 교수방법 뿐만 아니라 실행 전의 관리 행위까지를 포함한다. 실행 전의 관리활동은 교수 프로그램이나 교수자료의 실행에 필요한 지원체제를 갖추는 것으로서, 지원체제에 대한 대책 수립 및 시행, 특정한 시설, 예산, 기자재, 특수한 전문요원 등이 필요한지를 결정하고 지원하는 것이다. 그리고 실행 후의 관리활동은 도구의 정리, 적절한 시간의 활용방법, 각종 자료수집 기법, 성적산출 절차, 교수 프로그램 및 교수자료의 수정, 절차의 개선 등을 처방하고 활용하는 과정이다.

(5) 교수평가(instructional evaluation)

교수평가는 모든 활동의 효과성, 효율성, 안전성, 매력성 등을 평가하여 그 방법들을 유지 또는 개선하는 것으로 이상의 교수활동 영역, 즉 교수설계, 교수개발, 교수실행, 교수관리 등이 얼마나 잘 수행되었는지를 검토하고, 그 가치의 의미를 부여하는 것이다.

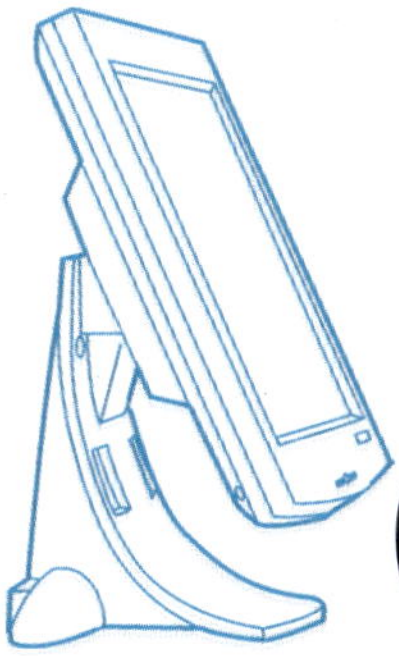

Chapter

03 학습이론

생각하기

학습이론이란 인간이 자신과 환경을 사용하는 능력을 향상시키기 위해 환경과 상호작용하는 과정의 속성에 관한 체계적이고 통합적인 견해(Bigge, 1982)를 의미한다. 지금까지 학습을 통한 인간행동의 변화를 어느 측면에서 보는가에 따라 다양한 유형의 학습이론이 발달해 왔다. 대표적인 학습이론으로 자극과 반응 간의 연결을 통해 학습현상을 설명하려는 행동주의이론, 인간의 내적 · 심리적 기제를 이해하려는 인지주의이론, 정서적 측면을 강조하는 인본주의이론, 인간과 인간 간의 관계에서의 상호작용성을 강조하는 사회학습이론, 그리고 최근 지식에 대한 학습자 중심의 주관적 해석과 스스로의 학습을 강조하는 구성주의이론으로 크게 유형화할 수 있다.

1 | 행동주의이론

행동주의이론에서는 학습을 경험의 결과로 나타나는 관찰할 수 있는 행동의 변화라고 정의하고 있으며, 따라서 행동주의 심리학자들은 관찰 가능한 행동에 초점을 두고 있다. 이의 근본적 원리는 자극과 반응 간의 연합인데, 자극이란 환경으로부터 학습자에게 제시되는 모든 것을 의미하며, 반응이란 자극으로 인해 나타나게 되는 행동을 의미한다. 행동주의에서는 이와 같은 자극과 반응의 연합을 학습으로 이해하고 있으며, 이러한 이유로 연합이론(association theory)이라고도 한다. 대표적 이론으로 시행착오 학습이론, 고전적 조건화와 조작적 조건화 이론이 있는데 이에 대한 다양한 원리와 교육에의 시사점을 살펴보면 다음과 같다.

1) Thorndike의 시행착오 학습이론(trial-error learning theory)

(1) 시행착오 학습의 형성과정

Thorndike(1874～1949)는 결합에 대한 이론을 특수한 반응과 특수한 자극을 연결시킨 시행착오 실험을 통해서 증명하고자 하였다. 즉 문제상자 속에 갇힌 고양이가 어떻게 빠져 나가는지, 그리고 미로 속의 배고픈 쥐가 음식물을 찾아가는 과정을 관찰하였는데, 처음에는 헛된 동작과 많은 시간을 소비하지만 우연한 기회에 문제해결 행동을 경험하게 되면 나중에는 습관적으로 그 행동이 학습되어 형성된다고 봄으로써 학습에서의 시행착오과정을 주장했다. 그는 여기에서 주요한 세 가지 법칙을 제시하였다.

① 준비성의 법칙

이는 행동에 대한 준비를 의미하는 것으로 결합은 준비가 되어 있을 때 만족스럽게 되고, 준비가 되어 있지 않을 때 만족스럽지 못하다는 것이다. 연습을 반복할 때도 그 연습이 상황에 속할 때 결합이 쉽게 이루어지며 그렇지 않을 때는 연습의 반복 자체도 무효라는 것이다. 이는 준비성이 문제 사태에 대한 상황적 문제의식을 갖는 것으로도 볼 수 있다. 즉 적합한 상황적 문제의식은 적극적인 반응을 일으키게 된다는 것이다.

② 연습의 법칙

이는 자극장면과 반응의 결합은 연습횟수가 많으면 많을수록 강해지고 적으면 적을수록 약해진다는 것이다. 행동주의가 보는 학습은 관찰 가능한 행동의 변화이므로 이를 위해서는 강화와 함께 계속적인 반복연습이 필요하다고 본다. 반복연습은 학습내용을 단계별로 나누어 실시하는 것이 효과적이라고 보는데, 이는 하위의 쉬운 과제부터 먼저 성공적으로 완수하여 강화를 받게 됨으로써 점차 어렵고 복잡해지는 단계에서도 과제를 성공적으로 완수할 수 있다는 것이다. 그리고 단순한 반복연습만으로가 아닌 효과와 관련된 반복연습에 의해서 비로소 결합이 잘 이루어진다고 본다.

③ 효과의 법칙

이는 자극과 반응의 결합이 유쾌하고 만족한 상태를 수반할 때는 그 행동의 횟수나 강도가 증가하고, 불쾌하며 불만족스러운 상태를 수반할 때에는 행동의 횟수나 강도가 감소한다는 법칙이다. 적극적인 학습활동은 학습내용에 대한 진전이나 효과의 자각이 있을 때 계속될 수 있으며, 학습에서의 피드백이 필요함을 강조하고 있다. 교사의 학습자에 대한 칭찬은 자극과 반응을 강하게 결합시켜 그러한 행동이 다음에도 높게 나타나게 되는 것이 그 일례라 할 수 있다.

(2) 교육적 적용

Thorndike의 준비성 · 연습 · 효과의 법칙을 학습실제에 적용한다면 첫째, 현재 어떤 과제를 수행할 능력이 비효과적인 수준이라고 판단될 때는 이를 진행시키지 말고 일정능력의 수준에 도달할 때까지 기다렸다가 수행함이 바람직하며, 둘째, 학습 중 정반응이 나타나면 교사는 어떤 종류이건 보상을 주어야 하며, 셋째, 학습자에게 무엇을 가르치려 할 때 스스로 할 때까지 기다렸다가 보상하는 것이 효과적이며, 그 과정에서 바람직한 반응을 보이면 즉시 보상하는 것이 효과적이라는 것이다.

이처럼 학교 학습상황에서 Thorndike의 준비성・연습・효과의 법칙은 너무도 당연하여 오히려 상식적인 것으로 간과해 버릴 수도 있다. 이에 Thorndike는 그의 이론과 법칙을 수학과목에 적용하여 아래와 같은 몇 가지 수칙을 제시하였는데, 이는 다른 교과목에도 적용 가능하며 보다 나은 교육효과를 낳을 수 있다.

① 학습자가 직면한 상황을 충분히 고려해야 한다.
② 새로운 사실과 기존의 사실을 결합하기 위한 어떤 방법을 생각해야 한다.
③ 결합은 일시적으로 일어나는 것이 아니므로 꾸준하게 시도해야 한다.
④ 다른 상황과 유사한 조건이라면 결합이 잘 일어나지 않을 것은 시도하지 않는 것이 좋다.
⑤ 여러 가지 방법으로보다는 유효할 것으로 보이는 한 가지 방법으로 결합을 유도하는 것이 좋다.
⑥ 결합은 나중에 실행될 것으로 보이는 방식을 택하는 것이 좋다.
⑦ 따라서 일상생활과 관련된 반응과 결합시키는 것이 효과적이다.

2) Pavlov의 고전적 조건화(classical conditioning)

이는 러시아의 생리학자인 Pavlov(1849～1936)에 의해 발전된 이론으로써, 개가 침을 분비하는 여러 가지 상황을 관찰하여 일정한 법칙을 밝혀 낸 결과를 학습의 현상을 설명하는 데 적용하였다. 물론, 인간의 경우에는 보다 복잡한 양상을 보이지만, 학습자가 환경에 반응한다는 사실은 환경을 적절히 조작함으로써 원하는 학습을 성취할 수 있다는 단서를 제공한 점에서 중요한 전환을 가져왔다.

(1) 고전적 조건화 형성과정

Pavlov는 개의 타액분비선을 수술하여 침의 분비를 외부에서 알 수 있도록 장치를 한 후 굶주린 상태로 실험을 하였다. 처음 개에게 음식물을 제시했더니 개의 입에서 침이 흘러나옴을 발견하였다. 그 다음 음식물을 주기 몇 초 전이나 혹은 동시에 학습 이전의 벨소리를 들려주었다. 이를 여러 번 반복하면 벨만 울려도 개의 타액선에서 침이 흐르는 것을 발견할 수 있었다. 음식물에 의한 침의 분비는 원래 개가 가지고 있는 반사이기 때문에 이때의 음식물은 무조건자극(Unconditioned Stimulus: US)이라 하며, 침은 무조건반사(Unconditioned Response: UR)라고 한다. 그런데 침을 분비하는 것과는 전혀 상관이 없는 중립자극(Neutral Stimulus: NS)인 벨소리와 음식물을 결합하여 반복적으로 제시함으로 인해 나중에는 벨소리만 들어도 침이 나오게 되는 경우, 이때의 벨소리는 조건자극(Conditioned Stimults: CS)이라 하며, 그러한 조건자극에 의해 일어난 반사는 조건반사(Conditioned Response: CR)라고 한다. 이러한 일련의 과정을 조건형성(conditioning)이라 한다.

조건형성의 과정을 도식하면 다음의 [그림 3-1]과 같다.

상황	자극			반응
조건형성 전의 상황	US 무조건자극 (예, 음식)		학습에 의하지 않음 →	UR 무조건반사 (예, 침 분비)
	NS 중립자극 (예, 벨소리)		→	무반사 또는 소리에 대한 우연한 주목
조건형성 과정의 상황	NS 중립자극 (예, 벨소리)	+ US 무조건자극 (예, 음식)	→	UR 무조건반사 (예, 침 분비)
조건형성 후의 상황	CS 조건자극 (예, 벨소리)		학습된 것 →	CR 조건반사 (예, 침 분비) 무조건반사와 조건반사가 같아짐

그림 3-1 고전적 조건형성의 과정

그 외 고전적 조건화에서의 주요현상에 관한 개념들을 제시하면 아래의 <표 3-1>과 같다.

표 3-1 고전적 조건화의 주요현상들

자극의 일반화	일단 조건이 형성되고 난 직후 유기체가 유사한 조건자극에 대해서 모두 반응하는 것을 의미한다. 예 : -개가 종소리만 듣고도 침을 흘리게 된 후면 비슷한 종소리만 들어도 침을 흘리게 된다. -국사시간이 교사의 지루한 설명으로 재미가 없었다면 유사한 과목 사회나 세계사도 흥미를 느끼지 못한다.
변 별	조건화된 자극과 유사한 자극에 모두 반응하던 유기체가 자극을 구분해서 반응하게 되는 것을 의미한다. 예 : -비슷한 종소리만 들어도 침을 흘리던 개가 처음의 종소리와 거의 같은 것에 대해서만 침을 흘리게 되는 경우이다. -국사시간이 지루하게 느껴졌던 것과 마찬가지로 사회나 세계사도 재미없을 것이라 생각했는데 사회담당 교사의 다양한 학습자료 제시나 열정적 교수법에 의해 흥미를 느끼게 되었다.
소 거	조건이 형성되고 난 후 무조건자극이 제시되지 않고 조건자극만 반복해서 제시될 경우, 조건반응은 점점 약해져서 마침내는 일어나지 않게 되는 현상을 말한다. 예 : -고기를 주지 않고 종소리만을 반복해서 들려주게 되면 나중에는 종소리를 들어도 침을 흘리지 않게 된다. -학기 초나 수업시작 시에만 열정적 수업태도를 보이더니 점차 사회담당 교사도 국사교사와 유사하게 지루한 수업을 진행함으로써 사회과목에 대한 흥미도 점점 사라지게 되었다.
자발적 회복과 재조건 형 성	조건반응이 일어나지 않게 된 후(소거현상이 일어난 후) 일정 기간이 흐른 후, 조건자극만을 제공할 경우 다시 조건반응이 일어나게 되는 현상을 말한다 그리고 조건자극과 무조건 자극을 계속하여 연결하여 제시하면 조건반응은 원래의 강도로 돌아가게 되는데, 이를 재조건 형성이라고 한다. 예 : -음식이 제공되지 않고 종소리만 들려줄 경우 더이상 침을

	흘리지 않는 소거현상이 일어난 후 일정 기간이 지나서 조건화되었던 그 종소리나 유사한 종소리를 들었을 경우 다시 조건화된 반응, 즉 침을 흘리게 되는 경우를 말한다. －사회담당교사가 자주 사용하던 흥미로운 교수기법이나 학습자료를 학기 중간정도 다시 사용함으로써 사회과목에 대한 학기초 형성되었던 흥미나 학습동기를 다시 유발되었다.
고차적 조건형성	조건자극이 조건반응을 형성하고 난 후 제2의 자극과 짝지어질 경우 제2자극이 조건반응을 일으키게 되는 것을 말한다. 이런 방식으로 제3, 제4의 조건자극을 만들어 낼 때, 이를 고차적 조건화라고 한다. 예 : －발자국 소리(제2의 자극)가 종소리(조건자극)와 연합되었을 때 발자국 소리만으로도 침을 흘리게 된다. －사회담당교사가 수업종료시의 쪽지 시험시 늘 빨간 뿅망치를 들고 진행하셨는데 뿅망치만 보면 수업종료가 다가옴을 알게 됨과 더불어 사후평가나 확인학습을 알리는 신호가 되었다.

이러한 고전적 조건화는 다음과 같은 중요한 기본원리들이 충족되어야 성립이 된다.

① 시간의 원리

중립자극을 무조건자극보다 시간적으로 먼저 제시할 때 가장 효과적으로 조건이 형성되며 제시간격도 너무 길거나 짧으면 조건형성이 어려워지는데, 가장 적당한 시간적 간격은 약 0.5초 이내이며 5초 이상 지연되면 조건형성이 이루어지지 않는다고 본다.

② 강도의 원리

이 원리는 무조건자극의 강도(强度)가 강하면 강할수록 조건형성이 용이해진다는 것이다. 무조건자극의 강도는 감각역(感覺閾)을 넘어야 조건형성이 된다(예 : 맛없는 찌꺼기 밥보다는 맛있는 소고기 분말). 그러나 너무 강하면 오히려 방해가 될 수도 있다.

③ 일관성의 원리

조건형성을 이루기 위해 제시되는 중립자극이 처음부터 끝까지 일관성이 있어야 한다. 즉 처음에 벨소리로 중립자극을 제시했다면 다른 형태의 것이 아닌 계속해서 벨소리를 들려줘야 한다는 것이다.

④ 계속성의 원리

이는 조건반사 행동이 나타날 때까지 중립자극을 계속적으로 충분히 제공해야 조건형성이 가능하게 됨을 의미한다.

(2) 교육적 적용

고전적 조건화이론은 인간의 학습도 조건과 반사로 해결하려 했다. 반사는 자극, 즉 조건에 의해 일어나는 것이므로 학습조건의 계속적인 대치에 의해 일어난다. 그러므로 인간교육도 조건화에 의해 의도한대로 지도할 수 있다고 보는 입장으로, 환경을 어떻게 조작하는가에 따라 결정된다고 보았다. 예를 들어, 공부를 싫어하는 학습자는 원래부터가 아닌 그 주변 환경에 의한 것일 수 있으므로 재미있는 환경으로 개선한다면 긍정적인 효과를 볼 수 있다는 것이다.

즉 교수-학습과 관련하여 즐겁고 허용적인 수업분위기에서는 학습자는 긍정적 정서를 느낀다는 것이다.

Wolpe는 고전적 조건화의 원리를 활용하여 불안이나 공포를 이를 제지할 수 있는 즐거운 행동과 조건화하고, 강도가 낮은 수준부터 높은 수준까지를 점진적으로 접하게 하여 벗어나게 하는 방법인 체계적 둔감법을 개발하였다.

어떤 행동을 제거하기 위해 그 행동을 할 때마다 혐오스러운 자극을 주는 혐오치료법은 알콜중독을 치료하기 위해서 술잔에 썩은 거미를 넣어두고, 담배를 필 때마다 구역질나는 주사를 맞도록 하거나, 전기충격을 주어 금연을 하도록 하는 방법 등으로 적용되고 있다.

그리고 이미 어떤 반응을 일으키고 있는 (무)조건자극에 새로운 무조건 자극을 더 강하게 연합시킴으로써 이전 반응을 제거하고 새로운 반응을 조건 형성시키는 역조건화는 즐거운 활동을 하는 동안 (먹기, 놀이 등) 공포반응을 야기하는 조건자극을 제시하면, 이 조건 자극은 공포반응이 아닌 즐거운 활동과 조건화되어 공포반응을 억제하는 방법 등으로 적용되고 있다.

교육현장에서는 교사들이 자주 사용하는 방법으로 지루해하고 어려운 과목을 학습할 때나 학습 후에 학습자들이 좋아하는 게임이나 활동들을 연결시켜 진행을 하는 경우를 들 수 있다. 실제 모 고등학교 교사는 요즘 청소년들이 춤을 좋아하기에 자신의 한문과목에 흥미를 느낄 수 있게 하기 위해 몸소 댄스동아리를 만들어 함께 활동하기도 하고 알까기나 골든벨과 같은 게임방식으로 수업의 장면이 즐거움이 넘쳐흐르도록 조건화시키는 노력을 아끼지 않아 성공적으로 수업을 이끌어 가고 있다.

3) Skinner의 조작적 조건화(operant conditioning)

행동주의이론을 보급하고 적용하는 데 공헌한 Skinner(1905~1990)는 실험심리학적 방법에 입각해서 인간행동의 일반적 원리와 법칙을 찾아 교육에 응용하였다. 인간행동을 종속변인으로, 외부환경을 독립변인으로 보면서, 인간행동의 원인을 발견 · 분석하여 예언하고자 했다. "우리가 인간행동의 원인들을 조작할 수 있는 만큼 인간행동을 통제할 수 있다"라고 하여 그의 행동주의 심리학을 조작적 조건화(operant conditioning)이론이라 한다.

그는 인간의 행동이 어느 정도는 고전적 조건화에 의해 설명될 수 있다고 동의하지만 언어나 쓰기, 읽기, 자전거 타기, 친구 사귀기 등과 같은 의식을 전제로 하는 복잡한 행동이나 습관 등은 조작적 조건화에 의해 학습된다고 주장한다. Skinner의 조작적 조건화와 Pavlov의 고전적 조건화의 가장 큰 차이점은 고전적 조건화가 행동을 유발시키기 위해 자극에 관심을 두는 반면, 조작적 조건화는 자극보다는 유발된 행동의 결과에 관심을 둔다는 것이다. 이런 의미에서 고전적 조건화를 S형, 조작적 조건화를 R형이라고 한다. 또한 결과된 행동의 의미에 있어서도 고전적 조건화는 자극에 의해 유출(elicit)된 반사적 행동(reflex)인데 반해, 조작적 조건화는 방출(emit)한 의도적이고 반응적 행동(response)이라는 데 차이가 있다.

Skinner는 조작적 조건화가 동물훈련에 매우 효과적임을 발견하고 인간학습에도 그 원리가 적용될 수 있음을 믿고 학습이론과 교수원리를 발전시켰다. 그 대표적 산물로써, 티칭머신(teaching machine)과 프로그램학습이라 할 수 있다. 또한 강화(reinforcement)의 원리가 조건형성의 지배적 원리로 보면서 다음과 같은 개념들을 연구해 나갔다.

(1) 강화유형과 강화계획

① 강화의 유형

강화(reinforcement)는 '원하는 행동을 유지시키거나 원하는 행동이 나타날 확률을 높이고자 하는 것'이다. 강화는 특징에 따라 정적 강화(positive reinforcement)와 부적 강화(negative reinforcement)로 분류되는데, 정적 강화와 부적 강화의 차이는 강화에 사용되는 강화물(reinforcer)이 학습자 입장에서 '좋아하는 것'이냐 '싫어하는 것'이냐에 있다.

정적 강화란 원하는 어떤 반응을 보일 때 보상(좋아하는 것 : 칭찬, 선물 등)을 줌으로써 후에 어떤 장면에 처했을 때 그 반응이 다시 일어날 확률을 증가시켜 주는 것이며, 부적 강화도 마찬가지로 원하는 어떤 반응을 보일 때 주어진 혐오적 상황(싫어하는 것 : 화장실 청소 등)을 제거 또는 면제해 줌으로써 그 결과 반응의 빈도가 증가하는 것을 의미한다.

강화유형	의 미	예
정적 강화물	반응을 한 후 제시했을 때 그 반응의 확률을 증가시키는 기능을 하는 자극	과자, 칭찬, 상, 보너스
부적 강화물	반응을 한 후 제거했을 때 그	꾸중, 벌 청소, 잔소리, 질책,

	반응의 확률을 증가시키는 기능을 하는 자극	전기충격
1차적 강화물	선천적으로 반응확률을 증가시켜 주는 무조건적 강화물	음식, 물, 따뜻함, 수면, 전기충격, 성
2차적 강화물	학습된 강화물 -중립자극이었던 것이 1차적 강화물과 연결되어 반응확률을 증가시키는 기능을 획득한 강화물, 즉 처음에는 강화의 기능이 없었던 물건이나 대상이 인간의 본능적 욕구를 충족시켜주는 1차적 강화물과 연결되어 강화의 기능을 지니게 된 것	돈, 격려, 칭찬, 사회적 인정, 쿠폰, 지위, 휴식, 자격증, 비난, 실격(돈은 처음에는 종이에 지나지 않았으나 1차적 강화물, 즉 옷이나 음식과 결합하여 강력한 보상이 되는 예)
일반화된 강화물	2차적 강화물 중에서 여러 개의 1차적 강화물과 결합된 강화물, 박탈조건이 아니더라도 효과를 발휘한다.	돈, 지위, 권력, 명성(음식물은 박탈된 상태에서만 강화의 기능을 하지만, 돈은 박탈여부에 관계없이 강화물의 기능을 발휘한다. 즉 돈은 백만장자에게도 강화의 기능을 발휘한다.)

한편, 강화와 상반되는 개념인 벌(punishment)은 '원하지 않는 행동을 제거 또는 약화시키는 것'이다. 벌도 특징에 따라 제1형 벌(적극적 벌)과 제2형 벌(소극적 벌)로 분류된다. 두 유형의 벌의 차이도 강화와 마찬가지로 강화물에 대한 학습자의 선호 또는 혐오가 기준이 된다. 적극적 벌은 원하지 않는 행동을 보일 때 혐오적인 강화물을 주는 것이다(싫어하는 것 : 질책, 체벌 등). 소극적 벌은 원하지 않는 행동을 보일 때 선호하는 강화물(좋아하는 것 : 컴퓨터 게임, 약속된 외식 등)을 박탈하는 것이다.

② 강화계획

유기체가 특정 행동을 유지하게 하는 데는 강화계획(schedule of reinforcement)이 중요하다. 어떤 반응이 일어날 때마다 계속적으로 강화를 주는 것을 연속강화(continuous reinforcement)라고 하며 유기체가 행한 반응 중 일부에만 강화를 주는 부분강화(partial reinforcement)가 있는데, 전자는 일상생활에서 아주 어려운 일이며, 후자의 반응의 시간과 반응비율에 따라 유동적으로 강화를 주는 방법으로 아래와 같은 네 종류의 강화계획을 이용할 수 있다.

첫째, 일정한 시간간격을 두고 강화를 주는 고정간격계획(Fixed Interval schedule: FI)과 둘째, 시간간격을 일정하게 정하지 않고 변동적으로 강화를 주는 변동간격계획(Variable Interval schedule: VI), 셋째, 일정한 반응횟수가 일어날 때마다 강화를 주는 고정비율계획(Fixed Ratio schedule: FR), 그리고 평균적으로 반응횟수를 정하여 대략적으로 그만큼의 반응이 일어났다고 볼 때 강화를 주는 변동비율계획(Variable Ratio schedule: VR) 등이 있다.

가장 이상적인 강화계획은 학습의 초기단계에서는 연속 강화를, 후기단계에서는 부분강화를 사용하는 것이며, 부분강화 중에서 반응확률이 높게 나타나는 순서는 변동비율계획 > 고정비율계획 > 변동간격계획 > 고정간격계획인 것으로 보고 있다.

(2) 교육적 적용

Skinner는 현실에서의 교육활동의 문제점으로 첫째, 행동은 부정적인 혐오스러운 자극에 의해 지배되고 있으며, 둘째, 행동에 대한 강화가 너무 늦게 주어지며, 셋째, 강화 프로그램이 바람직한 최종의 복합적인 행동까지 점진적으로 나아가게끔 구성되지 않으며, 넷째, 바람직한 행동에 대한 강화가 자주 주어지지 않고 있다고 지적했다.

이에 그는 즉각적 강화의 제공, 긍정적 강화에 의한 행동에의 보상, 소단계 학습에 의한 성공의 기회제공, 학습자의 능력에 맞춘 학습진행, 힌트의 적절한 사용 등을 교수전략으로 사용하였다. 아울러 교실상황에 있어서 Skinner가 강조하는 긍정적 수업분위기로 발전시키기 위해서는 다음과 같은 단계를 따르도록 요구하고 있다(변영계 외, 2000).

- 1단계 : 현재의 학습환경을 정확하게 분석한다.

- 2단계 : 잠재적인 정적 강화의 방법을 구체화한다.
- 3단계 : 변별자극과 강화를 포함하여 교실에서 최초로 도구화되어진 행동적 계열을 선택한다.
- 4단계 : 앞의 3단계를 실천하고 필요에 따라 그에 따른 기록을 유지한다.

그는 누구나 목표에 도달할 수 있음을 강조하였으며, 다만 목표를 달성하는 데 걸리는 시간의 개인차를 인정하고 있다. 그리고 이러한 학습속도의 개인차는 더 많은 강화와 과학적인 조건형성으로 극복할 수 있다고 주장하였다.

조작적 조건화의 교육적 적용은 다양하게 이루어졌는데, 그 중 대표적인 것을 살펴보면 첫째, 프로그램 학습(Programmed Instruction: PI)으로 학습과제를 여러 개의 작은 단위로 세분한 다음 순서대로 배열하여 학습자가 자기 속도에 맞추어 단계별 학습하도록 하는 방법으로 계열성의 원리와 강화의 원리를 이용하였다. 이와 유사하게 개별화 수업체제(Personalized Systems of Instruction: PSI)는 학습자들이 개별적 속도록 학습하고 환전학습을 지향하며 학습자료를 스스로 학습하는 조작적 조건형성원리를 이용하여 개발한 프로그램으로 켈러플랜(Keller plan)이 있다. 둘째, 완전학습(mastery learning)은 충분한 시간과 적절한 수업방법을 제공하면 대부분 학생들이 교과를 완전히 학습할 수 있다는 학습형태이며, 셋째, 행동수정프로그램은 학습원리를 응용하여 부적응 행동을 감소시키고 적응행동을 증진시켜 바람직한 방향으로 행동변화를 추구하는 방법이며, 넷째, 수업목표의 명세적 진술과 목표지향평가(형성평가)로 수업을 통해 달성하고자 하는 학습성과를 관찰 및 측정이 가능하도록 구체적으로 진술하여 수업지침과 평가의 준거로 활용토록 하였다.

2 | 인지주의이론

W. James, W. Wundt, J. Galton 등의 인지심리학들은 학습자를 수동적으로 보는 행동주의자들과는 달리 학습자를 능동적인 개체로 보고 스스로 학습을 완성한다고 보았다.

인지주의 입장에서 보는 학습이란 이해를 통한 학습자의 인지구조의 변화라 보면서 학습자가 따로 떨어진 정보를 서로 연결시켜 자신의 인지구조 속에 그 관계를 파악했을 때 진실로 학습내용의 이해가 일어난다고 본다. 즉 학습은 학습자의 인지구조의 현존하는 상태, 곧 스키마(schema)에 기초해야 한다고 보았으며, 이는 어떻게 학습자가 지식을 내적으로 구성하고 조직하느냐에 따라 새로운 학습이 결정되기 때문이라는 것이다. 따라서 학습내용은 학습자가 새 정보를 기존 지식에 의미 있게 연결할 수 있도록 조직되어서 학습자가 선수지식을 사용하여 현재 지식구조를 새로운 상황에 맞게 변화시키도록 도와주어야 한다는 것이다. 아울러, 학습과정에 있어서 학습자의 직관, 동기, 학습에 대한 정신적 준비 등을 주요한 요인으로 보았고, 또한 학습자의 능동적 참여가 수반되어야 할 것을 강조하고 있다(이화여자대학교 교육공학과, 1996). 인지주의 학습이론에 속하는 몇몇 이론들을 살펴보면 다음과 같다.

1) Köhler의 통찰설(insight theory)

학습에 대한 인지적 견해의 기초라 할 수 있는 형태심리학(Gestalt Psychology)은 1912년에 독일의 철학자이며 심리학자인 Wertheimer에 의해 처음 주장되었다. 여기서 'Gestalt'란 조직된 형태, 즉 윤곽이나 부분의 집합과는 대조되는 조직된 전체를 의미한다. 이러한 관점에서 학습은 사물의 부분들을 개별적으로 공부하는 것만으로는 부족하며 전체로 작용하는 것을 이해할 때 비로소 가능하다는 것이다. 이러한 그의 견해는 Köhler, Koffka, Lewin 등에 의해 구체화되고 발전되어 갔으며, 특히 1913년에서 1917년 사이에 이루어진 침팬지를 대상으로 한 Köhler의 실험은 이른바 통찰설이론을 낳게 했다.

Köhler는 침팬지가 있는 방 안에 몇 개의 상자를 넣어 주고 팔이 닿지 않는 높이의 천장에 달려 있는 사과를 어떻게 따먹는가를 관찰하면서 침팬지의 사고(지능)에 관한 연구를 했다. 그 결과 침팬지는 목적물(사과)과 사태와 도구와의 관계를 발견하여 상자 위에 또 하나의 상자를 얹고 올라가 바나나를 따먹는 것이었다. 여기서 Köhler는 침팬지가 이러한 관계를 발견하는 것을 '통찰(insight)'이라 보았고 '아하! 경험(aha! experience)'이라고도 하면서, 목표물과 수단과의 전체적인 관계를 돌연적이고 비약적으로 발견해내는 경험을 개념화했다. 즉 문제사태를 전체적으로 파악함으로써 자신의 목표달성을 위한 행동과 결부시켜 문제사태를 재구성, 재체계화하는 인지적 장(field)의 과정을 거친다는 것이다.

이러한 학습에 대한 형태심리학적 관점은 사회심리학적 Lewin의 장이론(field theory)에 의해 더욱 발전되어 갔다.

2) Lewin의 장이론(field theory)

Lewin(1890~1947)은 인지구조에 변화를 가져오는 힘은 인지적 장(場)과 개인의 요구나 동기에 의한 유의성과의 관계에서 오는 것이라 본다. 즉 개인의 행동은 그 행동을 지배하는 순간의 시간적·공간적 조건과의 함수관계(B=f(P·E))라 보면서 개인은 심리적 환경(psychological environment)에 둘러싸인 생활공간 속에 있고 그 속에 있는 개인은 지각적 운동영역(perceptual-motor region)과 내적·개인적 영역(inner-personal region)으로 분화된다는 것이다. 이러한 입장에서 학습이란 자극과 반응의 관계이기보다는 인지적 대상인 지각의 장과 내적·개인적 영역과의 관계에 의한 인지구조의 변화로 보는 것이다. 그는 학습이론에 대해 깊이 체계화시키지 못했으나 행동의 변화를 수반하는 학습이란 개인과 심리적 환경 간의 상호작용에 의해 이루어지는 생활공간의 변화라고 보았다.

그에 의하면 사람은 어느 시점에서 특정의 목표를 추구하려는 내적 긴장에 의해 행동한다는 것이다. 그리고 특정한 목표를 가질 때에는 그 목표를 달성할 수 있는 방법, 즉 무엇을 초래할 것이며 어떠한 노력이 어떤 결과를 가져올 것인가에 대해 어느 정도 나름대로의 신념을 가진다는 것이다. 이와 같은 관계에 대한 개인지각을 그 사람의 '생활공간(life space)'의 한 부분이라고 한다. 장의 이론은 형태심리학에서와 같이 학습을 재조직 또는 재구성으로 본다. 이를테면 사람은 새로운 지식으로 세상에 대한 이해를 체계화하고 새로운 요소들을 도입함으로써, 또는 원하는 것(요구), 좋아하는 것, 싫어하는 것에 변화를 가져봄으로써 자기의 인지를 재구성한다는 것이다.

그러므로 현대의 인지학습이론의 뿌리는 형태심리학 및 장의 이론에 있는 것이다. 인지주의자들은 여러 개념 간에 새로운 관계를 지각하는 것(통찰)을 학습의 핵심으로 본다. 학습은 이미 알고 있는 것, 이해하고 있는 것의 재배열인 것이다. 따라서 인지이론의 입장에서는 학습에서 인지구조, 목표지향적 행동 및 직관적 사고의 기회를 제공하는 것 등이 강조된다(윤운성, 1995).

3) Bruner의 발견학습(discovery learning)

Bruner는 "어떤 발달단계에 있는 아동에게도 교과를 어떤 정직한 형태, 즉 지식의 근본적인 구조로 표현한다면 어떠한 지식도 가르칠 수 있다"고 하면서 학습자의 인지구조에 적응하는 표상형태로 교과의 지식구조를 재조직하는 것이 교육과정이라 보았다. 여기서 지식의 구조란 해당 지식을 성립시키는 일반적 원리나 기본적 관념으로서 이를 토대로 다양한 사실적 자식이 파생되어 새로운 영역을 개척할 수 있는 것을 의미한다. 오늘날처럼 빠른 변화의 시대에서는 곧 변화할 표면적 지식이 아니라 보다 근원적인 관념, 즉 교과지식의 본질을 습득하는 것이 중요하다고 본 것이다. 따라서 Bruner는 학교에서 가르쳐야 할 것은 지식의 내용이 아닌 지식의 구조라는 것이다 (Driscoll, 1994).

여기서 교사가 해야 할 것은 지식을 성장하는 아동의 지적 수준에 맞추어 제공해야 한다는 것이다. 학습자료는 정교하게 짜 맞춰져야 하며, 계열화되어야 하고, 학습자들의 표현양식(단계)에 적절한 형태로 제시되어야 한다는 것이다. Bruner는 Piaget의 인지발달단계와 같은 맥락에서 아동은 각 발달단계에 따른 표현의 양식을 나타낸다고 보았는데, ⓐ 작동적 표현 : 사물의 활동을 통해 표현하는 단계, ⓑ 영상적 표현 : 그림이나 심상으로 표현하는 단계, ⓒ 상징적 표현 : 언어를 통한 추상적 표현 단계로 구분하였다.

Bruner는 아동의 인지발달 과정이 작동적 표현으로부터 영상적 표현을 거쳐 기호적 표현으로 발전해 가므로 교수절차도 그와 동일하게 직접 경험, 구체적 영상을 통한 경험, 상징적 경험의 순으로 조직되어야 한다는 것이다. 그러나 학습자가 잘 발달된 기호체계를 가졌다면 작동적, 영상적 표현 단계를 생략할 수도 있다고 보았다.

이러한 발달론적 관점을 가진 Bruner는 수업이론의 형성을 위해 최소한 ⓐ 학습의욕, ⓑ 지식의 구조, ⓒ 계열화, ⓓ 강화의 방법, ⓔ 사고의 자극절차 등 다섯 가지 측면을 효율화하는 방법을 제시해야 한다고 보았다. 이를 가장 이상적으로 조직할 수 있는 수업방법으로 소위 발견학습(discovery learning)을 제창했다. 발견학습이란 학습자에게 교과를 최종적인 형태로 제공하는 것이 아니라, 그 최종형태를 학습자 스스로 조직하도록 요구되는 상황에서 일어나는 학습으로 정의된다.

발견학습이란 사실이나 문제의 파악, 가설의 설정, 가설의 검증과 확인, 실제에의 적용 등의 과정으로 이루어진다. 즉 추리와 직관을 통해 지식을 발견하고, 한 교과의 기본적인 지식의 구조를 이해해 나가는 과정이다. 교사가 학습자들에게 일련의 문제를 제시하게 되면, 학습자들은 그 문제와 유사한 문제들을 해결하였을 때 사용했던 법칙이나 방법으로 주어진 문제를 탐구하게 된다. 따라서 교사는 과학자들이 어떤 개념이나 이론을 발견하였을 때 사용하였던 사고과정과 유사한 탐구사고를 할 수 있도록 지도해야 한다. 그 결과 학습자들은 자료를 재조직하거나 분류하게 된다. 그리고 그들은 거기에서 여러 개념들 간에 어떤 관계를 발견하게 되며, 그 개념들을 보호화 체계 속으로 조직하게 된다.

이러한 발견학습의 장점으로 Kagan은 첫째, 학습자로 하여금 학습에 자발적으로 참여하도록 하고 있으며, 보다 적극적으로 참여한다면 그만큼 학습은 증진되며, 둘째, 여러 가지 지적인 노력을 촉구함으로써 당면한 과업의 가치를 증대시키며, 셋째, 학습자로 하여금 다른 문제도 자신의 힘으로 해결할 수 있다는 기대감을 갖게 되며, 넷째, 학습자로 하여금 교사와 학습자 간에 복종하기 쉬운 태도에서 벗어나 자유와 관용을 누리게 된다는 점을 들고 있다.

발견학습이 잘 이루어지기 위해서는 교사는 아래의 몇 가지 점을 유의해야 한다(안범희, 2000).

첫째, 학습목표를 협동적으로 학습할 수 있게 조직해야 한다.
둘째, 학습의 초점을 제시해야 한다.
셋째, 학습자들에게 질문을 주어야 한다.
넷째, 학습자들이 탐구할 수 있는 자유를 주어야 한다.
다섯째, 학습자들이 탐구하는 동안에 교사는 이를 관찰해야 한다.
여섯째, 학습자들에게 탐구적 기술을 가르쳐야 한다.
일곱째, 학습자들의 탐구적인 노력을 나타낼 수 있는 환경을 마련해 주어야 한다.
여덟째, 학습자들이 사고를 확대시키도록 자극을 주어야 한다.

4) Piaget의 인지구조화이론

스위스의 아동심리학자인 Piaget(1896~1980)는 아동용 지능검사를 만드는 연구에 참가하면서 아동의 정신기능 발달에 관한 관심을 쏟기 시작했다. 그는 유기체가 환경에 적응해 가고 상호작용해 나가는 과정을 생물학과 인식론에 바탕을 두어 설명하였으므로 발생론적 인식론이라고 한다.

그에 의하면 모든 생명체는 인지적 적응(cognitive adaptation) 기능과 인지적 조직화(cognitive organization) 기능, 그리고 인지적 평형화(cognitive equilibration)라는 세 가지의 기본적 성향을 가지고 태어나 이를 통해 학습과 인지적 성장이 이루어진다는 것이다.

여기서 인지적 적응이란 유기체가 환경에 적응하기 위해 개체와 환경 간에 상호작용이 이루어지는 것이다. 이는 동화(assimilation)와 조절(accommodation)의 두 과정이 내포되어 있다. 동화란 어떤 환경자극을 유기체가 자신의 기존 이해의 틀(schema)에 맞도록 변형하여 흡수하는 현상을 말하며, 조절이란 새로이 당면한 경험을 의미있게 해석하기 위하여 자기의 인지구조를 새로운 경험에 알맞게 바꾸는 현상을 의미한다. 즉 유기체가 현재 가지고 있는 인지구조에 따라 환경에 대처해 가는 것이 동화라면, 환경에 반응하여 자신의 인지구조를 변화시키는 것이 조절이다. 그런데 이 둘은 서로 보완적인 과정이며 항상 같이 작용한다.

인지적 조직화란 모든 유기체가 심리적 과정들을 통합된 체제로 조직해 가는 성향을 뜻한다. 즉 인간은 세상에서 많은 것들과 상호작용함에 있어서 심리적 구조를 하나의 통합된 체제로 만들려고 한다는 것이다. 예를 들면, 갓난 아이 때에는 어떤 물체를 바라보는 행동구조와 그 물체를 손으로 붙잡는 행동구조가 따로 분리되는 경향이 있으나 아이는 성장하면서 어떤 물체를 바라보면서 붙잡을 수도 있는 하나의 통합된 체제로 조직화하게 된다.

인지적 평형화는 가장 중요한 개념이라고도 볼 수 있는데, 유기체가 기존의 이해의 틀에 맞지 않는 사건을 대하게 되면 일단 인지적 평형상태가 파괴된다. 이 경우 언제나 긴장과 갈등(인지적 갈등)이 수반된다. 따라서 이를 해소하기 위해서 유기체는 다시 인지적 평형상태를 유지하고자 하며 그 결과 동화와 조절이라는 두 과정을 사용하게 되는 것이다.

또한 Piaget는 위에서 설명된 기본적 성향을 통하여 인간은 일생동안 감각운동기(sensori-motor period), 전조작기(pre-operational period), 구체적 조작기(concrete operational period), 형식적 조작기

(formal operational period)의 네 단계의 인지발달과정을 거치게 된다고 보았는데 그 개략적 내용은 <표 3-2>과 같다.

Piaget의 인지발달이론은 교육에 많은 점을 시사해 주고 있는데, 첫째, 아동은 세상을 이해하는 나름대로의 틀을 가지고 있는 적극적인 사고가라는 점이다. 이는 아동들이 교사의 말을 수동적으로 받아들여 지식을 흡수하게 하기보다는 적극적으로 학습과정에 참여할 수 있도록 학교의 교육과정을 구성해야 한다는 것이다. 둘째, 지식은 일련의 단계를 지나면서 발달되는 '논리-수학적인 조작'의 체계에 의해서 구성된다는 점이다. 교사는 아동의 개념발달 수준과 과제의 복잡성을 언제나 연결시켜야 하며 아동들에게 무엇을 어떻게 가르치는가에 항상 주의를 기울여야 한다. 셋째, 아동들의 지식체계에 대립되는 정보를 줌으로써 불평형을 만들어 주는 대립학습전략(confrontation strategy)을 Piaget이론에서 암시받을 수 있다. 즉 동화와 조절을 통한 적응과정(평형화)에서 학습자는 이전에 학습된 개념을 새로운 관념에 연결시키게 된다는 것이다. Piaget는 교육의 목표는 지식의 양을 증가시키는 것이 아니라 실험하고 발견, 발명할 수 있는 가능성을 조성해 주는 데 있다고 보았다. 단순히 구조를 언어적 형태로 전수하는 것이 아닌 아동 스스로 자신의 인지구조를 발견할 수 있는 상황을 제시해 주는 것이라는 것이다.

표 3-2 Piaget의 인지발달 단계

단계	연령	중심적인 특징
감각운동기	0~2세	모방, 기억, 사고의 시작 대상영속성 인식 단순 반사행동에서 목적을 가진 행동으로 발전
전조작기	2~7세	언어가 점차적으로 발달하고 상징적인 형태로 사고 일방적인 관점에서 사고할 수 있음. 사고와 언어가 자아중심적인 특징을 보임.
구체적 조작기	7~11세	논리적으로 구체적인 문제를 해결할 수 있음.

		보존의 개념을 이해하고, 유목화하며 서열화할 수 있음. 가역성을 습득
형식적 조작기	11세 이후	논리적으로 추상적인 문제를 해결할 수 있음. 사고가 점차로 과학적이 됨. 복잡한 언어과제나 가설적인 문제를 해결할 수 있음.

5) 정보처리이론

정보처리이론가들은 학습자를 능동적인 존재로 보며, 연구대상으로 행동주의에서처럼 관찰가능한 행동이 아니라 사고(thinking)를 다룬다. 즉 인간이 외부세계로부터 획득한 정보를 어떻게 지각하고 이해하며 기억하는가에 대한 이론으로서, 인지심리학의 한 분야이며 인지발달과 인간의 학습을 컴퓨터처럼 정보를 입력하고 저장하며 인출하는 과정과 유사한 것으로 보았다. 이러한 정보처리이론의 기본가정은 인간의 학습을 학습자 외부로부터의 정보(자극)를 획득하여 저장하는 과정이라는 점이다. 즉 인간에게는 보고, 듣고, 느끼는 감각기관이 있는데, 이들 감각기관을 통해 들어온 정보를 체계적으로 정리하여 두뇌라는 저장고에 보관하고 필요한 경우마다 이를 재생시켜 원하는 곳을 활용한다고 본 것이다. 이러한 기본가정과 과정을 감각등록 단계 → 장기기억 단계로 보고 이를 도식화하면 아래와 같다.

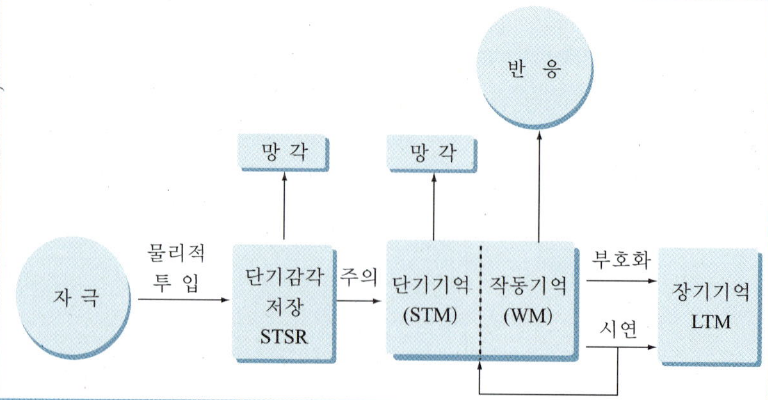

그림 3-2
정보처리모형

① 감각등록기

감각등록기(sensory registerators)란 학습자가 환경으로부터 눈이나 귀와 같은 감각수용기관을 통해 정보를 최초로 저장하는 곳으로 감각기억이라고도 한다. 이는 자극을 아주 정확하게 저장하지만, 매우 짧은 시간동안 저장하므로 그 수용량은 제한이 없지만 즉시 처리되지 않을 경우 곧 유실되는 특징을 갖는다. 시각의 경우 약 0.5~1초 정도, 청각의 경우 약 2~4초 정도 정보를 저장한다고 알려져 있다.

② 작동기억 혹은 단기기억

작동기억(working memory)은 대개 단기기억(short-term memory)이라고 하는데, 성인의 경우 보통 5~9개의 정보가 약 20~30초 정도 동안 저장될 수 있다. 이의 큰 특징은 정보의 양과 지속시간에 제한이 있어서, 분리되어 있는 항목들을 보다 크고 의미있는 단위로 조합하는 청킹(chunking)을 함으로써 정보의 수용량을 증가시키게 된다. 즉 'r_u_n'이라는 세 철자는 작동기억 속에서 세 개의 단위이지만, 이를 'run'의 단어로 조합하면 하나의 단위가 되어 기억을 용이하게 할 수 있는 것이다.

③ 장기기억

장기기억(long-term memory)은 무한한 정보를 영구적으로 저장할 수 있는 곳으로 일상기억과 의미기억 두 부분으로 구성되어 있다고 가정한다.

일상기억(episodic memory)은 주로 개인의 경험을 보유하는 저장소로서, 정보는 주로 발생한 때와 장소에 기초하여 이미지로 부호화된다. 이러한 일상기억은 기억되는 경험이 매우 의미있는 경우가 아닐 때에는 종종 인출에 실패하는 경향이 있는데, 이는 보다 최근에 발생한 정보로 인해 인출이 방해를 받기 때문이다.

정보처리이론가들은 인간의 학습현상에 대해 아래와 같이 설명한다.

첫째, 인간이 발달하는 과정에서 환경에 대한 다양한 양상의 기억력, 표상능력, 그리고 Piaget가 제안한 바와 같은 고차원적 인지조작 능력 등이 획득되어 인간의 정보처리방식에 변화를 가져오며, 이를 통해 학습이 이루어지고 결과적으로 지식의 성장을 가져온다고 본다.

둘째, 인간의 학습능력은 정보의 처리속도(rate of processing)와 처리용량(capacity)의 증가를 통해서 발달한다.

셋째, 컴퓨터가 피드백 프로그램을 통해 자기수정(self-modification)을 하듯이 인간은 효율성이 없는 것은 거부하고 도움이 되는 것은 받아들임으로써 더욱 효율적으로 되어간다. 이전의 사건을 기억하고 시도하면서 다양한 규칙이나 전략들을 사용하며 문제해결에 가장 적합한 경로를 어떻게 선택하는지를 배우며 이 과정에서 유용하지 않은 방법은 버리고 유용한 방법을 남겨둠으로써 인간은 점차로 효과적인 정보처리자가 되어간다.

6) 인지주의 학습이론의 교육적 적용

인지학습이론가들은 인간을 자극에 대해 단순히 반응하는 수동적인 존재로서가 아니라 능동적이고 적극적인 존재로 가정하며 인간의 보다 복잡한 고도의 정신능력을 밝히는 데 주력한다. 따라서 학습자는 학습과제의 유의미성에 대한 이해가 중요하며, 기계적 암기보다는 전체적 이해가 바람직한 학습방법임을 강조한다.

이러한 특징을 가진 인지주의 학습이론들의 교육에 대한 직접적인 시사점은 다음과 같다(신명희 외, 2007).

첫째, 아동들이 어떻게 생각하는지를 이해한다.

아동들은 성인들과 동일한 방식으로 사고하지 않으며, 성인들이 예측치도 못하는 부분에서 실수를 한다. 따라서 교육자들은 아동들의 정신적 조작의 단계를 이해해야 하며, 문제나 현상을 아동들의 입장에서 바라볼 수 있어야 한다. 이러한 지적 공감이 쉬운 것은 아니지만 교사는 면접이나 관찰, 질문지 등을 통해 그러한 시도를 할 수 있을 것이다.

둘째, 구체적인 학습자료를 사용한다.

유치원 때나 초등학교의 아동들은 구체적인 사물이나 자료, 현상 등을 접할 때 학습을 보다 잘할 수 있다. 이 연령의 아동들에게 있어서 언어나 다른 형태의 상징물보다는 구체적 사물을 만지고, 보고, 조작할 수 있는 기회를 제공함으로써 개념들과 그 관계에 대한 이해를 할 수 있도록 도와야 할 것이다.

셋째, 교육은 순차적으로 진행되어야 한다.

Bruner는 어떠한 문제나 개념을 이해하는 데 어려움을 가지고 있는 학습자를 대할 때, 대상에 대한 직접적인 경험을 제시하는 것으로부터 시작하여 그 다음은 지각적인 특성에 집중하도록 하며, 마지막으로 언어적인 논의를 통해서 문제를 해결할 수 있다고 보았다. 교사는 종종 어떠한 문제에 대해 설명하기 힘들 때 동작적인 단계나 영상적인 단계의 수준에서 이해시킬 수 있을 것이다.

넷째, 새로운 경험을 도입한다.

언제나 새로운 경험은 개인의 인지적인 구조와 상호작용하여 관심을 유발하거나 이해를 개발한다. 새로운 경험은 항상 기존에 알고 있는 것과 부합하는 것이어야 한다. 그러나 너무 부합되는 것이라면 자극이 되지 못하므로 적절한 수준의 신기성이 필요하다.

다섯째, 학습의 속도를 조절한다.

아동들은 자기 나름대로의 발달속도를 가지고 있다. 아동들은 수업을 따라가는 것보다는 자기 나름대로 학습을 조절할 수 있어야 한다. 이러한 과정에서 모든 학습자들이 동일한 학습의 대상이 되는 것보다는 개별학습을 지향하게 된다. 즉 어떤 학습자들은 도움을 보다 많이 필요로 할 수 있고, 학습자들마다 다른 종류의 도움이 필요하며, 자기 스스로 작업을 할 수 있는 시간도 주어져야 한다.

여섯째, 아동들이 범하는 오류를 분석한다.

아동들에게 주어진 문제가 맞고 틀리는 지의 그 결과뿐만 아니라 아동들이 범하는 실수의 유형을 발견하여 그것을 분석하고 해석하여 교육에 사용한다면 아동들의 사고과정에 대해 보다 깊은 이해를 할 수 있을 것이다.

3 | 사회학습이론

Bandura는 행동주의이론이 지나치게 행동의 결과에만 집착하고 있다고 지적하며 사회적 학습이론, 즉 어떤 사회에 속하는 개인이 사회적 상호작용을 통해 그 사회에 적응하고 또 그 문화를 체득한 성원으로서 성장하고 형성되어가는 과정을 밝혀 나가면서, 관찰된 학습과 대리경험의 효과를 중요하게 보는 견해로써, 학습자 내부에서의 학습과정이 진행됨을 암시하는 인지적 경향성을 보였다. 이러한 견해는 1930년대 예일대학의 Hull에 의해 시작되었으며, Miller, Dollard, Sears 등에 의해 발전되었고, Bandura의 연구에 의해 집대성되었다고 볼 수 있다.

Bandura(1963)는 TV폭력과 아동의 행동과의 관계에 대한 연구를 하면서 그의 이론을 형성화해 갔다. 만화와 영화로 제작된 인형에 대한 공격적인 행동을 하는 모델을 본 아동집단과 비공격적 행동을 하는 모델을 본 아동집단 간의 후속 행동을 관찰하였는데, 그 결과 공격적인 모델을 본 아동들이 각각의 상황에서 보다 공격적으로 행동했으며, 비공격적 모델을 본 아동들이 아무런 모델도 보지 않은 통제집단에 비해 보다 비공격적으로 행동한다는 것을 밝혔다. 이로써 그는 아동이 타인을 관찰함으로써 행동이 획득된다고 보기에 그의 이론을 관찰학습(observational learning)이라고도 한다.

1) 사회학습이론의 특징

일반적으로 이러한 사회학습이론(social learning theory)의 특징을 정리해 보면 다음과 같다.

첫째, 사회학습 이론가들은 '사회적 행동'과 사회적 상황 속에서의 '관찰'에 특히 관심을 가지며, 사회적 행동은 학습의 원리에 의해 설명될 수 있다는 입장에서 학습이론의 영역을 확장시켜 나갔다.

둘째, 학습의 유형으로써 관찰학습을 중요시했다. 관찰학습의 특징은 학습자에 대한 직접적인 강화가 없이도 학습이 일어난다는 점과 사회적 상황 속에서 모방을 통하여 많은 것을 학습하며, 관찰한 즉시 행동으로 재현하지 않더라도 모방은 일어난다는 점 등이다. 이러한 점에서 무시행학습(no-trial learning)이라고도 한다.

셋째, 사회학습이론은 행동주의이론과는 달리 학습자의 내적인 인지변인들을 강조한다. 즉 모델이 보상을 받는 것을 관찰함으로써 학습자도 간접적으로 강화를 받아 학습이 이루어진다고 보는데, 이를 대리강화(vicarious reinforcement)라 한다.

사회학습이론에서 인지과정은 중요한 역할을 한다. 일시적인 경험을 상징적인 형태로 부호화하여 저장하고 생각으로 미래의 결과를 예상하는 학습자의 능력은 인간행동의 획득과 모방의 실체이다. 여기서 중요한 점은 학습자의 행동이 강화에 의해 형성되기보다는 오히려 인지적인 과정에 의해 이루어지며, 이러한 과정은 다음의 네 단계, 즉 주의집중, 파지, 재생산, 동기화 과정을 거친다는 것이다. 이 과정이 바로 관찰학습의 과정이기도 한다.

관찰학습은 아래의 [그림 3-3]과 같이 4가지 상호 관련된 구성요소와 과정에 의해 진행된다.

① 주의집중단계

관찰학습이 일어나기 위해서는 무엇보다도 모델에 주의를 기울여 그 행동에서 중요한 특성을 주목하고 정확히 지각해야 한다. 이때 주의집중과정에 영향을 주는 것으로 교제유형, 관찰자 자신의 특성, 모델 자체의 매력, 과거의 강화, 행동의 기능적 가치 등을 들 수 있는데, 일단 어떠한 모방을 하기 위해선 우선적으로 그 대상에 주의를 기울여야만 한다.

② 파지단계

관찰자는 모델을 관찰한 후 어느 정도 시간이 지난 다음에 모방하기 때문에 모델의 행동을 시각적 또는 언어적인 형태의 상징적인 부호로 저장하는 방식을 가져야만 한다. 즉 모델의 행동을 기억해야만 어떠한 지속적 행동변화를 가져올 수 있다는 것이다.

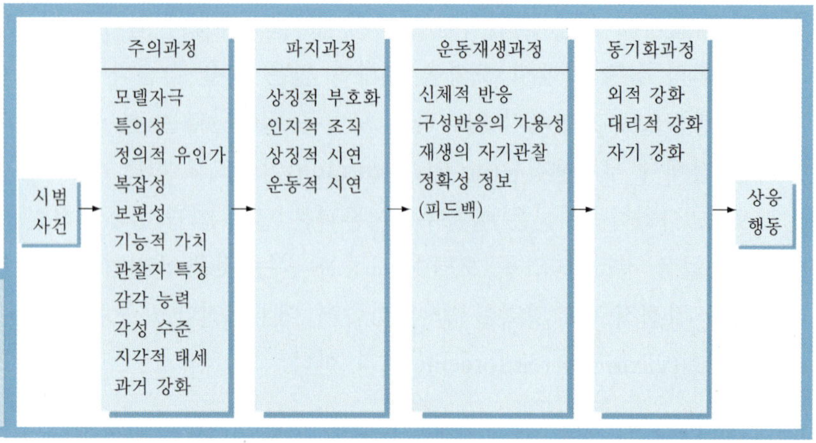

그림 3-3
관찰학습의 구성요소 및 과정

관찰학습은 주로 심상과 언어라는 두 가지 표상체계에 의존하고 있다. 모델자극이 반복해서 제시되면 관찰된 수행에 대해서 지속적이고 인출 가능한 심상이 형성된다. 언어적 부호화는 시각적(감각적)으로 관찰된 정보를 언어적으로 부호화시키는 것이다. 이러한 상징적 부호화는 관찰된 정보를 기억해내기 쉬운 체제로 분류, 통합하는 형태로 구조화한 것이므로 학습의 효과가 크다. 즉 모델의 행동을 단어나 간결한 명명, 또는 생생한 심상으로 부호화한 관찰자가 그저 관찰만 했던 사람에 비해 훨씬 학습을 잘한 것으로 알려지고 있다.

③ 재생단계

많은 정보를 기억했지만 그것을 다 자연스럽게 행동으로 바꾸기 힘든 경우도 많다. 관찰한 행동을 잘 나타내기 위해서는 많은 연습이 필요하고, 자신의 행동을 관찰하고 자신의 행동과 기억하고 있는 모델의 행동을 비교하면서 계속 자기의 행동을 수정하여 모델의 행동을 재생할 수 있게 해주는 교정적 피드백(corrective feedback)도 필요하다. 운전기술을 익히거나 테니스 등의 고도의 숙달된 운동행위를 요구하는 상황은 그 좋은 일례이다.

모델의 제시에 의해 새로운 행동의 개요를 습득하고, 실제로 수행을 하고, 일부 학습된 부분행동에 초점을 두고 모델을 관찰하며, 정보적 송환을 거쳐 자기수정적 조정을 계속해 나감으로써 행동은 세련되고 완전해지는 것이다.

④ 동기화단계

모델의 행동을 습득하고, 기억하고, 능숙하게 수행할 수 있는 능력을 가지고 있다고 해도 그 행동이 바람직하게 받아들여지지 않는다면 행동으로 드러나지 않을 것이다. 사회학습이론에서는 조작적 조건형성과는 달리 행동의 결과는 학습을 유발하는 변인이 아니고 수행을 동기화한다고 보는 것이다. 일반적으로 정적 강화가 주어지면 빠르게 행동으로 전환될 뿐만 아니라 주의집중과정이나 파지과정에도 영향을 미친다. 또 다른 사람이 어떤 행동으로 정적 강화를 받는 것을 관찰하기도 해도 그 행동에 주의를 기울이게 되고, 적극적으로 파지하며, 나중에 빠르게 행동으로 수행되도록 동기화된다. 즉 강화가 대리적으로 경험되어 자신의 비슷한 행동도 비슷한 결과를 가져올 것이라고 예상할 수 있게 된다는 것이다.

2) 사회학습이론의 교육적 적용

사회학습이론은 고전적 조건화와 조작적 조건화의 원리만으로 해결하기 힘들었던 현상에 대한 설명을 한 점과 Skinner의 조작적 조건화와 Piaget의 인지발달이론 사이에 가교를 놓았다는 점에서 중요한 공헌을 하였다. 즉 아동은 자극이나 보상이 없는 상황에서도 학습이 가능하며, 주의 · 파지 · 대리적 강화 등의 개념을 사용하여 인간의 내부적이고 인지적인 학습과정을 설명하고 있다. 결국, 사회적 학습이론은 아동이 자신이 처한 사회적 상황에서 동기화된 욕구를 스스로 학습하는 방식을 이해하는 데 공헌을 했다.

이러한 사회학습이론이 교사에게 주는 시사점으로는 교사는 학습자들이 교실에서 모델링을 통하여 학습한다는 사실을 항상 기억하고 있어야 하며, 모델링을 통한 학습결과에 대해 신중한 주의를 기울여야 한다. 왜냐하면, 이러한 학습결과는 대부분 교사가 의도하지 않은 것이며 교사의 행동을 학습자들이 어떻게 받아들일지를 파악하는 것 또한 쉽지 않기 때문이다. 그러므로 교사는 자신들이 학습자의 모델이 되고 있음을 항상 유의하며 학습자의 올바른 성장을 돕겠다는 진실한 목표를 가지고 배움을 사랑하는 모델이 되며 학습자들을 신뢰하고 존중하는 자세를 지녀야 할 것이다(임규혁, 1998).

4 | 인본주의이론

1) 인본주의이론의 특징

인본주의 심리학은 제3세력 심리학(third force psychology)이라고도 불리는데, 이것은 지나친 동물실험 위주의 기계론적이고 객관주의적인 행동주의와 의식이란 실체를 인정하는 의식심리학의 지나친 주관주의를 비판하며, 무의식의 심리구조를 너무 분석적으로 다루고 비정상인을 대상으로 하는 고전적 정신분석학에서의 문제점을 보완하고자 하는 노력에서 생겨난 것이다.

인본주의의 인간관은 인간의 본성을 선(good)이라 가정하고 직접 경험의 심리적 과정을 해명하고자 하는 데에 관심을 두며, 주어진 직접 경험에서 무엇을 지각해내는가 하는 것은 체험 순간의 상황에서 결정된다고 보는 현상학에 이론적 근거를 두고 있다. 따라서 인간은 적절한 환경적 조건만 잘 부여해 주면 인간이 가진 잠재능력을 실현해 나아갈 수 있는 능동적인 존재라고 본다.

대표적 학자로는 Maslow, Combs, Rogers 등이 있는데, 그들은 학습과정에 포함되어 있는 요소와 요소들의 관계에 관해서 보다는 하나의 인간개체를 연구단위로 삼는다. 그리고 인간의 내면으로부터 일어나는 변화를 중요시 여기며, 환경의 통제에 의해서가 아니라 인간 스스로가 학습의 주체가 되어야 함을 강조한다.

Maslow(1971)는 인간은 내적 욕구를 갖고 태어나며 이 욕구를 만족시키기 위해 노력한다고 보았으며, 이 욕구는 단순한 생물학적 만족이나 긴장의 감소에 그치는 것이 아닌 자아실현의 추구라는 것이다. 즉 인간의 긍정적이고 지적이며 상향지향적인 측면을 강조했다. 이러한 인간의 욕구는 위계적이어서 생리적 욕구를 바탕으로 안전의 욕구, 소속과 애정의 욕구, 자기존중의 욕구, 자기실현의 욕구가 계층적으로 충족되어진다고 보는 입장이다. 여기서 자기실현(self-realization)이란, 첫째, 자아의 내면적 핵심을 수용하는 표현하는 것, 즉 잠재적 능력 및 가능성을 실현하는 것을 의미하는 것으로 개인의 본성이 가지고 있는 가능성을 충분히 발휘하는 것이며, 둘째, 정신, 신경증, 정신병 또는 기본적인 인간능력의 상실 혹은 감퇴 등이 가장 적게 존재해 있는 상태를 말한다. 아울러 최상의 자기실현욕구는 지적인 탐구욕과 심미욕을 내포하고 있으며 지적인 것이 심미적인 것보다 강하다고 보면서 자기실현을 이룬 사람은 정신적으로 건강하므로 모든 학습은 학습자들이 자기실현을 할 수 있게 돕는 것이어야 한다는 것이다.

그리고 Rogers(1969)는 인간의 선천적 자아실현의 경향성을 인정하면서 교육의 목적은 충분히 능력을 발휘하는 인간(fully functioning man)이 되도록 도와주는 것이라 하였다. 그리고 비지시적 또는 인간중심의 상담이 교육에도 성공적으로 적용될 수 있다고 보는 입장에서 교사는 심리치료사와 같이 학생들의 잘못을 지적하기보다는 있는 그대로 무비판적으로 그들의 느낌과 생각을 이해하는 긍정적이고 수용적인 태도로 공감함으로써 더욱 학습을 동기화시키며 문제행동을 줄일 수 있다고 보았다. 즉 교사는 인간중심 치료자가 하는 것처럼 지지적인 환경을 만들도록 노력해야 한다는 것이다. 또한 그의 유의미 학습이론을 통해 자유, 지각, 경험 등을 강조했다. 그의 자유학습이론에서 가정하고 있는 인간은 타고난 잠재 가능성을 실현하려는 자율적인 능력을 가지고 능동적으로 자기행동을 통제하는 존재로 보고 있는 것이다.

또한 Rogers는 다른 인본주의 심리학자와 같이 인간의 본성을 선(善)으로 보고 적극적으로 성장하려는 기본적인 하나의 동기가 있다고 주장했는데, 이러한 현상학적이고 인간주의적인 접근의 특성은 개인의 지각된 현실, 주관적 경험, 실현을 위한 유기체의 노력, 성장과 자유에 대한 가능성을 강조하는 데 있다.

2) 인본주의이론의 교육적 적용

인지할 수 있는 유일한 실체는 각 개체이기 때문에 인간은 환경에 대한 자기 자신의 경험에 철저하게 의존해야 한다고 보았다. 행동을 변화시키려면 먼저 지각을 변화시켜야 하고, 행동은 개체의 지각에 의해서 결정된다고 보기 때문에 이러한 이론접근은 자아와 그 독특성을 중요시하게 되는 것이다. 그러므로 그의 이론을 '자아이론(self theory)'이라고도 하는데, 그 이유는 행동을 이해하기 위하여는 개인자신의 내적 참조체제(internal frame of reference)가 필요하기 때문이다. 이때 참조체제란 어떤 사물이나 현상을 지각하고 판단할 때 적용하게 되는 판단의 기초 내지 일련의 기준으로서, 자아의 중심요소가 된다.

이러한 인본주의 학습이론을 교육적으로 적용한 학습원리는 다음과 같이 제시될 수 있다.

첫째, 학습자는 자기성장력을 지니고 있으므로 교사나 부모는 지시적인 존재가 아니라, 학습자가 잘 성장할 수 있도록 돕는 조력자 또는 안내자의 역할을 해야 한다.

둘째, 학습자가 학습과정의 주체가 될 때 교육의 효과는 극대화된다.

셋째, 학습과정에 학습자의 정서, 감정, 자아개념과 같은 정의적 특성이 중요한 변인으로 작용하므로, 교사나 부모는 학습자가 바람직한 정의적 특성의 발달을 이룰 수 있도록 도와주어야 한다. 예를 들면, 학습자의 자아개념은 학교생활의 적응이나 학업의 성패와 관련되므로 학습자가 긍정적인 자아개념을 형성하도록 힘써야 한다.

이와 같은 인본주의 학습이론은 인간의 전인성, 선택 가능성, 창조성, 목표추구성은 물론 잠재력을 최고도로 실현하려는 의욕이라는 관점에서 인간교육에 대한 희망과 용기를 더해주는 장점이 있는 반면에, 한편으로는 지나치게 희망적이고, 비현실적이며, 불확실한 관찰과 가정 때문에 일관성이 결여되어 있고, 구체적인 교육 실천방안을 제시하지 못하고 있다는 비판을 받고 있다.

5 | 구성주의이론

구성주의이론은 1980년대 이후 교육현장에서 나타나는 문제점들을 해결하기 위한 대안적인 교수-학습체제로 제기되었다. 본 절에서는 구성주의이론에 대하여 전반적으로 소개하고자 한다.

1) 구성주의 개념과 발전 배경

구성주의는 지식과 학습에 관한 이론이다. '앎(knowing)'이 무엇인가와 어떻게 '알게 되는가(comes to know)'를 기술하고 있다 (Fosnot, 1996). 이는 심리학, 철학, 인류학에 기초한 것으로, 지식을 일시적이고, 발달적이며, 비객관적인(nonobjective), 내적으로 구조된, 사회적으로 그리고 문화적으로 중재된(mediated) 것으로 설명하고 있다. 이러한 관점에서의 학습은 문화적으로 발달된 도구와 상징으로 인간의 의미를 형성하려는 모험으로서, 실재성(reality)에 대한 새로운 표상과 모델을 구성하면서, 상호협동적 사회적 활동, 담화, 논쟁을 통해 그러한 의미와 협상하면서, 세계에 대한 현재의 개인적 모델과 불일치적인 새로운 견해 간의 갈등을 해결해 나가는 자기-조절적(self-regulatory) 과정으로 본다.

이러한 구성주의는 요즈음 갑자기 출현한 것이 아니며, 그 철학적인 배경은 오래 전의 것으로, 본격적으로 논의되기 시작한 시점은 학문별 · 학자별로 차이가 난다. 즉 유아교육에서의 구성주의는 그에 따른 교육과정이 개발되어 적용될 정도로 비교적 많은 연구가 이루어진 상태라면, 교육공학이나 교수공학에서 본격적으로 연구된 것은 1991년 Educational Technology, ETR & D에서 구성주의와 객관주의(Objectivism)가 논의된 후부터라 할 수 있다.

또한 구성주의적 출발점을 Kant의 선험적 지식으로부터 나온다고 보는 학자도 있으며(예 : Bruner, 1986), Piaget이론의 응용노력이라 보는 사람도 있다(예 : Rieber, 1991). Mahoney(1988)도 구성주의가 Skinner나 Gagné식이 아닌 Piaget식의 학습이론의 전통을 지닌다고 보았다(고윤희, 1996 재인용). 또한 행동주의 심리학에 기초한 많은 가정을 배제하고 인간의 정신(mind)에 기초한 학습이론을 강조하고 있는 변화는 개방체제로서의 학습자 모형에도 그 근원을 찾아 볼 수 있다.

Fosnot(1996)는 구성주의는 근본적으로 비실증주의적(nonpositivist)이며 완전히 새로운 배경에 기초한다고 보면서, 종종 행동주의와 성숙주의에 직접적으로 반대의 입장에 선다고 했다. 교수-학습의 목표로써 행동이나 기능보다는 개념발달과 깊은 이해에 초점을 둔다. 즉 단계(stage)가 성숙의 결과라기보다는 적극적인 학습자의 재조직(active learner reorganization)의 구성으로서 이해된다는 것이다. 심리학적 구인으로서, 구성주의는 인지과학 영역, 특히 Piaget의 후기연구와 Vygotsky의 사회 · 역사적 연구, 그리고 Bruner, Gardner, Goodman, 그리고 학습에서 표현(representation)의 역할을 연구한 여러 학자들의 연구에서 싹트기 시작했다고 한다. Jonassen(1992)은 Piaget와 Vygotsky의 이론의 입장에서, 학습자가 어릴수록, 그리고 초보자일수록 가장 구성주의자적 학습자라고 했다. 그리고 Bonder(1986)도 아동의 지식 획득에 관한 연구를 바탕으로 '지식은 학습자의 마음속에서 구성된다'고 주장하면서, 최초의 구성주의이론을 주장한 학자는 Piaget라 보았다.

요컨대, 이상과 같이 학자들마다 구성주의의 이론적 근거나 발전 배경이 다르지만 대체적으로 Piaget의 주요개념에서 그 근원을 찾고 Vygotsky 연구에 대한 재조명으로 활기를 띤 것으로 볼 수 있다. 유아가 환경에 적응해 나가는 과정을 생물학적 관점에서 포착한 Piaget는 최초의 구성주의자가 유아이며, 그 지식의 구성에 있어서도 유아 스스로 내부에서 일어나는 불균형상태를 동화, 조절, 평형화 개념들을 도입하여 설명한 점과 Vygotsky의 근접발달지대라는 개념이 성인 또는 유능한 또래와의 협력활동을 통한 외부적 조작을 내적으로 재구성 발달로 본 점 등은 최근 논의되고 있는 구성주의에 많은 영향을 준 것이라 할 수 있다.

2) 구성주의이론의 교육적 적용

Jonassen(1998)은 또한 우리가 현상(사물, 사건, 활동, 과정)을 경험하고, 이미 알고 있는 것에 기초하여 그러한 경험을 해석하고, 추론하고, 경험과 추론을 다시 생각해 봄으로써 학습한다면서 이러한 과정을 Bruner는 '의미만들기(meaning making)'라 한다고 했다. 그 기본적 가정들은 구성주의적 학습활동 환경의 원리를 찾아 볼 수 있으며 이를 도식화하면 [그림 3-4]와 같다.

[그림 3-4]에서와 같은 구성주의 학습활동환경의 원리를 구체적으로 살펴보면 다음과 같다.

첫째, 구성주의자는 지식은 전수되는 것이 아니라, 구성되는 것이라 믿으며,

둘째, 지식의 구성은 활동에 의한 것이므로, 지식은 활동에 부착되어 있으며,

셋째, 지식은 학습활동이 일어나는 맥락에 부착되어 있으며,

넷째, 사실(실제세계에 부여하는 의미)은 학습자의 마음에 있으며,

다섯째, 그러므로 세계에 대한 관점은 다양하며,

여섯째, 의미 만들기는 문제, 질문, 혼돈, 불일치, 불균형(알고자 하는 욕구)에 의해 촉진되며 그러한 문제 등에 대해 개인적 의미를 갖게 하며,

일곱째, 지식(의미 만들기)은 학습된 것(구성된 의미)을 자신의 말로 나타내고(articulation), 표현, 표상하는 것이 필요하며,

여덟째, 의미는 또한 다른 사람과 공유될 수 있으며, 이는 의미 만들기 또한 대화를 통해 일어날 수 있으며,

아홉째, 의미 만들기와 사고는 의미를 구성하기 위해 사용하는 도구와 마찬가지로 우리가 존재하는 문화와 공동체 간에 나누어지며, 마지막으로, 어떤 의미도 동일하게 만들어지지 않는다는 것이다.

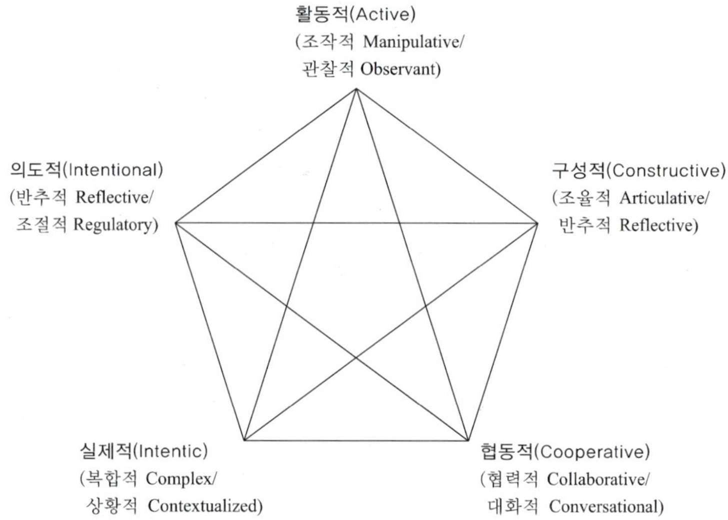

그림 3-4 구성주의적 학습활동환경의 원리

위와 같은 구성주의의 기본적 가정에 따르면 지식은 학습자에게 전달되어질 수 있는 것이 아니며, 학습자 스스로 구성해 나가는 것이다(Merrill, 1990). 따라서 학습자 스스로 지식을 자신의 기억 구조 속에 조직화하는 경험을 구성해 나갈 수 있는 환경의 제공이 중요하다. 그러한 학습자 중심의 구성주의적 교수모형을 구성하기 위한 구체적인 교수-학습의 원리들을 아래와 같이 제시하였다.

첫째, 학습자에게 의미 있고 적절한 과제를 제시해야 한다(박인우, 1996). 학습은 지식의 주입이나 전달이 아닌 학생스스로가 학습에 대한 주인의식을 가지고 능동적으로 학습의 과정에 참여하고, 학습의 과정에 대해서 책임을 질 때 가장 효과적이다. 따라서 학습자에게 제시되는 과제는 단순히 학습을 위한 것이 아니라 학습자가 학습하고 수행할 가치가 있다는 것을 판단할 수 있어야 한다. 기존의 연구를 살펴보면, 학습자들이 학습과제에 적극 참여하는 경우는 크게 두 가지이다. 실제적 활동(authentic activity)을 제공함으로써 학습의 목적이나 이유를 아는 경우와 학습자의 흥미와 목적에 부합되는 학습과제를 부여하여 동기유발을 이끌어내는 경우이다(박인우, 1996).

둘째, 교사의 역할을 학습자의 학습을 돕는 조언자이자 배움을 같이 하는 동료학습자로서 측면에서 규정하는 것이다(강인애, 1997). 교사는 더 이상 '구체화되고 구조화된 지식의 전수자'가 아닌 '인도자', '조언자', '동등한 학습자' 등으로 새롭게 규정된다.

셋째, 맥락(context) · 상황(situation)적 지식의 제공이다. 객관주의가 가장 비난을 받는 부분이 '상황'이라는 것이 지니고 있는 구체적인 성격을 배제하고 일반화와 보편성만을 추구했다는 점이며, 학생들이 사회에서 실제로 대면하게 되는 문제들과는 판이한 인위적이고 교과적인 문제들을 가르쳐 왔다는 점이다. '상황성(contexualization)'이 중요한 이유는 우리가 무엇을 '이해했다' 혹은 '배웠다' 하는 것은 항상 어느 구체적 상황을 전제로 하여 이루어진다는 점 때문이다.

넷째, 구성주의는 협동학습 환경을 활용한다. 구성주의를 극단적 주관주의와 구분하도록 하는 척도가 되는 것이 바로 협동학습(collaborative learning)이다. 지식의 습득과 형성은 단지 인간의 개인적인 인지적 작용으로만 이루어지는 것이 아니고 반드시 개인이 속한 사회 · 문화적 배경과의 접촉은 바로 동료 학생들 간, 혹은 교사와 학생들 간의 협동학습을 통해서 이루어진다.

요약해 보면, 결국 구성주의적 교수-학습을 성공적으로 수행하기 위해서는 첫째, 학습자 스스로 자율적으로 그리고 자신감 있고 책임감 있게 자신의 학습을 관리하고 학습의 목표와 방향을 설정해 나갈 수 있는 능력을 필요로 하며(강인애 외, 1997), 둘째, 학습전이는 습득된 학습결과를 적용할 상황과 학습활동이 일어나고 있는 상황 간의 유사성이 높을수록 그 효과는 배가된다는 점에서 학습활동의 맥락화의 필요성이 요청된다(유영만, 1994). 특히, 상황학습(situated learning)이라는 개념이 도입되어 지식이라는 것은 상황적인 것이고, 그 지식이 사용될 과제, 맥락, 문화 안에서 생성되는 것이지 결코 단독적으로 존재하는 것은 아니라는 것이다.

Chapter

04 교수-학습 관련 변인의 이해

생각하기

학교 현장에서 동일한 교수방법의 적용에도 불구하고 어떤 학습자는 우수한 학업성취를 보이고 어떤 학습자는 부진한 학업성취를 나타내게 된다. 이러한 차이는 가족 내에서도 심지어 일란성 쌍둥이 간에도 학교 가길 좋아하는 아이가 있고 그렇지 않는 아이가 있으며, 어떤 아이는 수학을 또 어떤 아이는 역사를 잘하는 아이가 있다. 문학이나 역사 분야의 공부는 매우 힘들어 하면서도 체육이나 예술 분야에는 뛰어난 재능을 발휘하는 아이도 있다. 그리고 동일한 교과를 동일한 교사가 가르치더라도 어떤 아이는 학업성취가 높은 반면 어떤 아이는 매우 낮은 학습 성취를 보인다.

한편, 교사는 수업의 과정에서 학습자의 능력과 적성, 그리고 학습자 개개인의 특성을 충분히 고려하여 수업을 진행해야 한다. 수업의 과정에서 교사가 고려해야 할 사항은 학습자의 능력이나 적성뿐만 아니라 교과의 특성, 교육내용의 구조, 교수방법에 대한 이해, 교수-학습과정에 관련된 제반변인에 대한 충분한 이해가 있어야 한다.

중요한 것은 교실현장에서 이루어지는 교수-학습은 하나의 종합적인 행위라는 것이다. "Teaching is Art"라는 말이 있듯이 가르치는 행위는 종합적인 예술과 같으며, 가장 좋은 교수-학습과정의 성과를 얻기 위해서는 배우는 사람과 가르치는 사람, 그리고 가르치고 배우는 내용 사이의 일치점이 있어야 한다는 것이다.

1 | 학습자

교수-학습 과정은 매우 복잡하고 다양한 변인들이 관련되어 있다. 특히 교수-학습 단계에서 가장 중요하게 고려되어야 할 변인 중의 하나는 학습자 특성이다. 무엇을 어떻게 가르칠 것인가의 문제는 최종적으로 주어진 지식과 정보를 획득하게 되는 학습자를 고려하지 않고서는 해결할 수 없다. 단지 잘 가르친다고 하는 것은 교수 능력이나 교수 기술과 관련된 것이다. 그러나 전달되는 모든 지식과 정보를 학습자가 그대로 습득하는 것은 아니다. 중요한 것은 학습자가 전달받는 정보를 어떻게 해석하고 받아들일 것인가 하는 것이다. 그러므로 유능한 교사가 되기 위해서는 학습자에 대하여 정확하게 알고 있어야 한다. 여기에서는 교수-학습과 관련하여 학습자의 특성을 인지적 영역과 정의적 영역으로 구분하여 살펴보기로 하겠다.

1) 인지적 영역

교수-학습 과정과 관련된 학습자의 인지적 특성은 학습에 직접적인 영향을 미치게 된다. 학습자의 인지적 영역의 대표적 요인으로는 지능, 준비성, 창의성, 인지양식 등을 들 수 있는데, 이를 간략하게 살펴보면 다음과 같다.

(1) 지 능

가. 지능의 개념

지능에 대한 개념 정의는 학자마다 다양하지만 다음의 세 가지 측면으로 요약될 수 있다.

첫째, 학습능력으로 보는 견해로서 교육을 받을 수 있는 능력의 정도라는 것이다. 즉 지능이 높은 사람은 지적 학습능력이 높고 지능이 낮은 사람은 지적 학습능력이 낮다는 입장이다. 이는 Dearborn에 의해 주장되는 실제론적 정의이다.

둘째, 새로운 환경에 대한 적응능력으로 보는 견해로서 개인의 전체 환경에 대한 적응력이며, 생활의 새로운 문제와 상황에 대한 일반적인 정신적 적응능력이라고 본다. 이는 Stern, Pinter, Colvin 등에 의해 주장된 것이다.

셋째, 지능을 고등정신 능력으로 보는 견해로서, 추상적 사고를 할 뿐만 아니라 그것을 구체적 사실과 관련시키는 능력이라고 정의한다.

이상의 세 측면은 Wechsler가 지능을 정의하고 있는 "어떤 목적을 향하며 행동하고 합리적으로 사고하며 환경에 효과적으로 대처해 가는 인간의 종합적인 능력"이라는 것으로 종합될 수 있다. 이처럼 지능이란 목적의식을 갖고 행동하며 보다 합리적으로 사고하려는 경향과 이로써 환경에 보다 효과적으로 대처하는 정신적 기초능력이라 볼 수 있다.

나. 지능의 구조

지능이 어떤 구조로 되어있는가에 대한 이론은 그 정의만큼이나 학자들마다 견해가 다양하여 일치된 견해를 보이고 있지 못하지만 그 대표적인 입장을 살펴보면 다음과 같다.

① 일반요인설

지능의 일반요인이란, 누구나 생득적이며 인간의 모든 정신기능에 작용하는 고유한 개인의 특성으로 지능을 구성하고 있다고 보는 입장으로 단일요인설이라고도 한다. 이는 Spearman의 견해로 인간의 여러 가지 정신능력은 서로 상관관계가 있다면서 이를 공통요인 또는 일반요인으로 본 것에서 출발한 것이다.

② 2요인설

Spearman이 주장하는 2요인설은 지능의 구조를 g요인과 s요인으로 설명하는 것으로, 일반요인설에서 발전한 것으로 지능은 공통적인 요인 외에 특수한 요인이 있다고 보는 것이다. 일반요인(general factor)은 정도의 차이는 있으나 모든 개인이 공통으로 갖고 있는 능력을 말하는 것으로 이해력, 관계추론 능력 등으로 모든 정신작용에 존재하는 것을 말한다. 그리고 특수요인(specific factor)은 특정분야에 대한 능력으로 여러 가지 다른 과제에서 각각 얼마나 높은 점수를 얻느냐로 나타낼 수 있다.

③ 다요인설

이는 지능의 구조를 여러 개의 구성요인으로 설명하고 있는 견해이다. Thurstone은 요인분석의 방법을 고안하여 인간의 기본능력(Primary Mental Ability: PMA)으로 7개 요인, 즉 언어이해요인, 수요인, 공간요인, 지각속도요인, 기억요인, 추리요인, 언어(어휘)의 유창성으로 구성되어 있다고 밝혔다. 현재 사용되고 있는 많은 지능검사들은 이 다요인설에 영향을 받아 제작된 것이다.

④ 복합요인설

Guilford는 Thurstone의 다요인설을 확대하여 지능구조모형(Structure of Intellect Model: SIM)을 발전시켰는데, 주어진 정보의 내용을 어떻게 조작하며, 어떤 수준까지 산출을 처리하느냐에 따라 지능을 3차원의 입방체형으로 구조화했다. 이들 차원은 5개의 내용, 6개의 조작, 6개의 산출로 구성되어 각 차원의 요소들이 상호 조합하여 180개의 지능구조단위로 구성된다고 보았다(Guilford, 1988).

Guiford의 이론은 종래 지능검사에 의해서만 측정되던 지능의 협소한 개념을 연구자나 교사들이 확장할 수 있도록 하였다는 점에서 매우 중요한 의미를 갖는다. Guilford의 모형을 살펴보면 학교에서는 평가, 발산적 사고, 관계성의 탐구와 같은 부분들이 실질적으로 무시되는 반면, 정의나 사실 그리고 규칙 등의 암기와 같은 지능의 일부분만 시간과 자원을 불균형하게 사용하고 있음을 쉽게 알 수 있다. 그러나 그의 모형은 복잡성으로 인하여 교실에서의 공식적인 적용은 어렵다는 한계를 가지고 있다.

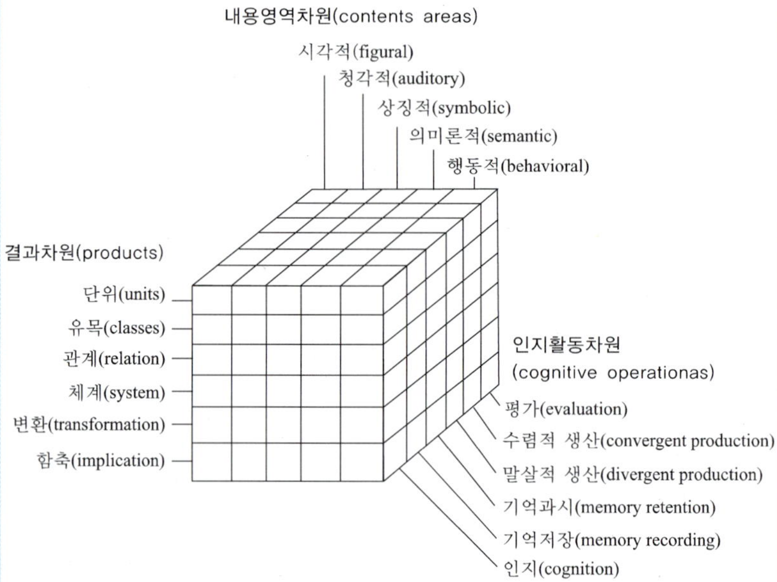

그림 4-1 Guilford의 지능의 구조모형(임규혁, 1998 재인용)

⑤ Sternberg의 삼위일체 지능이론

Sternberg는 기존의 지능이론들이 개인, 행동, 혹은 상황 모두를 고려하지 않았기 때문에 불완전하다고 보면서 이 세 근원을 각각 고려한 세 가지 하위요소, 즉 상황적(contextual) 요소, 경험적(experiential) 요소, 성분적(componential) 요소 등으로 구성된 하나의 종합적 지능이론을 제시하였다.

그는 지능을 "메타요소, 수행요소, 지식-습득 요소의 지능에 따라, 신기성에 대한 반응 혹은 정보처리의 자동화와 관련하는 경험의 연속선에서, 어떤 지역에서 상황적으로 적절한 행동을 방출하는 정신능력"이라고 정의하면서, 각각의 지능구성요소를 다음과 같이 설명하고 있다.

상황적 요소에서는 지능을 개인의 외부세계와 관련시키고 어떤 행동이 '누구에게', '어느 곳에서' 지적인가를 밝히는 것으로 보고, 경험적 요소에서는 지능을 외부세계와 내부세계를 매개하는 경험과 관련시키고 행동이 '언제' 지적인가를 알아내려는 것으로 보고 있다. 그리고 성분적 요소에서는 지능을 내부세계와 관련시켜 '어떻게' 지적 행동이 발생되는가라는 점을 문제삼는 것으로 보고 있다. 이처럼 '누가, 언제, 어디서, 어떻게'라는 체계적 구성을 바탕으로 Sternberg는 지능을 정의해 나갔다.

Sternberg의 삼위일체이론의 각 구성요소는 하위이론은 교육현장에서 지능의 측정 및 진단에 중요한 영향을 제시한다. 상황적 요소는 학습자의 지능을 측정할 때 지능검사에 지나치게 인위적인 학업지능만을 측정할 것이 아니라 학습자 개개인이 처해 있는 사회·문화적 환경에서 표출되는 지적 행동과 관련된 현실세계의 지능을 보완해야 한다는 점을 시사하고 있으며, 경험적 요소는 지적 과제의 신기성을 다루는 능력과 정보처리과정을 자동화하는 능력을 관련시켜 지능을 측정해야 한다고 제안한다. 따라서 교사가 학습자의 지능을 측정할 때 비교적 새로운 과제 또는 견고하게 확립되지 않은 과제를 선택해야 하며, 또한 학습자는 어느 정도 친숙해서 수행을 자동화시킬 수 있는 과제를 선택해야 한다. 그리고 성분적 요소와 관련해 단순히 속도 그 자체에만 관심을 두기보다는 문제를 해결하는 과정에 어떻게 시간을 할당했는지에 보다 많은 관심을 둘 것과 검사에 있어서 지능의 다양한 수행요소들에 대한 점수를 분리해낼 것, 그리고 학습자의 지능에 가장 큰 책임이 있는 요소가 메타요소임을 인식하여 그러한 메타요소를 측정하고 진단할 필요가 있다는 점을 강조하고 있다.

⑥ Gardner의 다중지능이론

Gardner(1983)는 지능을 "한 문화권 혹은 여러 문화권에서 가치 있게 인정되는 문제를 해결하고 산문을 창조해내는 능력"이라고 정의한다. 이와 같은 정의를 바탕으로 인간의 지능이 7개의 독립적인 부분, 즉 신체-근육 운동적(bodily-kinesthetic), 언어적(linguistic), 공간적(spatial), 논리-수학적(logical-mathematical), 음악적(musical), 대인간(interpersonal) 지능 및 개인 내(intrapersonal) 지능 등으로 구성된다는 다중지능이론(Theory of Multiple Intelligence: MI)이론을 주장한다.

Gardner는 문화인류학, 인지심리학, 발달심리학, 심리측정학, 인물전기연구, 동물생리학, 신경해부학을 포함하는 광범위한 분야의 연구결과에 근거하여 8가지의 준거, 즉 뇌손상에 의한 분리, 비범한 재능을 가진 사람들의 존재, 독자적인 발달사, 진화사, 핵심활동의 존재, 실험적 증거, 심리측정학적 증거, 상징체계에서의 부호화 등을 설정하였다.

Gardner(1983, 1993)가 이러한 8가지 준거에 부응하여 제시해 놓은 7가지 지능을 구체적으로 살펴보면 다음과 같다(홍성윤 · 김유미, 1999 재인용).

- 신체-근육 운동적 지능은 자신의 신체동작을 조정하는 능력 또는 사물을 능숙하게 조작하는 것과 관련된 능력이다. 이외에 운동경기 및 신체와 관련된 사물을 능숙하게 다루는 능력이 포함되며 최종상태는 무용가나 운동선수이다.
- 언어적 지능은 언어의 소리, 리듬 및 의미에 대한 민감성, 즉 언어의 다양한 기능에 대한 민감성으로 이 지능의 최종상태는 시인과 언론인이다.
- 논리-수학적 지능은 분류하고 범주화하기, 패턴을 지각하고 이해하기, 체계적으로 추리하기, 추상적으로 추리하기 등과 같은 능력으로 최종상태는 수학자나 과학자이다.
- 공간적 지능은 사물을 정확하게 지각하기, 다양한 관점에서 사물을 그려보거나 회전한 모습을 상상해 봄으로써 공간상에서 사물을 조작하기, 구체물에 대한 자신의 지각을 2차원 또는 3차원으로 바꿔보기와 같은 능력으로 최종상태는 예술가나 건축가이다.
- 음악적 지능은 음악의 기본적인 요소, 즉 음조, 리듬, 음색에 대한 민감성, 자기 주변에서 듣는 음악과 소리에 대한 민감성 등과 관련된 능력으로 최종상태는 연주가나 작곡가이다.
- 대인 간 지능은 다른 사람의 기분, 기질, 동기 및 의도를 식별하고 그에 적절하게 반응하는 능력, 다른 사람과 어울리는 것, 다른 사람이 일을 하도록 동기유발 하는 것, 그리고 다른 사람

들에게 영향을 주는 능력 등이다. 대인 간 지능의 최종상태는 종교인이나 세일즈맨이다.

- 개인 내적 지능은 자신의 내적 과정과 특성에 대해 인식하기, 자신의 사고, 느낌, 정서를 구분하기, 자신의 행동을 이해하고 안내하는 방법으로 사고, 느낌, 정서에 의존하는 능력, 그리고 행동할 때 그런 감정상태를 활용하는 능력 등으로 최종상태는 소설가나 임상가이다.

다. 지능검사의 종류

지능검사는 분류의 기준이나 목적에 따라 다양하게 나누어질 수 있다. 황정규(1984)는 현재 사용되고 있는 지능검사의 종류를 네 가지로 구분하여 제시하고 있으며, 이를 정리하여 제시하면 다음의 <표 4-1>과 같다.

그리고 현재 자주 사용하고 있는 지능검사를 각 유형별로 제시하면 다음과 같다(임규혁, 1998 재인용).

① Binet 지능검사

최초의 표준 지능검사는 1905년 프랑스에서 Binet와 Simon에 의하여 처음 만들어졌다. 이는 정신에 결손이 있는 아동들을 선별하는 것을 목적으로 만들어진 것이다. 이들은 단어의 정의, 그림 알아보기, 그림 변형하기 등의 과제를 선택하여 이질적인 아동들에게 실시하였다. 그리고 너무 어려워서 풀 수 없는 문제들과 너무 쉬워서 모두가 풀 수 있는 극단적인 문제들은 제외시켰다. 검사지의 예언타당도를 위해 이러한 절차를 따라 Binet는 사회계급이나 검사실시자에 의해 영향을 받지 않고, 주어진 연령에서 평균적인 능력을 가진 아동이라면 풀 수 있다고 가정된 객관적인 검사지를 만들었다.

② Stanford-Binet 지능검사

Stanford-Binet 지능검사는 1916년 Binet 지능검사를 Stanford 대학의 Terman 교수가 미국의 문화에 맞도록 표준화한 것이다. 이 검사는 지속적으로 연구되어 1937년에 개정판이 나오게 되었다. 개정

표 4-1 지능검사의 분류

분류기준	종 류	분류내용	비 고
측정 내용	일반지능 검사	일반지능의 종합적 · 혼합적 · 합승식으로 측정	
	특수지능 검사	특수한 정신능력을 독립적으로 측정	
언어의 이해 정도	언어검사	문항이 언어에 의존	추리력, 기억력, 주의력 검사 등
	비언어 검사	언어자극을 최대한으로 극소화시킨 문항으로 구성	취학전 아동, 노인, 문맹자 등을 위한 검사 : β검사
지필도구 사용여부	동작검사	구체적 재료로 실제작업을 하게 하여 지능수준을 판단	간단한 기구, 종이, 나무토막 등을 사용
	지필검사	종이에 모든 문항제시, 읽고 생각해서 쓰는 것만을 요구	대개 집단검사에 쓰임, 타당성, 정확성 등이 좋음.
검사의 대상	개인지능 검사	한 번에 한 사람에게 실시	고도의 훈련 및 기술 요구
	집단지능 검사	한 번에 여러 사람에게 동시에 실시	실시가 용이, 경제성이 있으나 신뢰성이 떨어짐.

판은 1916년의 검사에 비하여 여러 가지 다른 형식을 갖추게 되었다. 문항이 129문항으로 증가하였으며, 대상이 2세에서부터 성인에게까지 확대되었고 검사의 실시와 채점이 보다 객관성을 가지게 되었다. 또한 아동용에는 동작검사 형식의 문항을 주로 사용하고, 성인용에는 언어검사 문항을 많이 사용하는 등 발달 단계를 고려한 것 역시 주요한 변화라고 할 수 있다. Stanford-Binet 지능검사는 지속적으로 개정되어 실시가 복잡하다는 단점에도 불구하고 숙련된 검사자가 이를 시행하는 경우 학생의 지능에 대하여 가치 있는 정보를 제공하는 것으로 알려져 있다.

③ Wechsler 지능검사

Wechsler 지능검사에는 세 가지 종류가 있다. 4~7세까지의 취학전 아동을 위한 WPPSI(Wechsler Primary Scale of Intelligence)와

7~16세까지의 아동 및 청소년을 대상으로 하는 WISC(Wechsler Intelligence Scale for Children), 그리고 성인용으로 제작된 WAIS (Wechsler Adult Intelligence Scale)이다.

Wechsler 지능검사는 언어영역과 동작영역의 두 부분으로 구성되어 있다. WPPSI의 경우 언어검사는 일반 지식, 일반 이해, 산수, 유사성, 어휘, 문장의 6가지로 구성되어 있으며, 동작검사는 나무토막 조립, 그림완성, 동물의 집, 미로 찾기, 기하학적 도형의 5가지로 구성되어 있다. WISC는 일반 이해, 일반 지식, 산수, 유사성, 어휘, 수 암기의 6가지로 구성된 언어검사와 그림완성, 그림배열, 나무토막 조립, 물건퍼즐, 부호기입, 미로 찾기의 6가지로 구성된 동작검사가 있다. 마지막으로 WAIS는 일반지식, 일반이해, 수리력, 수 암기, 유사성, 어휘의 6가지로 구성되어 있는 언어검사와 그림완성, 그림배열, 물건퍼즐, 나무토막 조립, 숫자-부호의 5가지로 구성되어 있는 동작검사가 있다.

(2) 준비성

가. 준비성의 의미

준비성(readiness)이란 어떤 내용을 학습하기 위해서는 학습자가 어느 정도 발달이 되었을 때 학습하는 것이 가장 효과적인가 하는 적시성(timeliness)과 최적기(optimum time)에 초점을 둔 개념으로서 Thorndike가 주장한 학습의 법칙 중 준비성의 법칙으로부터 기인한 것이다. 그리고 발달심리학에서의 준비성은 성숙과 동일시하는 입장으로 학습자의 학습은 필요한 성숙단계에 도달해야만 가능하다고 본다. 따라서 일정한 성숙이 이루어질 때까지 학습활동은 비효과적이며 성숙될 때까지 기다려야 한다는 것이다. 즉 준비성이란 학습을 효과적으로 잘 수행해가는 데 필요한 조건이 갖추어져 있는 상태를 의미하며 여기서 필요한 조건이란 신체나 신경계통의 성숙, 이미 습득하고 있는 지식과 기능, 흥미, 태도, 동기 등을 모두 포함한다.

그러나 준비성과 학습의 상보적 관계에서 막연히 학습의 준비성을 기다려야 한다는 의미만은 아니다. 학생의 준비성에 적합한 교육과정을 세워 기초적 사항을 습득시켜 준비성을 발달시킬 수 있어야 한다.

나. 성숙과 준비성

Gesell은 일란성 쌍생아 연구를 통하여 학습은 성숙에 의존하고 성숙의 수준을 넘어서지 못한다는 결과를 제시하였다. 즉 해당 학습에 필요로 하는 신체적 및 심리적 준비상태가 이루어져 있지 않은 상태에서는 학습이 제대로 이루어지지 않는다는 것이다. 성숙은 필연적으로 정서적인 요소와 관련을 가지게 된다. 따라서 성숙이 이루어지기 전에 무리한 학습을 시킨다는 것은 학습의 효과가 없음은 물론 개인에게 어떤 정서적인 장애를 야기할 수도 있다는 것이다. 성숙과 준비성의 관계를 정리하면 다음과 같다(임창재, 1997).

① 학습은 성숙수준에 의존한다. 그러므로 성숙정도에 따라 학습시키는 것이 효과적이다.
② 훈련을 시키는 것이 전혀 영향이 없는 것은 아닐지라도 성숙이 이루어지지 않으면 그 효과가 적다.
③ 성숙할수록 훈련이 덜 필요하며, 성숙은 어떤 학습을 할 수 있는 준비가 된다.
④ 성숙 전의 훈련효과는 일시적이다..
⑤ 성숙 전 훈련이 학습자의 욕구좌절을 일으키면 부정적인 결과를 가져올 수 있다.
⑥ 성숙은 학습의 준비성을 이룬다.

결과적으로, 학습은 그 시기의 성숙의 정도에 따라 좌우되며, 성숙의 정도가 다르면 같은 훈련을 시켜도 학습효과가 다르게 나타난다. 그리고 학습내용이 성숙도에 적합한 것이 아니면 훈련을 받은 만큼의 효과도 나타나지 않는다.

다. 경험과 준비성

환경론이나 결정론은 학습활동에 있어서 경험을 강조하는 입장이다. 이러한 주장은 학습과 발달을 하나로 보려는 것이다. 즉 학습자의 행동변화는 경험의 결과이며 신경구조나 성숙의 결과는 아니라는 것이다. 경험이란 학습하기 전에 어느 정도 그리고 어떤 종류의 경험을 했느냐에 관계된다. 학습자는 언제나 지난날에 경험한 학습경험을 바탕으로 하여 새로운 반응을 구성해간다. 어떤 학습이든 특히 그것이 고등정신기능을 필요로 하는 학습일수록 이전에 이러한 학습을 해결할 수 있을 정도의 경험을 요구한다. 즉 과거의 학습경험이 중요한 준비성의 성질을 갖게 된다.

연합심리학 또는 행동주의 심리학에서의 학습준비성은 선행경험이라고 할 수 있다. 특정의 과제를 학습하고자 하는 준비가 갖추어져 있느냐, 없느냐에 대한 기준은 그 과제를 학습하는 데 필요한 선행학습이 이루어져 있느냐는 것이다. 현재의 행동은 과거의 경험 없이 이루어진 것이 아니라 이전의 많은 조건반응들이 계열적으로 이루어진 것이다. 이와 같이 경험론적 준비성에 있어서 특정의 과제학습을 위해서는 경험 또는 학습이 필요하며 어떤 경험이 이루어질 때까지 기다려야 하는가를 문제삼고 있다(임창재, 1997).

Bruner는 준비성을 기다린다는 것은 무용하다고 보고 다음과 같은 주장을 하였다.

① 성숙이 이루어질 때까지 가르쳐야 할 것을 유보하는 것은 교육의 태만이다.
② 발달이란 일정한 연령에 고정되어 있는 것이 아니라, 교육과 문화의 힘에 의하여 촉진될 수 있다.
③ 준비성은 선행하는 지식이나 기능을 충분히 함에 따라 이루어지는 것이다.
④ 학습이란 준비성을 창조하는 일이다.

이상을 정리하면, 학습에 대한 준비성이란 학습내용 선정에서 학습 가능성의 원리와 의미가 일치한다고 할 수 있다. 학습가능성의 원리란, 학습자가 학습할 수 있는 교육내용을 선정해야 한다는 것이다. 학습자들은 능력이나 학습여건 등에서 동등하지 않기 때문에 개별학습자가 충분히 학습할 수 있는 수준에서 학습의 내용이 결정되어야 한다는 것이다. 결과적으로 학습의 준비성에 있어서 성숙과 경험은 모두 필수적인 요인이라고 할 수 있다.

(3) 창의성

창의성이 높은 학습자는 창의성이 낮은 학습자에 비하여 독특한 특성을 지니고 있다. 지적 능력의 차이, 특히 지능의 높고 낮음에 관계없이 창의적 특성이 높은 아동이 가지고 있는 특성이 있는 것이다. 창의성이 높은 아동은 확신하고 있는 일에 용기를 가지고 호기심이 강하며 자기 스스로 판단한다. 또한 위험이나 실수를 두려워하지 않는 특성을 가지고 있다고 한다. 그리고 창의성이 높은 사람의 특성은 높은 자신감, 뛰어난 사회성, 융통성, 자기수용성, 자립성, 자기만족, 독자적 판단, 높은 감수성, 비합리성의 발견, 모험적, 극기적, 내성적, 자아긍정성 등을 지니고 있다고 한다(임창재, 1997). 특히, 미래의 학교와 사회에서 학습자의 위치는 과거의 수동적인 정보와 지식의 수용자에서 지식과 정보를 적극적으로 창출하고 구성하는 정보생산자로 변화하게 될 것이며, 또한 이러한 역할의 변화에 적응하지 못하는 학습자는 낙오될 수밖에 없을 것이다. 그리고 정보의 생산과 구성에 가장 중요한 기능 중의 하나가 바로 창의성이다.

인간의 사고력에 대한 최근의 연구들은 보다 고차적이고 생산적인 지적 작용으로서의 창의성에 높은 관심을 보이고 있다. 인간의 다양한 능력 중에서 특별히 창의적 사고력을 강조하는 이유로 급변하는 사회를 살아가는 현대인들에게는 새로운 문화를 바르게 수용하고, 고유의 문화를 창조적으로 개발할 수 있는 능력이 요구되기 때문이다. 창의성의 중요성은 학교 현장에도 확산되고 있으며, 창의성 개발이 교육의 중요한 과제로 제기되고 있다.

가. 창의성의 정의

Guildford(1959)는 창의성을 "새롭고 신기한 것을 낳는 힘"이라 하였으며, Taylor(1961)는 "생산적 사고와 창조적 사고를 표현하는 복잡한 심리적 과정으로서 인내성과 성취, 변화, 개선을 구하는 태도, 그리고 소신을 낳게 하는 정열같은 것"이라 하였다.

그리고 신세호(1976)는 창의성의 정의를 "어떤 것을 자기 나름대로 새롭게 시도하고 그 결과 비범하고 흔히 보는 것이 아닌 어딘가 좀 진기한 것이 있는 것을 내놓는데 동원되는 지적인 과정이며, 동시에 그것은 그 개인의 성격적 특성"이라고 하고 있다. 이러한 정의는 창의성이 특별한 무엇인가를 만들어 낼 수 있는 능력이나 새로운 형태를 개발하는 능력으로 받아들여지고 있다.

이상과 같은 정의들을 정리하여 정의하면, '창의성이란 새로운 생각이나 산물을 산출하거나, 기존의 경험이나 지식을 끌어내어 자기 자신에게는 새롭고 유용한 경험을 이루어내는 능력'으로 정의할 수 있다.

나. 창의성의 구성요인

창의성이 어떠한 요소로 구성되어 있는가 하는 것은 창의성을 높이려면 어떠한 요소를 학습자들에게 가르쳐야 하며 신장해야 할 것인가와 밀접한 관련을 가진다.

대표적으로 Guilford는 1950년경부터 지능구성요인의 연구를 발전시켜 유창성, 독창성, 융통성, 정교성, 그리고 민감성 등을 제시했다.

① 유창성(fluency)

주어진 자극에 대하여 제한된 시간 동안 어느 정도의 반응을 보일 수 있는가의 능력으로 아이디어의 양적인 풍부성을 말한다.

- 언어의 유창성 : 주어진 문자를 조합하여 언어를 만드는 능력을 말한다.
- 연상의 유창성 : 동의어를 몇 개나 답하는가에 관한 검사에 의하여 측정되는 기능으로서, 작문을 위해서 중요한 것으로 확인되고 있다.
- 표현의 유창성 : 문장을 만드는 검사 등에 의해서 조사되며 이 득점은 다른 방법에 의하여 측정되는 기능으로서, 작문을 위해서 중요한 것으로 확인되고 있다.

- 관념의 유창성 : 단단하고, 희며, 먹는 것은 무엇인가 등의 질문에 답하도록 하거나 이야기의 제목을 생각해 내도록 하는 검사에 의해서 조사되는 것으로서, 질보다는 양이 문제가 된다.

② 독창성(originality)

기존 지식의 단순한 통합이 아닌 새롭고 흔히 볼 수 없는 반응을 도출하는 평범하지 않으면서 독특한 반응의 능력을 말한다. 통계적으로 다수인의 응답과 상이한 응답을 하는 것, 그리고 다음과 같이 응답의 성질에 의해서 채점되는 기능이다.

- 비범성 : 언어 연상검사에서 정상이면 평범하고, 비정상이면 비범하다.
- 원격연합 : 두 개의 낱말을 주고서 그 관계를 나타내도록 했을 때 아주 멀리 떨어진 두 낱말을 나타내 주는 능력이다.
- 교묘성 : 이야기의 줄거리를 주고서 제목을 붙이게 하는 검사에 의해 답의 내용에 대하여 흡사한 정도를 채점한 것이다.

③ 융통성(flexibility)

사고의 방향이 얼마나 포괄적인가, 혹은 다양한가와 관련된다. 사고의 유연성은 낡고 오래된 사고를 버리고 새로운 생각을 받아들이는 능력으로서 자의적 유연성과 적응의 유연성이 있다.

④ 정교성(elaboration)

중심이 되는 생각을 정교화하거나 세부사항을 덧붙여 문제에 포함된 의미를 명확히 하고 부족한 것을 보충하는 능력이다. 이는 아이디어가 어떤 대상의 기능, 위치에 대한 행동, 목표에 어느 정도 정확하게 접근하고 있는가에 관계된다.

⑤ 민감성(sensitivity)

문제에 대한 민감성은 문제 사태에 대해 민감하게 지각하는 능력으로서 어떤 도구의 결점을 말하도록 하는 검사에 의하여 조사되어지는 기능이다. 처음에는 문제에 대한 감수성과 평가의 능력을 구별하고 있지만, 최근의 연구에서는 모두 동일한 기능에 속하는 것으로 판단하고 있다.

다음은 창의성을 개인적 성향(자발성, 독자성, 집요성, 정직성, 호기심)과 능력적 차원의 기능(민감성, 유창성, 융통성, 독창성, 정교성)으로 구분한 Torrance(1970)가 제시하고 있는 창의성의 구성요소를 살펴보면 다음과 같다.

① 창의적 사고 관련 성향

창의적으로 사고하는 것을 귀찮아하거나 정신적으로 지쳐 있다거나 하는 경우는 창의적 사고라는 행동이 나오지 않을 가능성이 크다. 이런 점에서 창의적 사고의 성향이 중요하게 고려되어야 한다.

- 자발성 : 문제 상황에서 아이디어를 자발적으로 산출하려는 성향이나 태도
- 독자성 : 자신이 생각해낸 아이디어에 대한 가치를 인정하고 다른 사람들의 평가로부터 구애받지 않으려는 성향이나 태도
- 집요성 : 문제를 해결하기 위해 가능한 한 다양한 정보를 수집하고 문제가 해결될 때까지 끈질기게 물고 늘어지는 성향
- 정직성 : 자신이 관찰한 것과 사물에 대해 의문을 갖고 끊임없는 질문을 제기하려는 성향
- 정직성 : 자신이 관찰한 것과 사물에 대해 의문을 갖고 끊임없는 질문을 제기하려는 성향
- 호기심 : 항상 생동감 있게 주변의 사물에 대해 의문을 갖고 끊임없는 질문을 제기하려는 성향

② 창의적 사고관련 기능

창의적 사고를 할 수 있게 해주는 능력적 측면의 기초이다. 즉 '~을 할 수 있는 힘'과 '그 힘의 숙달된 상태'를 포함한다.

- 민감성 : 주변의 환경에 대해 민감한 관심을 보이고 이를 통해 새로운 탐색영역을 넓히는 능력
- 유창성 : 특정한 문제 상황에서 가능한 한 많은 양의 아이디어를 산출하기. 독창성을 위한 필수적인 절차이다.

- 융통성 : 고정적인 생활방식이나 시각 자체를 변화시켜 다양한 해결책을 찾아내기
- 독창성 : 기존의 것에서 탈피하여 참신하고 독특한 아이디어 산출하기
- 정교성 : 다듬어지지 않은 기존의 아이디어를 보다 치밀한 것으로 발전시키기

다. 창의성 개발의 원리

어떻게 학습자들의 창의성을 높일 것인가 하는 문제와 관련하여 정확한 원리를 제시하기 어렵다. 그러므로 학습자 개개인의 특성과 각자가 가지고 있는 창의성의 형태 그리고 교수방법 등에 의하여 다르게 처방되어야 할 것이다. 특히 창의성이 높은 학습자는 낮은 학습자들에 비하여 강한 개인적인 성향을 나타내게 된다. 그리고 모든 아동을 포함하는 창의성 개발의 원리를 하나의 틀에 의하여 제시하기에는 어려운 일이다. 여기에서는 일반적으로 적용될 수 있는 창의성 개발의 원리에 대하여 제시하고자 한다.

① 판단보류의 원리

일시적으로 평가판단을 보류하는 것이다. 학교생활 자체가 집단속에서 이루어지는 것이며, 학습자는 교사나 동료 앞에서 자신의 의견과 생각을 제시해야 할 경우가 많다. 자유로운 활동이나 확산적 사고활동에서 학습자가 제시하게 되는 의견이나 생각에 대하여 즉각적으로 논리적인 평가를 가하게 된다면, 해당 학습자는 물론이고 다른 학습자들의 사고활동을 제약하게 된다. 그러므로 학습자의 생각이나 의견을 성급하게 실현성 여부를 즉각적으로 평가하는 것보다는 잠시 보류함으로써 집단 성원의 확산적 사고활동을 촉진하고 그 산출을 높이자는 것이다. 그렇다고 하여 판단이나 평가 자체를 유보하거나 하지 않는 것은 아니다. 이것은 수업 도중에 학습자들의 자유로운 발표와 의견의 제시를 통하여 사물에 대한 새로운 관점과 사고를 촉진하도록 하게 된다.

② 결합의 원리

결합은 연결, 관련, 종합을 의미한다. 어떤 것을 새로 만들 때 이전에 없었던 전혀 새로운 사물을 만드는 경우는 매우 드물다. 일반적으로 새로운 것을 만든다는 것은 기존의 자료나 의미를 결합시키거나 개선 또는 새로운 의미를 부여하여 이루어진다. 이 과정에서 두 가지 요소 간에 새로운 의미를 부여하고 관계를 짓는 것이 결합에 있어서 매우 중요하다. 결과적으로 과거의 경험을 기반으로 하여 새로운 구조와 의미를 만들어 나가는 것이 창의적인 사고의 과정인 것이다. 외형적으로 아무런 관계가 없다고 판단되는 둘 이상의 사물들이 서로 결합되어 전혀 새로운 사물을 만들게 되는 것이다.

③ 독창성의 원리

독창성은 개성이 포함된 유일성, 신기성, 개성을 의미한다. 창의성은 이전에 알려져 있지 않은 사고과정을 산출하는 능력이다. 이 과정에서 중요한 것은 유일성이다. 문제해결의 과정이 이전에는 없었던 독특하고 특이한 그리고 뛰어난 것이어야 한다. 과거의 문제해결과정에서 얻었던 문제해결과정의 효율성보다 높아야 하며, 다른 문제해결과정과는 다른 독특성을 가져야 하는 것이다. 그러므로 학습자의 개성을 신장하는 것은 독창성을 높이기 위한 중요한 요소가 될 수 있다.

그러나 우리나라 교육현장에서는 학습자들의 독창성을 장려하기보다는 독창성을 억누르는 경우가 많다. 이것은 교육현장에서 표준이라는 기준을 설정하고 이것을 벗어나면 '이상'하다는 부정적인 평가를 하기 때문이다. 그러나 창의성에서 독창성을 아주 중요한 요소라는 것을 인식하고 교육현장에서 학습자들의 독창성을 신장하기 위한 노력이 이루어져야 한다.

④ 다양성의 원리

다양성의 원리는 결합의 원리와 매우 밀접한 관계가 있다. 주어진 자료의 의미를 다양하게 확산시켜 가면서 새로운 결합을 찾아보고 어떤 요소를 다른 것으로 대체해 보며, 결합하는 절차나 방법을 변화시켜 보는 것은 다양성의 원리와 결합의 원리를 함께 사용한 것이다. 다양성은 하나의 제공된 정보를 보는 관점에 따라 다른 의미를 가질 수 있다는 것을 의미한다. 특히, 학습자는 자기에게 친숙한 방법에 의하여 또는 친숙한 의미를 받아들이고 그렇지 못한 의미나 정보는 쉽게 받아들이지 않는 경우가 있다. 그러나 관점에 따라서 동일한 사물을 다른 형태나 의미로 받아들일 수 있다는 것을 받아들이는 것이다. 세상은 다양한 사람과 의미가 서로 결합되어 있다는 것을 학습자와 교사가 인식할 때 창의성이 높아지는 것이다.

⑤ 자율성의 원리

자율성은 학습자가 스스로 생각하고, 만들어 보고, 조작하는 등의 외부의 지시나 간섭에 의존하지 않고 활동하는 것이다. 창의적인 학습자의 특성 중의 하나는 자율적인 사고능력과 행동양식을 가지고 있다는 것이다. 자신의 문제해결방법에 대하여 스스로 판단하고 이것을 수정하며 현실세계에 적용시킬 수 있도록 허용할 때보다 문제해결을 위한 다양한 사고들이 촉진되고 창출될 것이다.

라. 창의성 훈련 교육방법

창의성은 비교적 변화시키기 어려운 지적 특성이지만, 적절한 환경조직과 교수법을 지속적으로 제공하면 의미 있는 영향을 줄 수 있다고 본다. 창의성의 신장은 학습자 개인의 문제가 아닌 학습자와 교육환경 간의 상호작용에 의하여 이루어지는 것이다. 학습자의 창의성을 신장하기 위해서는 학습 환경의 노력이 매우 중요하다. 특히 교사의 노력은 학습 환경의 다른 어떤 요소들보다 커다란 영향을 주고 있다. 학습자의 창의성 신장을 위한 노력으로서 교사의 역할에 대하여 김정휘 · 주영숙(1998)은 다음과 같이 제시하고 있다.

- 상상력을 발휘할 수 있는 자료나 기회를 많이 제공하고 그것을 풍부하게 하는 데 도움이 되는 물리적 · 심리적 환경을 제공하는 일
- 스스로 생각해 보고 꿈꾸어 볼 수 있는 시간의 확보와 격려
- 떠오르는 생각을 기록하거나 다른 방법으로 표현하도록 격려하는 일

- 학생의 글, 그림, 작품, 아이디어를 살려주거나 구현시켜 주는 일
- 자연스럽게 개성을 살리는 경향으로 기회가 있을 때마다 칭찬해 주는 일
- 학생의 글이나 작품을 고쳐 주거나 편집할 때 조심을 기하는 일
- 어휘놀이, 역할놀이를 많이 시키되 규칙이나 역할을 자주 바꾸도록 하는 일
- 언어나 수 또는 우리가 사는 사회의 조직 원리를 바꾸어 새 것을 고안해보도록 자극하는 일
- 기존하는 문화요소에 건설적인 불만이나 의문을 가져 보고 그 대안을 고찰하도록 격려하는 일
- 시, 소설, 극본 같은 것을 자주 써 보도록 하며 목재, 함석, 종이 등을 주어서 무엇인가를 자기 스스로 만들어 보도록 해 주는 일
- 주위에서 흔히 보는 물건의 다른 용도를 다양하게 찾아보도록 격려하는 일
- 두 개 이상의 어휘, 물건, 개념, 인물을 아무렇게나 선정해서 그들 간의 의미 있는 관계를 찾아보거나 의미가 있도록 그것들의 어떤 면을 변화시켜보는 경험을 격려하는 일
- 항상 학생들을 사랑하고 그들로 하여금 그것을 알도록 행동하는 일
- 창의성도 학습을 통해서 배워지는 것임을 명심할 일

그리고 창의성 훈련의 대표적인 방법들을 간략하게 제시하면 다음과 같다.

① Osborn의 브레인스토밍(brain storming)

각 개인의 창의적인 아이디어의 산출을 위해 자유로운 집단토의 방법을 사용하는 것을 의미한다. 효과적인 브레인스토밍을 위한 기법에는 다음과 같은 것들이 있다.

- 평가금지 : 산출되는 아이디어에 대해서는 끝날 때까지 평가를 하지 않는다.

- 다양한 아이디어의 산출 : 아이디어의 질에 관계없이 가능한 많은 아이디어를 산출하도록 한다.
- 결합과 개선 : 제한된 아이디어에 새로운 아이디어를 결합시켜 개선방안을 모색한다.
- 자유로운 사고 : 과거의 지식, 경험, 전통 등에 구애됨이 없이 새로운 아이디어를 산출하도록 한다.

② Gorden의 발견적 문제해결법(synectics)

문제에 대한 광범위한 접근으로부터 시작하여 얻어진 해결책을 직접 문제에 관련지어 구체적인 해결방안을 강구하도록 하는 것이다. 발견적 문제해결의 절차는 다음과 같다.

- 참가자 구성 : 문제해결에 필요한 지식과 기술 분야의 전문가를 참여시킨다.
- 문제제시 : 광범위하고 추상적인 문제를 제시한다.
- 문제 축소 : 문제의 범위를 점진적으로 축소시킨다.
- 결론 : 산출된 아이디어를 결합하고 개선하여 문제와 관련된 새로운 아이디어로 산출한다.

③ Crawford의 속성열거법(attribute listing)

속성열거법이란 문제의 대상이나 아이디어의 다양한 속성을 목록으로 작성하여 세분된 각각의 속성에 주의를 돌리는 방법이다. 각각의 속성을 분석하면서 그 속성에 대한 집중적인 생각을 통하여 개선·수정·발전의 탐색을 구한다. 각 속성들에 관한 아이디어를 산출할 때는 브레인스토밍 방법이 적용된다.

④ Covington의 생산적 사고 프로그램(productive thinking program)

이 방법은 초등학교 고학년 학습자들이 불일치를 인지하고 가설을 세우는 방법을 프로그램 학습화한 것이다. 이 프로그램은 만화형태의 책자로 구성되어 있다. 프로그램을 읽는 학습자는 만화에서 제공되는 다양한 정보를 이용하여 문제를 해결해 간다. 학습자들은 프로그램을 읽는 동안 규칙적으로 피드백을 받으면서 문제를 해결한다.

마. 창의성 교육의 목표와 지도

여기에서는 Torrance의 10개 창의성 구성 요소별로 학습목표와 학습지도를 제시한다.

① 자발성

문제상황에서 아이디어를 자발적으로 산출하려는 성향이나 태도

학습목표	학습지도
· 주의의 문제를 자신의 문제로 받아들이기 · 칭찬이나 상과 같은 외적인 보상 없이 스스로 문제를 해결하기	· 아동이 스스로 문제해결에 임하고 생각하려는 태도를 가지도록 유도하고 인내한다.

② 독자성

자신이 생각해 낸 아이디어에 대한 가치를 인정하고 다른 사람들의 평가로부터 구애받지 않으려는 성향이나 태도

학습목표	학습지도
· 문제상황에서 사회의 일반적인 통념을 의식적으로 벗어나서 생각하기	· 아동의 아이디어나 문제해결의 결과가 미약하더라도 칭찬과 격려를 하고 구체적인 성과와 과정에 대한 강화가 필요하다.

③ 집요성

문제를 해결하기 위해 가능한 한 다양한 정보를 수집하고 문제가 해결될 때까지 끈질기게 물고 늘어지는 성향

학습목표	학습지도
· 문제상황에서 문제와 관련된 정보를 가능한 한 많이 수집하기 · 어렵거나 지루한 문제라도 끈질긴 열정을 갖고 끝까지 해결해 보기	· 집중할 수 있는 환경과 기회를 제공한다. · 흥미를 유발할 수 있는 다양한 관련자료 및 도구를 제공한다.

④ 정직성

자신이 관찰한 것과 사물에 대해 의문을 갖고 끊임없는 질문을 제기하려는 성향

학습목표	학습지도
· 자신의 감각이 작용한 것을 그대로 믿기 · 자신의 사고결과 도달한 결론을 그대로 받아들이기	· 아동 자신의 솔직한 생각, 느낌, 능력 등을 인정하고 질문에 성실하게 답한다.

⑤ 호기심

항상 생동감 있게 주변 사물에 대해 의문을 갖고 끊임없는 질문을 제기하려는 성향

학습목표	학습지도
· 주변의 사물이나 사태에 대해서 '왜 그럴까' 또는 '무슨 일일까?' 하는 질문을 의식적으로 제기하기 · 어떤 사물이나 현상의 이면에 대해서도 궁금증을 갖기	· 호기심을 유발할 수 있는 장면 보여 주기, 궁금증을 유발시키려는 노력이 필요

⑥ 민감성

주변 환경에 대해 민감한 관심을 보이고 이를 통해 새로운 탐색 영역을 넓히는 능력

학습목표	학습지도
· 자명한 듯한 현상에서도 문제를 찾아내 보기 · 주변의 변화를 적극적으로 파악해 보기 · 친밀한 것을 이상한 것으로 생각해 보기, 이상한 것을 친밀한 것으로 생각해 보기	· 아동의 관찰행동을 방해하지 않고, 자극한다. · 관찰을 통한 표현을 그대로 인정하고, 그 이유를 묻는다.

⑦ 유창성

특정한 문제상황에서 가능한 한 많은 양의 아이디어를 산출하기. 독창성을 위한 필수적인 절차이기도 하다.

학습목표	학습지도
· 어떤 대상(언어, 도형)이나 현상들로부터 가능한 한 많은 것을 연상해 보기 · 특정한 문제상황에서 가능한 해결방안을 될 수 있는 한 많이 제시해 보기	· 살아있는 생물, 조작과 변형이 가능한 물체, 심미감을 느낄 수 있는 형태, 색깔, 스타일의 사물과 공간적 배열 등의 환경을 제공한다. · 아동의 연상활동을 자극한다. · 대화에서 가능한 한 많은 단어가 포함된 언어적 표현을 한다. · 아동의 생각이나 표현을 중간에 끊지 않고 끝까지 경청한다. · 하찮은 생각이나 표현도 긍정적으로 받아들인다.

⑧ 융통성

고정적인 생활방식이나 시각 자체를 변화시켜 다양한 해결책을 찾아내기

학습목표	학습지도
· 특정한 것을 생각하면서 완전히 다른 것을 함께 떠올리기 · 관계가 없는 듯한 사물이나 현상들 간의 관련성 찾기	· 다양한 해결방안을 말하도록 한다('아기 망상어와 고래아저씨' 어떻게 고래 뱃속에서 빠져 나올 수 있을까와 같은 질문을 한다.).

⑨ 독창성

기존의 것에서 탈피하여 참신하고 독특한 아이디어 산출하기

학습목표	학습지도
· 다른 사람과 같지 않은 생각하기 · 생각이나 사물의 가치를 부정하고 생각하기 · 기존의 생각을 새로운 상황에 적용하여 생각해 보기	· 아동의 독특한 생각 격려하기 · 상황을 제시하기(만약에 ~라면 식의 질문 활용) · 아동의 유창성에서의 참신성을 유도 활용하기

⑩ 정교성

다듬어지지 않은 기존의 아이디어를 보다 치밀한 것으로 발전시키기

학습목표	학습지도
· 떠오르는 거친 수준의 생각을 구체화하기 · 그것의 실제적 가치를 고려하여 발전시키기	· 완전한 것에 대한 연습시키기 · 결과에 대한 효과성 수준을 일러주기

(4) 인지양식

인지양식은 지적능력 및 성격특성과 밀접한 관련을 가진다. 인지양식의 차이에 따라 지적 능력의 양과 질이 다르고 성격이 다르게 표현되기도 하며, 또한 지적 능력과 성격의 차이에 따라 인지양식이 변화될 수도 있다고 본다. 인지양식은 인지적 영역과 정의적 영역의 한가운데 존재하고 있는 것이라고도 할 수 있다. 이것은 인지양식이 각 개인이 사물에 대하여 가지는 판단양식을 결정하기 때문이다. 즉 외부세계에서 주어지는 상황을 개인이 어떻게 판단하는가 하는 문제와 관련되어 있는 요인으로 개인이 사물에 대하여 가지는 판단양식인 인지양식은 학습에 중요한 영향을 주고 있다.

이러한 학습자의 인지양식은 학습자가 사물에 대하여 지각하고 정보를 조직·처리하는 지속적이고 특징적인 양식을 말한다(Witkin, et al. 1977). 인간은 자기 외부의 세계를 이해할 때 지각을 사용하는데 이는 인간이 사물을 인지함에 있어서 독특한 나름대로의 지각과정을 거친다는 것을 의미한다. 이런 지각과정은 외부세계와 인간 내면의 내부세계와의 대립과 갈등 그리고 조화를 의미한다. 인간은 사물과 정보를 인식함에 있어서 통합된 하나의 일체로 이해하게 된다. 즉 인간은 지능, 적성, 흥미, 동기 등 여러 가지 측면에서 개인차를 보이는데, 자신을 둘러싼 외부환경이나 사물을 지각할 때도 개인의 인지적 및 정의적 특성에 따라 주어진 상황이나 정보에 대해

독특한 방식으로 지각, 기억, 사고하는 등의 인지활동을 수행하게 된다. 이러한 인지양식의 특징에 대하여 Wintkin 등(1977)은 다음의 네 가지를 제시하고 있다.

첫째, 인지양식은 인지활동의 내용보다 인지형태와 관련이 깊다. 즉 지각, 사고, 문제해결, 학습 등의 방법에 있어서의 개인차를 가지게 된다.

둘째, 인지양식은 지적 특성뿐만 아니라 비지적 특성까지도 포함하는 다면적 차원이다.

셋째, 인지양식은 단기간 내에 변화되지 않고 수개월 혹은 수년간 지속하는 비교적 항상적이고 안정된 특성이다.

넷째, 인지양식은 가치판단의 양극성을 띠고 있다. 이 특징은 인지양식을 지능이나 다른 능력과 구별하는 데 있어서 특히 중요한 특징이다. 즉 인지양식은 개인이 상황에 따라 알맞은 적응적 가치를 지니기 때문에 어느 것이 좋거나 나쁘다고 단정할 수 없는 가치중립적 개념이다.

이러한 인지양식의 대표적 유형으로 사려적 인지양식과 충동적 인지양식, 그리고 장독립적 인지양식과 장의존적 인지양식이 있는데 이를 간략하게 살펴보면 다음과 같다.

가. 사려성과 충동성

인지양식이 사려적이냐 충동적이냐 하는 것은 한 유기체가 두 개 이상의 대상에 대하여 선택적 반응을 결정하려 할 때 그 대상을 개념화하는 속도에 관한 문제이다. 대상을 개념화할 때 시간적으로 빨리 급하게 인지하는가? 아니면 천천히 침착하게 인지하는가의 문제이다. 이것은 보통 개념화 속도(conceptual tempo)라고 부른다. 개념적 속도의 차, 사려적 인지와 충동적 인지 구별은 MFF 검사(matching familiar figures test)에 의하여 이루어진다. 이 검사는 하나의 표본이 되는 그림과 그 표본과 비슷한 여러 개의 그림들로 구성되며, 이 검사는 동물, 인물, 사물, 도형 등의 여러 가지 그림들이 복합적으로 구성되어 있다. 피험자는 왼쪽에 있는 표본과 동일한 그림을 오른쪽에 있는 표본그림에서 찾아야 한다. 충동적 인지양식을 가진 피험자들은 검사완료 시간이 비교적 짧으면서 오답수가 많고, 사려적 인지양식을 가진 피험자들은 검사완료 시간이 비교적 길면서 정답의 수가 많게 된다. 결국 검사에 소요된 소비시간과 정답수의 비교적 차이에 의하여 사려적 인지양식의 소유자와 충동적 인지양식의 소유자가 구별되게 되는 것이다.

학교교육에서 개념화의 속도가 중요하게 다루어지는 중요한 이유는, 학교에서 다루는 학습과제의 대부분이 변별을 요구하는 것이기 때문이다. 학교에서 제공되는 학습의 대다수는 특정한 조건을 제공하고 이에 적절한 답을 선택하도록 요구하거나 주어진 공식에 따라 문제를 해결하는 과정에서 빠르고 정확하게 문제를 해결하도록 요구하게 된다. 따라서 학습의 문제는 여러 가지 대안들 중에서 어떤 반응을 선택적으로 결정해야 하는 것들로 되어 있는 것이 개념화의 속도를 다루어야 하는 원인인 것이다. 따라서 학생들이 학습에 임하여 가능한 한 올바른 반응을 빠르고 정확하게 하도록 가르칠 필요가 있게 된다. 바로 부정확하고 충동적이며 느린 반응을 정확하고 사려적이며 빠르게 할 수 있도록 이끌어야 하는 것이다.

나. 장독립성과 장의존성

인지양식 중에서 가장 널리 연구된 분야가 장독립성(field-independence)과 장의존성(field-dependence)이다. 이는 환경이 사물에 대한 개인의 인지에 영향을 주는 정도를 말한다. 장의존성과 장독립성은 총체적 인지양식과 분석적 인지양식이라고 불리기도 한다.

장의존적인 사람들은 그들을 둘러싸고 있는 상황과 맥락으로부터 특수한 개개의 자극을 변별하여 분화시키는 데 어려움을 가지고 있으므로 그들의 지각은 주위의 맥락의 조작에 의하여 쉽게 영향을 받는다. 그러므로 이들은 사물을 지각할 때 사물을 둘러싸고 있는 배경에 의존하려는 경향을 보이며, 정보를 처리하는 데 있어서 상황에서 이탈하거나 변경시키기보다는 있는 그대로 두거나 고수하려는 경향을 가진다.

반대로, 장독립적인 사람은 보다 분석적으로 사물을 지각한다. 그들은 개개의 자극들을 그들의 배경이나 맥락으로부터 분화시켜 지각할 수 있기 때문에 주위의 상황적 변화에 별로 영향을 받지 않는다. 장독립적인 사람들은 정보를 처리함에 있어서 사물의 배경에는 관계없이 사물만을 지각하는 경향을 가진다. 그러므로 그들은 상황의 구조를 극복하거나 재구조화 하려는 경향성이 있다.

학교교육에서 인지양식으로서 장의존성과 장독립성에 관심을 기울이는 것은 교사와 학습자의 인지양식이 장의존적인가 또는 장독립적인가 하는 것이 교수-학습 과정의 내용과 방법에 직접적인 영향을 받기 때문이다.

장의존적인 학습자는 집단적으로 학습하기를 선호하고 집단 성원들 간의 상호작용을 좋아하기 때문에 협력학습이나 협동학습의 교수-학습 방법을 선택하는 것이 학교학습에 효과적일 수 있다. 또한 학습목표의 설정에 있어서도 학습자가 스스로 선택하기보다는 교사에 의하여 제공되는 것이 효과적이다. 그리고 선호직업이나 교과에 있어서도 분석적이지 않은 교과와 사회적 기술을 요구하는 경향이 있는 사회사업, 판매업, 광고업, 정치가 등을 선호하는 경향이 있다.

이에 반하여 장독립적인 학습자는 학습에 있어서 개인적인 방법을 선호하고 학습목표도 교사나 외부인에 의하여 제시되기보다는 본인이 스스로 설정하고 자기자신에 의한 보상을 받기를 바란다. 즉 내적으로 받은 보상에 의하여 강한 동기유발이 이루어지는 것이다. 따라서 스스로 학습을 수행하며, 자신에게 적절한 학습전략을 개발하기를 좋아한다. 그리고 선호교과에 있어서도 수학이나 자연과학과 같은 교과목을 선호하며 이론적이며 분석적인 직업, 즉 수학자, 물리학자, 건축설계자, 의사 등과 같은 직업을 선호한다.

2) 정의적 영역

(1) 학습동기

학교에서의 최적의 교수-학습 과정은 학습자들이 주의집중하고, 학습에 대하여 적극적이며 적절한 방법으로 수행하고, 제시되는 지식과 정보를 습득하는 것이다. 그리고 교사는 최적의 학습을 위하여 수업활동을 계획하고 학습자들의 학습을 지원하고 촉진하기 위한 다양한 노력을 하는 것이다. 그러나 이러한 교수-학습 과정의 수행은 실제적으로 쉽지 않다. 아무리 교수-학습 과정에 대한 적절한 계획이 수립되고 열정적으로 수업을 진행한다고 하여도 학습자들은 학습수행에서 실패하는 경우가 있다. 즉 교사의 입장에서 다양한 자료와 흥미로울 것이라 생각되는 단원계획으로 접근을 해도 학습자들의 반응이 교사 자신의 의도한 대로 진행되지 않는 경우를 종종 관찰하게 되며, '왜 그럴까' 하는 의문을 갖게 된다. 이와 관련된 요인으로 학습동기를 들 수 있다.

가. 학습동기의 개념

인간의 동기는 배고픔이나 피로, 성욕 등의 기본충동과 춥거나 더운 혹은 충격 등의 외부 환경의 물리적 자극, 그리고 개인 내적인 정서상태, 인지적 능력 등의 복합적인 역학관계에 의해 생겨날 수 있다. 동기(motivation)란 '움직인다'는 의미의 라틴어 Movere에서 유래된 것으로, '인간의 행동을 끌어내는 힘이 무엇인가?', '행동이 어떤 특정 목표를 향하게 되는 것은 무엇 때문인가', 그리고 '목표 도달에 강화는 어떠한 역할을 하는가?' 등의 질문과 관련되며, 인간의 행동을 일으키는 근원적인 힘으로 이해되고 있다. 일단 동기가 발생하게 되면 행동이 따르게 되는데, 이때 행동은 반드시 어떤 방향으로 나아가게 되는 것이다. 이러한 원동력은 목적 추구의 행동을 하게 하는 준비태세나 상태이며, 대상이나 목표로 개체를 이끌게 하는 상태이다. 특히, 학습과 관련해서 학습자의 가장 기본적 동기인 학습상황에 들어가려는 욕망, 즉 학습동기는 학습행위가 얼마간 지속될 것이며 어떠한 요인들이 이러한 동기를 유지시킬 것인가와 관련된 측면들을 다루고 있다.

학습동기를 유발하는 근거로 Gagné와 Driscoll(1988)은 호기심, 성취욕구, 자기효능감, 정신적 노력으로 보고 있다. 호기심은 신기하고 복잡하며 불일치한 자극에 의해 생기는 것으로 수업사태에서 특이하고 신비한 유형으로 수업을 설계하면 학습의 동기를 현저히 유발시킬 것이다. 그러나 실제로는 연령이 증가함에 따라 학습자들의 호기심은 환경에 대한 익숙함으로 그 기회가 줄어듦으로 수업에 독특한 의의를 지속적으로 갖기는 한계가 있다. 성취욕구나 능력은 자신의 수행을 통해서 해낼 수 있다고 하는 사람들 자신의 견해와 관련되는 것으로 어떤 것을 할 수 있으며, 더 잘 할 수 있거나 일정기간 그것을 지속할 수 있느냐의 목표에 대한 수단으로 지각된다고 본다. 이는 학습자들에 의해 학습결과로 나타나는 수행과 수행능력과 관련되는 것으로 학습에 참여하는 강한 동기의 근원이 된다.

나. 학습동기의 기능

동기의 기능은 일반적으로 발생적 기능, 방향적 기능, 강화의 기능(임규혁, 1998)이나 발생적 기능, 지향적 기능, 선택적 기능(임창재, 1997)으로 제시되고 있다. 각각에 대하여 간략하게 제시하면 다음과 같다.

① 발생적 기능

동기는 행동의 출발점 기능 또는 시발적 기능으로 이해될 수 있고, 모든 행동의 전제조건이 되며, 행동을 촉진시키는 기능이다. 동기는 어떤 행동의 출발점 기능을 가지고 개체를 지배한다. 일차적 동기가 발생하여 행동의 유인이 되기도 하고 이차적 동기인 칭찬이나 힐책에 따라 행동이 발생하기도 한다. 어떠한 동기가 발생하면 그 목표를 달성할 때까지 긴장상태가 계속되며 목표를 달성하게 되면 긴장은 해소되는 것이다. 그러므로 학습에 있어서도 동기의 발생적 기능이 매우 중요하며, 발생적 기능은 성취동기와 같아서 실제 학습상황에 많이 사용된다.

② 방향적 기능

동기는 행동의 방향을 결정하는 방향적 기능을 지닌다. 행동에 있어서 구체적인 방향을 정하고 자극에 대한 선별적 반응을 통해 순조롭게 목표를 달성하며 결과적으로 긴장을 완화시키는 기능을 한다. 따라서 학습자가 선택한 반응이 동기의 긴장을 해소시켜 학습자에게 만족감을 줄 때에는 그에 따라 학습자는 일정한 방향을 향해서 행동하게 된다. 즉 어떠한 상황에 적절한 행동이나 반응을 나타내어 목표를 정하는 방향감이 그 속에 작용하고 있는 것이 방향적 기능이다.

③ 강화의 기능

동기가 행동의 원동력이 되어 행동을 강화시키는 것으로서 칭찬이나 질책과 같은 외부적 상황이 특정한 행동을 수행하도록 유도하는 것이다. 즉 행동의 결과에 대하여 외적인 보상을 제공함으로써 발생한 행동이 지속적으로 이루어지도록 하는 기능이다. 강화의 기능이 중요한 이유는 수행된 행동에 대하여 일정한 보상을 제공함으로써 긍정적인 행동을 반복적으로 지속적으로 하도록 유도한다는 것이다.

④ 선택적 기능

인간의 행동은 가치지향적이고 선택적이기 때문에 동물과 다른 행동을 한다. 즉 가장 바람직한 행동을 선택하여 행동으로 나타내게 되는 것이다. 따라서 학습자의 행동은 동기에 의하여 어떻게 반응하면 효과적인가 하는 것을 고려하여 선택적으로 행동하게 된다.

다. 동기의 유형

동기란 인간행동과정에서 행동의 활성수준을 증감시키고 행동의 방향을 정해주는 심리적 요인으로서 개체의 행동을 특정한 목표로 이끄는 내적 충동상태를 의미한다. 이러한 동기는 학습과 관련하여 일반 동기와 특수 동기로 구분할 수 있으며, 동기의 범주에 따라서 외적 동기와 내적 동기로 구분할 수 있다.

① 일반 동기(general motivation)

일반 동기는 학습상황에서 지식의 습득과 기능의 숙달을 위해 노력하는 지속적이고 폭넓은 경향을 의미한다. 일반 동기는 일단 형성되기 시작하면 초등학교와 중등학교를 거쳐 대학과 직장, 그리고 그 밖의 사회생활에까지 계속 유지되며, 교육과정 전반에 걸쳐 영향을 미치게 된다. 즉 교과목에 따라 어느 정도 차이는 있을 수 있지만, 긍정적인 동기유발은 특정 과목이나 주제영역을 뛰어넘어 광범위한 영역에서 활성화될 수 있다.

② 특수 동기(specific motivation)

학습에 있어서 특수 동기는 특정 과목 혹은 특정 수업시간의 학습에서만 학습자들의 학습을 촉진시키게 된다. 따라서 특수 동기는 교사의 통제범위 안에 들어 있다고 볼 수 있으며 특정 전략에 의해 변화될 수 있다. 특히, 특수 동기는 학생들이 자신이 좋아하는 교사의 교과목에 대하여 다른 교과목보다 높은 학업성취를 나타내는 경향과 일치한다고 할 수 있다. 따라서 교사가 학습자들의 특수동기를 유발하도록 유도할 수 있는 것이다.

③ 외적 동기

외적 동기는 학습자가 외부로부터 받을 수 있는 강화자로서의 동기를 의미한다. 행동주의 관점에 근거한 외적 동기는 높은 성적을 받았을 때 상장을 주거나 심부름을 했을 때 용돈을 주는 등의 예처럼 직관적으로 쉽게 이용될 수 있다. 이 때 학습자는 활동 그 자체에 관심이 없고 활동의 결과에만 관심을 기울일 수도 있다는 것에 주의해야 한다. 따라서 외적 동기는 학습자의 내면적인 면에 긍정적인 영향을 줄 수도 있지만, 대체로 학습자 내부의 동기를 감소시키거나 학습자에게 낮은 자기인식과 편협한 초점을 형성시킬 수 있다는 비판을 받기도 한다.

④ 내적 동기

내적 동기는 학습자가 본질적으로 가지고 있는 동기로서, 학습자의 흥미나 호기심과 같은 요인에서 유래하는 스스로의 욕구에 대한 반응을 의미한다. 내적 동기는 학습자가 학습과제에 대한 외부의 보상과는 상관없이 능동적으로 활동에 참여할 때 형성된다. 학습자들의 성취동기, 자아실현의 욕구 등은 내적 동기의 대표적인 예이다. 한편, 내적 동기는 외적 동기와 함께 적절히 병행하여 사용함으로써 효과성을 높일 수 있다. 예를 들어, '상을 주면서 이제 흥미가 생겼니, 만족하니' 등의 말을 해 줌으로써 자신의 내적 동기를 자극시킬 수 있다.

(2) 자아개념

사람은 자신에 대한 확신감을 갖고, 자신을 능력 있는 존재로 생각함으로써 긍정적인 자아개념을 갖게 된다. 긍정적인 자아개념을 가진 사람은 자신이 설정한 목표를 성취할 수 있다고 믿고 자신이 하고 싶은 일을 선택하고, 수행하며, 자신에 대한 비평도 화내지 않고 들을 수 있고, 장애물도 극복할 수 있다고 느끼며 도전하기 때문에 성공할 확률이 높다. 반면에 부정적인 자아개념을 가진 사람은 자신이 성공할 수 있다는 확신을 갖지 못하기 때문에 열심히 노력하지 않는다. 노력 부족은 모든 일을 실패로 이끌고, 결국 스스로에 대한 신뢰감과 성공에 대한 자신감을 위축시킨다.

결론적으로, 긍정적 자아개념 형성을 위해서는 비록 작은 성공일지라도 그를 격려하여 많은 성공을 경험토록 함으로써, 이러한 상황에서도 자신의 능력을 믿고 할 수 있다는 자신감과 확신을 갖도록 하는 것이 중요하다 하겠다. 이와 같이 인생에 있어서 성공과 행복의 가장 중요한 열쇠는 긍정적인 자아개념을 형성하는 것(김경중 외, 2000)으로까지 보고 있다.

가. 자아개념의 정의

자아개념은 자신에 대한 지각으로 성격, 외모, 행동, 능력에 대한 개인의 신념으로서 자신에 대한 생각과 감정, 태도의 복합물이다. 자기 자신에 대하여 긍정적으로 인식하면 긍정적 자아개념을 발달시키게 되고, 자기 자신에 대하여 부정적으로 인식하면 부정적인 자아개념을 발달시키게 된다(정순례, 2003). 그리고 자아개념은 자기가 어떠한 유형의 사람인가에 대한 개인의 신념으로서 이는 개인의 내부로 들어오는 자극을 걸러 주는 필터역할, 주변 사물을 조직하는 역할 및 행동의 안내역할 등을 한다고 이해되고 있다. 그러므로 자아개념이란 각 개인이 가지고 있는 자신에 대한 태도라고 할 수 있을 것이다. 이러한 태도가 긍정적인가 또는 부정적인가에 의하여 사물에 대한 관점이 달라질 수 있는 것이다. 특히, 긍정적 자아개념의 형성은 그 자체가 가치 있는 교육의 결과일 뿐만 아니라 학업성취를 비롯한 다른 활동의 결과도 향상시키는 수단이 되는 것이다(유기섭 · 김태호, 2006).

나. 자아개념의 구성요소

자아개념의 구성요소에 대하여 학자들마다 견해를 달리하고 있다. Rogers는 자아개념의 구성요소를 자신의 성격이나 능력에 대한 지각, 다른 사람이나 환경과 관련을 맺고 있는 자신에 대한 지각, 경험이나 어떤 대상물과 관련지어 생각하는 가치의 유형, 그리고 긍정적 또는 부정적 성격을 띠고 있는 것으로 지각된 목표나 이상 등을 제시하고 있다.

그리고 Shavelson 등은 자아개념의 구조를 위계적으로 상정한 가설적 모형을 설정하고, 일반적 자아개념을 학문적 자아개념과 비학문적 자아개념으로 분류하였다. 학문적 자아개념의 각 하위요소로서는 각 학과 영역을 제시하고, 비학문적 자아개념을 사회적 · 정서적 그리고 신체적 자아개념으로 나누어 그 하위영역으로서 동료와 중요한 타인, 특정 정서상태, 신체적 능력과 외모를 각각 제시하고 있다. 또한 이러한 하위영역들은 특정한 상황에서의 행동평가에 의하여 형성된다고 하였다. 여기에서 위계서열상 위로 올라갈수록 자아개념은 안정되고 변화되지 않으며, 아래로 내려갈수록 불안정하고 쉽게 변화된다는 것이다. 따라서 일반적 자아개념의 변화는 그것과 상치되는 특정상황에서의 경험이 계속하여 반복될 때 가능해진다.

자아개념의 구성요소에 대하여 송인섭(1989)이 제시하고 있는 모형을 제시하면 다음과 같다.

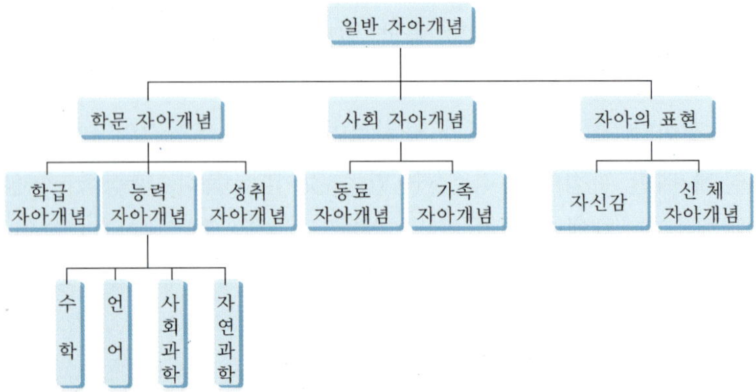

그림 4-2 송인섭의 자아개념 위계 구조 모형

다. 자아개념과 학업성적

자아개념은 학업성취를 가장 잘 예언해주는 변인으로 주목되고 있다. 즉 두 변인간의 인과관계를 규명하기에는 어려움이 있지만 일반적으로 자아개념이 높은 학습자가 학업성취도 높으며, 또한 학업성취가 높은 학습자가 자아개념도 높다고 보고되고 있다. 김기정(1985)의 연구에 의하면, 학년의 증가에 따라 학습실패 집단의 자아개념이 지속적으로 낮아지고 있는 것으로 보고되었다. 즉 학습실패가 지속될수록 그 집단에 속한 아동의 자아개념은 계속 낮아지는 것이다. 이러한 연구결과는 Water, Garber와 Vaugha(1983), Zigler와 Trikett(1978) 등에 의해서도 보고되었다.

또한 학업성적과 자아개념의 상관을 산출한 연구들을 종합한 유기섭과 김태호(2006)에 의하면, 대상 학년과 검사의 유형에 따라 어느 정도 차이는 있지만 학문적 자아개념과 학업성취도 간의 상관계수는 $r=.20 \sim .56$의 상관을 보여 주고 있는 것으로 보고되었다.

자아개념과 학업성취도 간에 있어서 고려되어야 할 문제는 두 변인 중에서 어느 변인이 우선인가 하는 것이다. 즉 '닭이 먼저냐 달걀이 먼저냐' 하는 문제와 동일한 의미이다. 높은 학업성취도가 긍정적인 자아개념에 영향을 주는 것인지 아니면 긍정적인 자아개념을 가지고 있기 때문에 열심히 공부하여 높은 학업성취도를 이루게 되었는지를 구별할 수 있는 방법이 없는 것이다. 그러나 두 가지 변인 중 어느 하나의 긍정적인 변화가 다른 한 변인의 긍정적인 변화를 가져오는 데 도움이 된다는 사실은 분명하다. 그러므로 학습자들의 자아개념은 그들의 학습과제를 대하는 태도를 이해하는 데 중요한 요인이 된다.

그러나 많은 학생들은 이른바 악순환을 거듭하고 있는 경우도 있다. 즉 어떤 과목의 공부는 잘할 수 없다고 믿기 때문에 그 과목을 멀리한다. 그 과목을 멀리하기 때문에 잘할 수 있는 가능성은 더욱 낮아지는 것이다. 잘할 수 있는 능력의 부족에서 오는 부정적인 경험은 자기는 능력이 부족한 사람이라는 생각을 강화하게 되는 것이다(유기섭, 1993).

그러므로 학생이 학습에서 성공하기 위해서는 성공의 가능성을 더욱 높여주어야 한다. 성공의 기회를 높여줌으로써 학생들은 긍정적인 자아개념을 가지게 되며, 또한 이러한 과정의 순환을 통하여 과제에 대한 도전감을 가지도록 할 수 있는 것이다. 긍정적인 자아개념을 먼저 가지도록 할 것이냐, 아니면 학습에 대한 성공경험을 먼저 제공할 것인가 하는 것은 교수-학습 환경과 학습자 개개인의 특성에 따라 다를 수 있다. 그럼에도 불구하고 교육현장에서는 긍정적인 자아개념의 신장을 위하여 학습에 대한 성공경험을 다양한 방법으로 제공할 수 있다. 하나의 예를 들자면, 형성평가를 통하여 학업성취가 낮은 학습자들도 부담 없는 학습량을 소화해냄으로써 성공의 경험을 가지도록 유도할 수 있을 것이다.

(3) 정서지능

학습자의 정의적 영역의 요인들은 자아개념, 성취동기, 불안 등 다양하지만 최근에는 정서지능의 개념이 교육현장에 소개되고 있다. 정서지능은 1990년 이후 새로운 지능의 개념으로 제안되어 정서적 기능을 인지화(cognize)하려는 하나의 시도로서 간주되고 있다.

가. 정서지능의 개념

최초의 정서지능의 개념은 자기자신과 타인의 감정 · 정서를 평가하고 그것을 변별하며, 이러한 정보를 활용하여 자신의 사고와 행동을 이끌 수 있는 능력이라고 정의되었다(Salovey & Mayor, 1996). 일반적으로 정서에 대한 전통적인 정의는, 정서란 유기체가 자극 상황에 직면하여 나타나는 비교적 흥분된 심리적 상태이다.

정서지능을 하나의 지능으로 제기하고 있는 몇 가지 제안점들에 관하여 살펴보면 다음과 같다.

첫째, 정서지능은 개인차를 보이는 정서성을 설명할 수 있다는 것이다. 즉 어떤 사람은 긍정적인 기분상태를 보다 많이 경험하고 어떤 사람은 부정적인 기분상태를 보다 많이 경험한다(Diener & Larsen, 1993). 이러한 기분상태는 사고의 내용에 영향을 미치게 된다(Bower, 1991). Salovey와 Mayer(1996)도 이러한 감정에 주의를 기울이고 쉽게 구별할 수 있는 사람은 정서지능이 높다고 제시하고 있다.

둘째, 정서지능은 발달단계를 거친다(Salovey & Mayer, 1996). 즉 발달상 다른 능력에 비하여 늦게 나타나는 것이라고 제시하고 있다.

셋째, 정서의 관리는 정보의 통로에 영향을 미친다는 점에서 지능적인 요소를 가지고 있다는 것이다. 따라서 정서지능은 문제해결을 위한 정보를 발견할 수도 있다는 것이다.

넷째, 정서지능을 사회적 지능의 하위요인으로 제시하고 있다(Salovey & Mayer, 1996; Salovey, 1996).

정서지능에 관련된 연구들을 살펴보면 정서지능은 다음의 세 가지 기준을 만족시켜야 한다.

첫째, 정서의 평가와 표현, 정서의 조절, 정서의 활동 등에서 한 가지 이상의 능력을 측정할 수 있어야 한다.

둘째, 자기 보고에 의존하기보다는 능력을 직접적으로 측정할 수 있어야 한다.

셋째, 앞서 제시된 첫째 기준의 각 능력들을 결합시키거나 혹은 하나의 정서지능의 능력을 다른 중요한 기준과 결합시켜야 한다(Salovey & Mayer, 1996).

나. 정서지능의 구성요소

문용린(1996)은 정서지능의 구성요소에 관하여 다음과 같이 정리하여 제시하고 있다.

① 정서의 평가와 표현

- 언어적인 측면(자아) : 정서는 언어에 의하여 평가되고 표현된다. 이 영역에서는 자신의 정서에 대해서 언어적으로 정확하게 평가하고 표현하는 것을 말한다.
- 비언어적 측면(자아) : 정서적 의사소통의 많은 부분은 비언어적 경로를 통하여 일어난다. 비언어적 신호(표정, 몸짓)를 명확하게 인식하는 능력으로서 개인차를 알 수 있다. 자신의 감정에 보다 정확하고 빠르게 인식하는 사람이 타인의 감정도 잘 알아차린다.
- 타인의 비언어적 정서 인식 : 타인의 불쾌한 감정을 감지하는 능력뿐만 아니라 타인의 모든 감정을 인식하는 것을 말한다. 이 능력은 안면표정을 통하여 나타난 정서를 해석하는 것으로 개인차를 알 수 있다.
- 감정이입 : 타인의 감정을 이해하고, 자신의 내부에서 재경험해 보는 것이다. 그래서 타인이 느낀 감정이나 기분을 마치 자신이 느낀 것처럼 인식하는 것이다.

② 정서의 조절

- 자아 속에서의 정서조절 : 자신의 긍정적인 기분을 유지하고 지속시키려 하면서 좋지 않은 기분은 줄이려고 하는 것이다.
- 타인의 정서조절 : 타인의 감정을 조절하고 바꾸려는 능력. 자신에 대해서 타인이 갖게 되는 인상을 조절하고 통제하기 위해

서 타인에게 보여 주는 행동방식으로서, 대인관계를 원활히 증진시키기 위해 타인과의 부적절한 관계를 감소하는 것이다.

③ 정서의 활용

- 융통성 있는 계획 세우기 : 기분전환을 통해 좌절상황에 있는 사람들이 미래에 대해 생각하는 것을 도와줄 수 있으며, 가능한 다양한 결과에 대해 고려해 볼 수 있도록 한다.
- 창조적 사고 : 정서는 기억 속에 있는 정보를 조직하고 활용하는 데 영향을 줌으로써 문제해결을 도와줄 수 있다. 정보를 유목화함으로써 창조적인 문제해결에 도움이 된다.
- 주의집중의 전환 : 부정적인 강한 감정이 생겼을 때 새로운 문제에 대해 관심을 갖게 되는 것이다. 사람들이 자신의 정서에 대해 주의를 두게 될 때 현재 진행 중인 문제로부터 벗어나 새롭고 더 중요한 문제에 더 관심을 갖게 된다.
- 동기화 : 정서는 도전적인 과제를 지속할 수 있는 동기를 제공해준다. 또한 사람들은 좋은 기분을 이용해서 자신의 능력에 대한 자신감을 증가시켜서 어려운 장애나 고통스런 경험을 극복하고 활동을 지속시키도록 한다.

다. 정서지능과 교육

인지가 정서에 영향을 주고 있으며 또한 정서로부터 영향을 받고 있다는 연구들이 있고, 또한 인지이론에서 정서에 관련된 부분들을 다루고 있다. 그러나 인지가 정서에 어떠한 역할을 하고 있는지는 구체적으로 밝히지 못하고 있다. 아직 완전하지는 않지만 정서지능은 사회적인 영역(Alan, 1996) 뿐만 아니라 학교교육 분야(Jere, 1996; John, 1996)에서도 긍정적인 효과를 가지고 있다고 한다.

일반적으로 교육현장에서 정서지능은 공격적 성향이 강한 아동들에게 분노를 조절하는 방법이나 일상 학교생활에 적응하기 어려운 아동들에게 학교생활의 적응을 위한 방법 등을 제공해 주고 있다. 특히, 미국에서 정서지능 훈련을 받은 아동은 그렇지 못한 아동보다 학업성적에 대한 압력이나 스트레스로부터 견디는 힘이 강하며 흡

연이나 마약복용에 대한 유혹으로부터도 잘 견디어 낸다는 결과를 제시하고 있다.

따라서 정서지능은 교육현장에서 학습자들의 학업성취에 직접적으로 영향을 주기보다는 학교생활이나 학업성적으로부터 받게 되는 압력을 견디게 하는 힘을 높여 주고, 나아가 일상생활의 유혹으로부터 자기자신을 강하게 지켜줌으로써 학교생활에 보다 충실히 임하게 하는 기능을 할 것이다.

라. 정서지능의 문제점

정서지능(emotional intelligence)의 정의와 기능에 대한 다양한 접근에도 불구하고 정서지능에 대한 비판이나 잘못 해석된 부분이 있다. 현재까지 제기되고 있는 정서지능에 관한 비판은 새로운 개념에 대한 무조건적인 비판이 아니라 과학적이고 구체적인 증거를 가지고 출발하고 있다. 또한 많은 부분에 있어서 정서지능이 기존의 개념들에 기초하여 출발하고 있다는 것은 부정할 수 없는 사실이다(하대현, 1997). 이를 간략하게 제시하면 다음과 같다.

① 정서지능이 현실세계에서 성공을 더 잘 예언한다는 것이다. 지능이 사회적 성공을 설명하는 정도는 어느 정도 낮다고 할 수 있지만, Gardner(1994)의 말을 인용하여 상당한 부분이 비인지적인 정서지능이 사회적인 성공을 설명하고 있다는 주장은 아직은 그 증거를 확보하기가 어렵다.

② 정서지능 개념의 과포함성이다. 특히, Goleman(1995)은 자신의 논거를 뒷받침하기 위하여 상당히 많은 증거들을 외부로부터 인용하고 있다. 즉 자기인식, 자기통제, 자아몰입, 인지적 귀인, 자기효능감, 대인관계 기술 등의 개념을 인용하고 있으나, 이러한 것들은 사회적 및 동기적 영역에 속하는 것들로서 이미 해당 영역에서는 구체적으로 연구되고 잘 알려진 개념들이다. 따라서 이러한 개념들은 정서지능의 개념들을 독특한 개념으로 설명하기에는 충분하지 못하다.

(4) 불 안

불안은 인간의 행동에 어떤 영향을 미치는가? 불안은 인간에게 부정적으로도 작용하고 긍정적으로도 작용한다. 적정한 수준의 불안은 보다 나은 성취를 위한 동기의 역할을 하게 된다. 학업성취와 불안의 관계에 있어서 일반적으로 부적인 상관이 있는 것으로 제시되고 있다. 불안이 높으면 복잡하고 어려운 과제에서는 그렇지 않은 과제보다 더 많은 실수를 저질러 그 수행의 저하를 가져오고 불안의 정도가 낮으면 그 반대의 현상을 나타내게 된다. 그러나 이러한 관계는 불안이 낮으면 반드시 학업성취가 높아진다는 의미는 아니다. 불안과 학업성취의 관계에 관한 연구들에 의하면, 일반적으로 아주 높은 불안 수준은 정신적 혼란으로 인해 과제 성취에 어려움을 가지며, 아주 낮은 불안 수준은 낮은 각성으로 인해 성취에서 도전이 없어 높은 성취를 기대하기 어렵다는 것이다. 오히려 중간 수준의 불안은 학업성취를 촉진시킨다고 하고 있다(최철용, 1985).

가. 불안의 개념

불안은 공포, 걱정, 그리고 생리적 긴장으로 특징지워지는 정서반응의 하나로 뚜렷하지 않은 대상으로부터 느끼는 심리적 동요상태를 말한다. 이 불안의 개념은 정신분석학에서 가장 중요한 개념이며 인성발달에 있어서 중요한 역할을 하는 것으로 신체의 내부기관에 생기는 흥분 때문에 오는 일종의 고통스러운 감성적 경험이나 이와 같은 흥분은 내적 · 외적 자극에 의해서 생겨나게 되고 인체의 자율신경계통의 지배를 받는다.

불안은 여러 가지로 설명되고 있지만 일반적으로 불쾌감을 느끼는 상태, 흥분을 느끼는 상태 및 불쾌하고 고통스러운 것을 예상하는 상태 등이 포함된다. 그리고 이와 같은 불안을 느끼는 사람에게서는 대개 다음과 같은 상태들을 관찰할 수 있다(유기섭, 1993).

① 공포 또는 위험을 의식적으로 느끼게 되는데, 그 같은 위협을 느끼게 하는 직접적인 대상이 무엇인가를 식별할 수 없으므로

왜 불안을 느끼는지를 알 수 없다.

② 생리적 흥분(각성)과 신체적 고통을 느끼게 되는데 이에는 여러 가지의 신체적 변화와 불안이 수반된다. 흔히 나타나는 징후로는 심장과 혈관에 나타나는 징후, 호흡의 장애 등이 있다. 불안이 오랜 시간 지속되면 이 같은 신체적 징후가 만성화될 수도 있다. 그 뿐만 아니라 불안에서 오는 각성상태는 불면증, 빈번한 배설, 땀, 근육의 긴장, 피로 및 기타의 당혹과 고통으로 나타날 수도 있다.

③ 사고작용에 지장을 가져오거나 환경적 요청에 효과적으로 대응하는 것이 어렵게 되는 등 문제해결 또는 인지적 통제기능에 지장을 가져온다.

나. 불안의 유형

① 특성불안과 상황불안

특성불안은 어느 정도 지속적이어서 때나 상황에 관계없이 항상 불안을 느끼는 경향을 의미한다. 이에 반하여 상황불안은 상황 또는 대상에 따라 나타나기도 하고 나타나지 않기도 하며 느끼는 정도 또한 상황에 따라 다르다. 또한 개인에게 있어서 상황불안은 높고 불성불안은 낮을 수도 있다.

② 현실적 불안

현실적 불안은 외부에 존재하는 위험을 인지했을 때에 받는 고통스러운 감정적 경험을 말한다. 위험의 인지와 불안의 발생은 어떤 물체 또는 환경조건이 주어질 때 저절로 두려워하게 되는 유전적 경향에 의하며, 개인의 생애에서 이차적으로 학습된 후천적인 경우도 있다. 여기서 유전성은 사람을 민감하게 만들고 경험은 이 예민한 상태를 실제의 공포감으로 바꾸어 놓는다. 어린이들은 다량의 자극이 주어질 때 그들의 자아가 이를 조절할 수 있을 만큼 발달해 있지 못하기 때문에 공포감에 사로잡히게 된다.

③ 신경증적 불안

신경증적 불안은 본능으로부터 오는 위험성이 인지될 때 일어나는 것으로 자아의 억제력이 본능의 대상 추진력을 막지 못하여 어떤 갑작스러운 충동적인 행위를 저지르지 않을까 하는 상태에서 오는 불안이다. 신경증적 불안은 아주 사소한 일에도 즉각적인 반응을 일으켜서 항상 불안해하는 조바심의 형태로 나타난다. 항상 어떤 불상사가 일어나지 않을까 하고 조마조마 하는 신경질적인 사람에게서 나타난다. 또한 신경증적 불안은 정신적 공황의 상태로 나타나는데, 심리적 공황이란 고통스러운 신경증적 불안에서 벗어나기 위해 자아나 초자아의 제지에도 불구하고 이드의 요구에 맹목적으로 따르게 되는 감정적 배설행위이다. 심리적 공황에 의한 행동은 평소에 대수롭지 않게 넘어가던 문제에 대해서도 아주 극단적으로 반응하는 형태로 나타난다.

④ 도덕적 불안

도덕적 불안은 자아 속에 죄악감 또는 부끄러움으로 느껴지게 되는 양심으로부터 오는 위험이 인지될 때 일어난다. 도덕적 불안을 만들어내는 공포감은 원래 객관적인 것이다. 도덕적인 사람은 나쁜 짓을 저지르려는 생각만으로도 스스로 부끄럽게 여기며 부도덕한 사람은 강한 초자아를 가지고 있기 때문에 도덕률에 어긋나는 생각이나 행동을 하게 되어도 평범한 일로 넘길 수 있다.

다. 불안과 학교학습

학습과 불안의 관계는 위의 그림과 같은 곡선의 관계를 가지지만 이를 엄격하게 살펴보면 학습과제의 난이도에 따라 다르게 나타난다. 충분히 이해하고 있거나 간단한 학습과제에 있어서는 불안이 높을 때 학습활동의 효과가 가장 높지만, 학습 초기 또는 매우 어려운 학습과제에 있어서는 그 효율성이 매우 낮다. 따라서 같은 학습과제의 경우에는 긴장을 풀고 침착하되 주의를 집중할 때 학업성취가 가장 높게 나타난다.

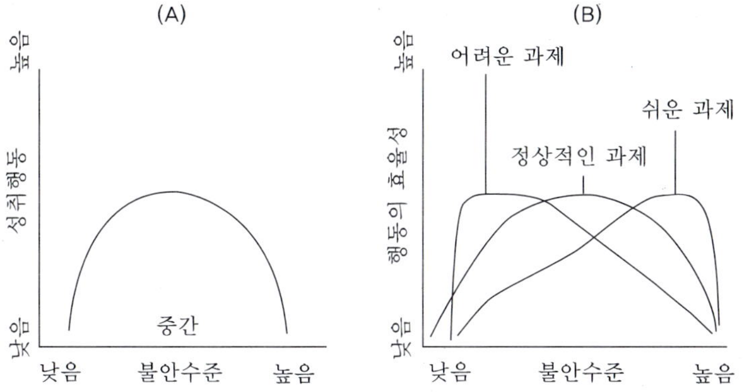

그림 4-3 불안과 성취동기(A), 성취불안과 과제난이도(B) (유기섭, 1993)

2 | 교 사

'교육의 질은 교사의 질 그 이상도 그 이하도 아니다'라는 말의 의미는 무엇인가? 전통적인 교육현장에서의 교사의 역할은 모든 정보를 주관하는 사람이었다. 과학문명이 발달하지 않은 시대나 국가일수록 교육에서 교사의 역할과 위치는 절대적인 것이었다. 그러나 시대의 변화에 따라 교사의 역할과 위치는 점차적으로 변화하고 있다. 특히, 최근에는 가르치는 위치에서 함께 교수-학습하는 사람의 위치로 교사의 위치가 이동하게 되었다. 교사의 역할과 위치가 변화되었다고 하여 교사의 필요성이나 중요성이 낮아진 것은 아니다. 근간 종종 대중매체를 통하여 교사의 역할이나 필요성이 낮아지고 있으며, 교사의 필요성을 부정하고 있는 이야기들이 제시되고 있기도 하다. 그러나 이것은 교육의 본질과 교사 역할의 변화를 제대로 인식하고 있지 못한 데서 비롯되었다고 할 수 있다.

과거의 교사는 정보의 전달자였다. 따라서 절대적인 지식과 정보를 학습자에게 수업을 통하여 전달하기만 하면 되었다. 그러나 이제 교사는 늘 연구하고 학습자의 특성을 보다 깊이 이해해야 하고 학습자뿐만 아니라 지역사회에 대한 봉사와 지역사회에서의 역할도 고려해야 하는 다양한 역할을 동시에 수행해야 하는 위치가 된 것이다. 이제 교사는 학습의 조언자이며 정보의 조절자이자 학생들과 함께 학습하는 사람이다.

특히, 학습 초기와 초보 학습자들에게 있어서 교사의 역할과 위치는 아직도 절대적인 것이다. 교사는 그들에게 학습에 필요로 하는 정보와 학습기술을 가르치며 또한 효과적으로 학습할 수 있는 방법을 전달하게 된다. 뿐만 아니라 학습자들과 상호작용을 통하여 사회적 활동의 기초를 제공하기도 한다. 그러므로 교사의 위치나 역할은 시대의 변화에 따라 보다 중시되고 있으나 사람들이 이것을 인식하지 못하고 있는 것이다.

이러한 '교사' 변인과 관련해 중요한 개념으로 교사효능감, 교사의 기대, 그리고 교사가 갖추어야 할 조건에 대해 살펴보면 다음과 같다.

1) 교사효능감

좋은 교사가 되기 위한 조건으로 전공에 대한 풍부한 지식과 학생에 대한 사랑과 이해 그리고 봉사정신과 투철한 소명의식 등을 가장 먼저 제기하게 된다. 그러나 이러한 것들이 좋은 교사가 되기 위한 조건의 모두는 아니다. 좋은 교사가 되기 위한 조건 중의 하나는 교사로서 가지고 있는 교직에 대한 태도와 교사로서의 자기자신에 대한 인식을 어떻게 하고 있는가 하는 것이다. 이것이 교사의 직무를 수행하는 데 많은 영향을 미치게 된다. 즉 교사효능감은 가르치는 행위에 대한 효능감인 동시에 교사로서 개인이 가지고 있는 자기효능감인 것이다(신명희 외, 2007).

교사효능감이 높은 교사와 교사효능감이 낮은 교사는 여러 가지 측면에서 차이를 가지고 있다. 이러한 차이는 최종적으로 학생들의 학교학습 성과와 실패에 영향을 주는 중요한 요인이 된다. 교사효능감은 가르치는 행위에 대한 효능감과 개인적 효능감으로 구분된다. 가르치는 행위에 대한 효능감이란, 가르쳐서 학생의 학업성취를 변화시킬 수 있다는 교사의 지각을 의미하고, 교사의 개인적 효능감이란 자기자신의 가르치는 능력에 대한 지각을 말한다. 이러한 특성의 차이에 의하여 교육현장에서 나타날 수 있는 차이를 구체적으로 제시하면 <표 4-2>와 같다(신명희 외, 2007 재인용).

표 4-2 교사효능감이 높은 교사와 낮은 교사의 태도 비교

구분	교사효능감이 높은 교사	교사효능감이 낮은 교사
개인적 성취에 대한 지각	학생과 함께 하는 일을 긍정적으로 여기며, 긍정적 영향을 미칠 수 있다고 봄.	자신의 가르치는 행위에 대한 실망과 좌절을 자주 함.
학생에 대한 기대	학생들이 진보하고, 자신의 기대를 실현해 줄 것으로 기대함.	학생의 실패를 기대하며, 자신이 노력해도 소용없을 것이라고 봄.
학습에 대한 책임	결과의 책임을 자기에게서 찾으며, 실패학생에게 보다 도움이 될 수 있도록 노력한다.	책임을 학생에게 묻고, 실패의 원인을 학생의 능력, 가정환경, 태도 등에서 찾는다.
목표달성을 위한 전략	교수-학습을 계획하고, 목표를 수립하고 달성하기 위한 전략을 세운다.	특별한 목표를 가지지 않으며 전략도 없다.
정서	가르치는 행위와 학습자에 대하여 존재가치를 인정한다.	학생에 대하여 부정적 태도를 갖고 실망을 자주 한다.
통제에 대한 지각	학생들의 학습에 영향력을 행사할 수 있다는 자신감을 가짐.	학생에 대해 무력감을 경험
민주적인 의사결정	의사결정과정에 학생을 참여시키며 목표달성을 위한 전략을 수립할 때도 학생을 참여시킴.	의사결정과정에 학생을 포함시키지 않고 일방적으로 결정

학습에 대한 교사효능감은 학생들의 학업성취 수준에 따라 학생들에게 각기 다르게 영향을 미친다. 높은 성취의 학생은 교사효능감의 높고 낮음에 관계없이 자신의 수행을 적절하다고 여기고, 자신의 능력과 잠재력을 긍정적으로 평가한다. 따라서 교사의 영향이 학생

의 포부 수준이나 자아개념 형성 등에 커다란 영향을 미치지 않을 수 있다. 그러나 학업성취가 낮은 학생에게 교사효능감은 매우 중요하게 영향을 미친다. 즉 낮은 성취의 학생은 자신의 학문적 능력을 부정적으로 평가하고 미래에 대한 확신을 가지지 못하기 때문에 외재적으로 동기화되는 경향이 있고 이런 점에서 교사의 역할은 매우 중요하다. 그러나 교사효능감이 낮은 교사는 일반적으로 낮은 성취의 학생에게 낮은 기대를 전달하여 외적으로 동기유발을 시키지 못한다.

2) 교사의 기대

학생에 대한 교사의 기대는 학생들의 학교생활 전반에 많은 영향을 미치게 된다. 특히 이러한 기대는 학업성취에 많은 영향을 미치게 되며, 또한 학생들은 교사의 기대에 보답하여 높은 학업성취를 나타내게 된다. 그러나 교사의 기대가 모두 학생들에게 긍정적인 영향을 주는 것은 아니다.

교사의 기대가 학생들의 학업성취에 긍정적인 영향을 미치는 대표적인 연구는 Rosenthal과 Jacobson(1966)의 피그말리온 효과(pygmalion effect)를 들 수 있다. 이 연구에서 교사는 연구자에 의하여 높은 학업성취가 예상되는 학생들의 명단을 받았고, 연구자의 의도에 따라 교사는 그들에게 높은 성취를 기대하였다. 그리고 일정한 기간이 경과한 다음 해당 학생들은 다른 학생들이 비하여 높은 성취를 보였다. 그러나 연구자에 의하여 제공된 명단은 연구자가 우선적으로 선정한 명단이었다. 이 연구의 결과는 교사의 자기충족적 예언이 교실내부에 이루어지고 있음을 보여주고 있는 것이다. 자기충족적 예언이란, 어떤 기대가 실현될 것이라는 믿음을 갖고 이를 실현시키기 위해 노력하면 결국은 원래의 기대를 실현하게 되는 것이다.

또 다른 교사의 기대효과는 기대유지 효과이다. 교사는 처음에 학생의 능력을 여러 가지 면으로 측정하여 비교적 정확히 판단하고 그

것에 맞추어 학생에게 반응한다. 이러한 교사의 행동에는 아무런 문제가 발생하지 않는다. 그러나 수업이 진행되면서 학생들이 어떤 향상을 보이지만 교사가 학생의 그런 향상에 맞추어 학생에게 대한 기대를 변경하지 않을 때 문제는 발생한다. 교사의 변화하지 않은 기대가 학생의 성취를 교사의 기대수준에 계속 머물게 하게 된다. 이것을 기대유지 효과라고 부른다.

교사의 학생에 대한 기대의 형성과 상호작용 그리고 그러한 기대가 어떠한 영향을 미치는지에 대하여 Good와 Brophy(1991)는 다음과 같이 제시하고 있다.

① 교사는 특정 학생에 대해 어떤 행동을 할 것인지, 얼마나 공부를 잘 할 것인지에 대한 기대를 형성한다.
② 이러한 다른 기대가 교사로 하여금 학생들을 기대한 만큼 다르게 대하게 만든다. 예를 들면, 한 학생이 공부를 잘할 것이라고 기대하게 되면 그 학생에게는 대답을 기다리는 데 많은 시간을 주고 학생의 답에 대하여 인정하는 태도를 더 많이 보내게 된다.
③ 이런 교사의 다른 태도는 각 학생에게 교사가 자신에게 기대하는 바를 전달하고, 학생의 자아개념, 성취동기, 포부수준에 영향을 미친다. 질문에 대해 보다 많은 기회와 격려가 주어진 학생은 보다 더 정확한 대답을 하게 된다.
④ 만일 교사가 어느 기간에 변함없이 일관적으로 자신의 기대대로 학생을 대하고 학생이 그런 교사의 취급에 적극적으로 반대하지 않는 한 이것은 학생의 성취와 기대를 형성하게 된다.
⑤ 시간이 지날수록 학생의 성취도 정도와 행동은 처음에 그 학생에게 기대되었던 정도에 부합하게 된다. 교사에 의하여 높은 기대가 주어졌던 학생은 높은 점수를 얻고, 낮은 기대가 주어졌던 학생은 낮은 점수를 얻는다.

3) 교사가 갖추어야 할 조건

교사는 어떠한 자질을 갖추고 있어야 할 것인가? 교사에 대한 기대는 점차적으로 높아지고 있으며 교사에 대한 자질도 점차 강화되고 있는 경향이 있다. 교사는 인간의 완성을 위하여 노력하는 직업을 가진 사람이다. 따라서 다른 직업을 가진 사람들보다 높은 수준의 자질을 요구하고 있는 것이 사실이다.

첫째, 교사는 이해와 사랑과 봉사심이 철저해야 한다. 교사는 필연적으로 어떤 복잡한 친절과 복잡한 인간관계의 망 속에 들어가게 된다. 교사는 학생들에게 사랑과 이해와 친절과 따뜻함으로 대해야 한다. 똑똑한 학생을 칭찬하는 대신 지진아, 낙제생에 대한 동정과 책임감을 교사는 갖추어야 한다.

둘째, 교사는 인간을 존중하는 태도를 지녀야 한다. 교육은 인간을 존중하고 그 존엄성을 믿는 것으로부터 시작되어야 한다. 학생들이 어리고 작다는 이유로 경솔한 판단과 결정을 해서는 안 된다. 인간은 인간이기 때문에 존중해야 하고 또한 사랑해야 한다.

셋째, 교사는 신성한 교육관을 가져야 한다. 직업을 생계수단으로 생각하는 사람도 있고 그 직업 속에서 즐기며 인생을 지내는 사람도 있으나, 교직은 사명감과 바른 교직관을 요구하고 있다. 교사는 과거에서부터 있어 왔으나 늘 미래에 대한 냉철한 통찰이 있어야 하고, 자신의 교육행위를 통하여 사회가 유지되고 발전할 수 있다는 확실한 신념이 있어야 하는 것이다.

넷째, 교사는 행동으로 보여 주는 사람이어야 한다. 교사는 단순히 정보와 지식을 학생들에게 전달하는 위치에 있는 사람이 아니라 전달되는 정보와 진리가 도덕적이거나 행위적일 때에는 이를 몸으로 실천하는 사람이어야 하는 것이다. 즉 학생들에게 쓰레기를 버리지 말라고 가르치기보다는 몸소 쓰레기를 줍는 모습을 보여줌으로써 가르침을 실천하는 것이다.

다섯째, 교사는 학생들에게 기쁨과 희망을 주는 사람이어야 한다. 교사는 학생들이 일상에서 가장 많이 접하는 사람이다. 그러므로 교사의 행동 하나하나는 학생들에게 바로 모범이 되는 것이다. 그리고 학생들은 교사들과의 상호작용을 통하여 처음으로 사회생활을 접할 수 있다. 그러므로 교사는 학생들에게 기쁨을 줌으로써 학생들로 하여금 세상에 대한 긍정적인 태도를 가지도록 해야 한다. 그리고 나아가 학생들이 희망을 가질 수 있도록 격려하고 미래에 대한 꿈을 심어 주어야 한다.

3 | 교육내용

교육현장에서는 고려해야 할 두 가지 중요한 문제는 '무엇을 가르칠 것인가?'와 '어떻게 가르칠 것인가?'이다. 어떻게 가르칠 것인가가 교수효율성과 교수방법에 관련된 것이라면 무엇을 가르칠 것인가는 교육내용에 관련된 것이다.

1) 교육내용의 의미

교육내용은 매우 다양한 의미를 지니지만 가장 포괄적인 것은 지식, 기능, 가치로 정의하는 것이다. 교육내용에 있어서 지식영역은 사실, 설명, 원리, 정의 등이 포함되며, 기능영역은 읽기, 쓰기, 셈하기, 비판적으로 생각하기, 의사결정하기, 정의 등으로 구성된다. 그리고 가치영역은 선악, 참과 거짓, 아름다움과 추함 등의 가치판단으로 이루어진다.

다음으로 교육내용을 가리키는 것으로 익숙한 것은 교과, 단원, 과 등의 이름이다. 이와 같은 것은 교과와 교과 속에 담긴 단원이나 과의 이름이며, 앞서 말한 지식, 기능, 태도를 담고 있는 그릇이다.

2) 교육내용의 선정원리

교육내용을 선정하는 가장 큰 이유는 학교에 다니는 기간은 한정되어 있는데 배워야 할 내용은 너무나 많다는 데 있다(김석우 · 김대현, 1999).

① 타당성의 원리

교육내용은 교육의 일반 목표달성에 도움을 주는 것이어야 한다. 교육의 일반목표는 어떤 교과를 가르쳐야 하는가를 시사해 주며 그 속에 어떤 지식, 기능, 가치들이 포함되어야 하는가를 대략적이나마 가르쳐 준다. 교육내용이 교육의 일반목표와 무관하게 선택된다면 목적 없는 교육이 된다.

② 확실성의 원리

지식으로 구성되는 교육내용은 가능한 한 참이어야 한다. 참인가의 여부는 논리적이거나 경험적인 경우에는 간단하지만 윤리적이거나 미학적인 지식인 경우에는 가리기가 쉽지 않다.

③ 중요성의 원리

흔히 학문을 토대로 교과를 구성할 때는 학문을 구성하는 가장 본질적인 것들로 교육내용을 삼아야 한다. 학문을 구성하는 가장 본질적인 부분을 나타내는 것으로 사실, 개념, 원리, 이론들을 가리키는 학문의 구조와 탐구방법이 있으므로, 교육내용은 학문의 구조를 확인하고 그 학문에 특유한 탐구의 방법을 포함해야 한다.

④ 사회적 유용성의 원리

사회적응 · 재건주의 관점에서 볼 때 교육내용은 사회의 유지와 변혁에 도움을 주는 것이어야 한다. 사회기능 분석법, 항상적 생활 사태법 등은 학생들이 장차 살아나갈 사회에서 필요로 하는 지식, 기능, 가치가 무엇인지를 제시하고 있다. 또한 사회를 개조하거나 이상적인 미래사회를 만드는 데 필요한 지식, 기능, 가치가 어떤 것인지를 찾아 제시해야 한다.

⑤ 인간다운 발달의 원리

인본주의 관점에서 교육내용은 학생의 성장과 자아실현에 도움을 주는 것이어야 한다. 교육내용은 그 자체로서 가치를 가지는 것이 아니며 인간다운 발달에 기여할 때 빛을 발하는 것이다. 또한 교육내용은 지식, 기능, 가치 등의 요소들로 분리된 것이 아니라 통합된 것으로 간주되어야 한다.

⑥ 흥미의 원리

학생들이 흥미를 갖지 않을 때 학습될 가능성은 그만큼 줄어든다. 학생들의 흥미는 자주 바뀌고 그들이 아직 미숙하다는 이유 때문에 교육내용을 선정할 때 고려의 대상이 되지 않는 경우가 많다.

⑦ 학습 가능성의 원리

학생들이 학습할 수 있는 교육내용을 선정해야 한다. 학생들은 능력, 학습여건 등에서 동질적이지 않기 때문에 우수한 학생들에게 초점을 맞추거나 학습여건이 좋은 학생을 겨냥하여 교육내용을 선정한다면 보통이거나 능력이 부족한 학생들이 피해를 입게 된다. 마찬가지로 보통이나 능력이 다소 떨어지는 학생을 표준으로 교육내용을 선정한다면 우수 학생들은 낮은 수준의 내용에 학습의욕을 잃게 될 것이다. 따라서 하나의 교육과정 속에 심화, 보통, 보충 교육내용을 제시함으로써 이 문제를 해결하려는 시도가 생기게 된다.

3) 교육내용의 조직원리

선정된 교육내용을 조직하는 데에는 일정한 원리가 있다. 이러한 원리는 교육내용을 최대한 효율적으로 학습할 수 있도록 하기 위하여 수평적 및 수직적으로 배열하게 된다. 수평적 조직은 같은 시간대에 교육내용을 배치하는 것을 의미하며, 수직적 조직은 시간의 연속성을 토대로 교육내용을 배치하는 것을 의미한다. 교육내용의 수평적 조직에서는 스코프와 통합성을 고려해야 하며, 수직적 조직에서는 계열성과 수직적 연계성을 고려해야 한다. 각각에 대하여 살펴보면 다음과 같다.

① 스코프

스코프(scope)는 특정한 시점에서 학생들이 배우게 되는 내용의 폭과 깊이를 가리킨다. 즉 어떤 시점에서 학생들이 배워야 할 내용이 무엇이고, 그것들을 얼마나 깊이 있게 배워야 하는가를 결정한다. 여기서 배워야 할 내용은 학교급별, 학년, 교과, 과목에 따라 달라지고, 깊이는 대체로 배울 내용에 할당된 시간 수로서 간접적으로 표현된다.

또한 스코프는 교육과정 개발의 여러 수준과도 관계가 있는데, 국가가 학교, 교과, 학년, 교과, 과목의 스코프를 결정하기도 하며, 지방교육청이나 학교에 스코프를 결정하는 권리의 일부를 위임하기도 한다.

② 계열성

계열성(sequence)은 교육내용을 배우는 순서를 말한다. 즉 학습자가 어떤 내용을 먼저 배우고 어떤 내용을 뒤에 배우는가를 결정하는 것이다. 여기서 배워야 할 내용의 순서는 학교급별, 학년, 학기, 월, 주, 차시별로 결정된다.

일반적으로 교육내용을 계열화하기 위하여 자주 사용되는 방법은 다음과 같다.

- 연대순 방법
- 주제별 방법
- 단순에서 복잡으로의 방법
- 전체에서 부분으로의 방법
- 논리적 선행요건 방법
- 추상성의 증가에 의한 방법
- 학생들의 발달에 의한 방법

③ 수직적 연계성

수직적 연계성(vertical articulation)은 이전에 배운 내용과 앞으로 배울 내용의 관계에 초점을 둔 것으로, 특정한 학습의 종결점이 다음 학습의 출발점과 잘 맞물리도록 교육내용을 조직하는 것을 말한다. 수직적 연계성은 여러 수준에서 확보되어야 한다.

먼저, 수직적 연계성은 학교급 간의 교육내용을 연결하는 데 중요한 역할을 한다. 다음으로 학년이나 단원의 교육내용을 연결하는 데도 중요한 구실을 한다. 마지막으로, 교육과정 개발의 여러 단계에서 강조된다.

④ 통합성

통합성(integration)은 교육내용들의 관련성을 바탕으로 교육내용들을 하나의 교과나 단원으로 묶는 것을 말한다. 또한 수업의 효과를 높이기 위하여 관련 있는 내용들을 동시에 혹은 비슷한 시간대에 배열하는 것을 말한다. 교육내용을 통합하는 이유는 학년 구분과 교과의 구분을 인위적으로 보기 때문이다.

Chapter

05 교수이론 및 교수모형

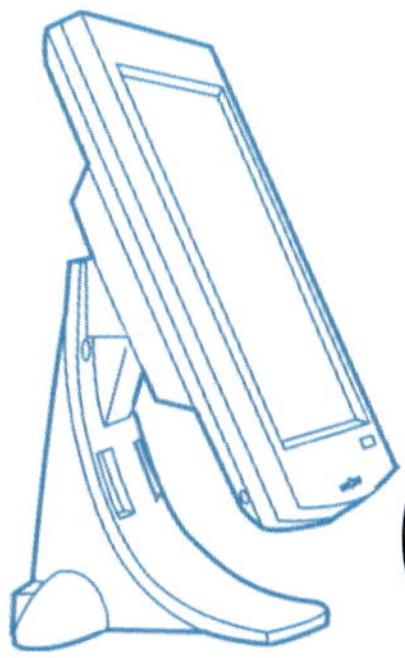

생각하기

현대적인 의미에서 교육은 과학적인 교육계획을 가지고 교육의 효과성 및 효율성을 극대화하려는 노력을 통해서 그 성과를 이룰 수 있다. 교육의 상황(대상, 수준, 여건 등)을 고려하지 않고, 단순히 교사와 학생이 정해진 교육과정(또는 교재)을 가르치고 학습하는 것만으로는 진정한 교육이 이루어졌다고 할 수는 없는 것이다. 이는 교수-학습 상황에 따라서 교육과정을 변형시킬 수 있어야 한다는 의미다.

학교교육에서 학습의 성과를 극대화하기 위해서는 교사의 적합한 교수행위와 학습자의 효과적이며 효율적인 학습자 행위 모두가 충족되어야 한다. 이렇게 교사와 학생의 행동이 동시에 이루어지는 최적의 교수 - 학습 활동은 체계적인 수업체계의 설계에 요구되는 교수이론적 배경과 학습자의 특성에 대한 심리학적인 이해를 통해서 가능해질 수 있다.

이 장에서는 최적의 교수-학습 활동을 위한 교수이론 및 교수모형을 탐색하고 그 특성과 적용방안을 제시하고자 한다. 우선 교수 - 학습 활동에 관련된 일반적 이론으로서 Bruner의 교수이론을 제시 · 설명하고, 교수모형으로는 Glaser-DeCecco의 일반교수모형, Carroll의 학교학습모형, Bloom의 학교학습모형, 한국행동과학연구소의 완전학습모형 등을 살펴보기로 하겠다.

1 | Bruner의 교수이론

1) 학습의욕의 고취(학습의 경향성)

교수-학습 활동에 있어서 가장 우선적으로 고려해야 할 사항은 학습자로 하여금 학습하고자 하는 의욕을 가지게 하는 것이다. 아무리 좋은 교수방법을 가지고 교수-학습 활동을 전개해 나간다 할지라도 학습자의 학습동기가 유발되지 않는다면, 그것은 교수활동만 있었을 뿐 학습활동은 보장하지 못한다. 즉 학습활동이 이루어지기 위해서는 학습자 자신이 학습하고자 하는 의욕이 우선적으로 생겨나야 한다. 이런 의미에서 학습의 경향성(predisposition to learning)의 용어적 표현도 적절하다고 할 수 있다.

학습과 문제해결은 여러 가지 대안에 대한 탐색이 요구되는 바, 학습자가 학습으로 향하게(학습의 경향성)끔 하기 위한 구체적인 탐구활동들을 조장해야 한다. Bruner 교수이론에서의 학습방법은 발견학습(discovery) 또는 탐구학습(inquiry learning)으로 강조되고 있다. 이러한 학습방법에서의 교사의 역할은 학습자 스스로 원리를 발견하고 탐구하도록 도와주고 유도하는 것이다. 즉 학습자는 계속적인 탐구과정을 통하여 최종적으로 달성할 학습목표를 학습해 가는 것이다. 이와 같은 탐구활동 및 과정에는 탐구의 자극, 탐구의 유지, 탐구의 방향성의 세 국면이 있다. 이러한 탐구과정을 구체적으로 살펴보면 다음과 같다.

(1) 탐구의 자극

학습자가 학습의욕을 가지도록 하기 위해서는 일차적으로 학습자로 하여금 탐구를 시도하도록 자극하는 것이다. 최초의 자극은 학습자의 탐구의욕, 즉 학습동기를 유발시키는 것이다. 자극의 방법으로 Bruner는 '최적 수준의 불확실성'의 문제 및 상황의 제시를 주장하고 있다. 학습자의 사고(또는 탐구)를 자극하기 위해서는 너무 어려운 과제나 너무 쉬운 과제를 제시하지 말고, 적절한 수준(optimal level)의 과제를 제시해야 한다. 즉 어느정도 학습자가 접근하고 사고할 수 있는 문제나 상황을 제시함으로써 탐구의 가능성을 자극할 수 있다는 것이다. 예를 들어, 이미 학습자들이 알고 있는 사전지식이나 경험, 즉 선행학습을 토대로 새로운 학습을 전개하는 식의 전후 관련짓기 교수활동은 좋은 자극이 될 수 있을 것이다. 또한 새로운 학습과 관련된 신기한 모형의 제시, 호기심을 유발시킬 수 있는 실험도구의 제시, 다양한 교수매체 활용 등은 탐구를 자극하는 적절한 방법들이다.

(2) 탐구의 유지

자극된 학습자의 탐구의욕은 학습목표가 달성될 때까지 계속해서 유지되어야 한다. 처음의 학습의욕이 수업이 진행되어 가면서 약화되거나 상실되면 궁극적인 학습의 탐구 및 성취는 기대할 수 없을 것이다. 따라서 수업은 학습자로 하여금 계속적인 탐구활동을 유지하도록 진행되어야 한다.

학습자의 학습활동을 통해서 탐구되고 발견된 것이 비록 사소한 것이라도 그를 격려함으로써 탐구활동을 지속시킬 수 있다. 학습자는 나름대로의 학습활동과 사고활동을 통해서 목적한 원리를 발견할 수도 있지만, 때로는 탐구와 발견의 결과가 사소하거나 실패할 수도 있다. 작은 발견을 무시하고 실패에 대해서 질책을 하는 수업분위기와 교사의 행동은 학습자로 하여금 더 이상 탐구하고자 하는 의욕을 상실하게 한다. 원래적으로 발견학습 또는 탐구학습의 과정은 점진적인 발견을 거쳐 최종적인 원리를 발견하도록 유도하는 것이 기본적인 절차이다.

이러한 학습방법의 과정은 교사와 학생 또는 학생과 학생들과의 질문이나 협동적 학습활동을 포함한다. 즉 질문과정 및 협동과정을 통해서 최종적으로 문제를 해결하거나 그 원리를 찾는 것이다. 교사는 이러한 방법의 적용에 있어서 학습자들이 스스로 문제를 해결하고, 스스로 원리를 발견하도록 조장하고 유도할 의무가 있는 것이다.

이와 같은 교수활동을 위해서는 허용적이고 민주적인 수업을 이끌어야 한다. 특히, 학습자로 하여금 학습과정에서 실수할 수도 있다는 편안한 마음을 갖도록 하는 것이 중요한 교수자의 자세이다. 결국 교수-학습 과정에서 교사는 학습자의 실수를 인정하고, 사소한 발견이라도 이를 격려해 주는 강화적이며 허용적인 수업분위기를 조장하면서 학습자의 탐구활동을 유지시켜야 한다.

(3) 탐구의 방향성

어떠한 교수-학습 활동에 있어서도 가장 중요한 것은 교수목표를 설정하는 일이다. 아무리 학습의욕이 왕성하고, 그 의욕이 유지된다 할지라도 최종적인 학습결과가 목표에서 벗어난다면 학습의 효과를 말하기 어렵다. 수업의 시작과 과정에서 제시되는 교수목표는 학습자의 탐구활동에 대한 검증의 준거가 될 것이며, 탐구활동의 정확한 이해와 현재의 정보를 보다 쉽게 조작할 수 있도록 유도할 수 있다. 따라서 여기에서의 탐구의 방향성이란 탐구해야 할 활동을 분명히 하기 위한 교수목표의 구체적이고 명료한 제시를 의미한다.

2) 지식의 구조

Bruner의 교수이론에서 가장 핵심이 되는 개념은 지식의 구조(the structure of knowledge)이다. 지식의 구조란 지식의 표현방식이나 지식의 형태를 말한다.

Bruner(1960)는 잘 구조화된 지식이란 표현방식이 학습자의 발달수준이나 과제의 특성에 적합하고, 경제성과 생성력이 있도록 조직된 것이라고 하였다. 이러한 주장에 근거하여 Bruner는 그의 저서인 『교육의 과정(*The Process of Education*)』에서 다음과 같은 진술로 지식의 구조에 관한 심오한 의미와 시사점을 제시하고 있다.

> "어떠한 주제라도 지적으로 충실한 형태로 제시되면 어떠한 발달 단계에 있는 어떠한 아동에게라도 효과적으로 가르칠 수 있다(Any subject can be taught

effectively in some intellectually honest form to any child at any stage of development.)(p. 30)."

이 진술에서의 의미는 지식을 구조화하는 데는 학습자의 수준이나 과제의 특성에 따라 다르게 조직하여 제시할 수 있다는 것이며, 시사점은 지식은 어떠한 방식으로든 쉽게 조직하여 누구에게나 가르칠 수 있다는 것에 있다.

그러나 여기에서 미리 밝혀 두고자 하는 것은 이러한 주장이 논리적이고 설득력이 있다 하여 모든 내용을 모든 아동에게 가르칠 수 있다는 식으로 이해하는 것은 무리가 있다는 것이다. 비록 Bruner가 지식의 구조를 강조하기 위하여 유치원 수준의 아동에게 많은 시간과 지식의 구조를 달리하여 이차방정식을 가르치는 실험에 성공하였지만, 이는 교육과정의 기본적 원리나 발달심리학적 입장에서는 받아들이기 어렵다. 학습자의 기본적인 준비성, 즉 성숙이나 발달수준에 맞는 교육과정일 때 가장 최적의 학습이 이루어질 수 있기 때문이다.

지식의 구조화에 대한 보다 자세한 이해를 위하여 지식의 구조화에 내포되어 있는 하위개념들을 살펴볼 필요가 있다. 구체적인 하위개념으로는 표현방식, 경제성, 생성력 등이다.

표현방식(mode of representation)으로는 작동적 표현(enactive representation), 영상적 표현(iconic representation), 상징적 표현(symbolic representation) 등이 있다.

작동적 표현은 학습자의 직접적인 행위가 포함되어 사물을 직접 조작하면서 이해하는 것을 말하고, 영상적 표현은 간접적인 그림이나 영상 또는 모형을 통해서 이해하는 것이며, 상징적 표현은 언어나 기호 등을 사용하여 언어적 진술이나 공식을 통해서 추상적이고 상징적으로 이해하는 것이다. 지식은 이와 같은 세 가지의 표현으로 달리 구조화될 수 있다.

Bruner(1966)는 '평형의 원리'를 각 표현방식으로 설명하고 있다. Bruner의 설명을 참고하여 각 표현방식에 대한 예를 들어 보면 다음과 같다.

'평형의 원리'에 대한 지식의 구조를 아동의 발달수준과 관련하여 적합한 표현방식을 달리할 수 있다.

아주 어린 아동들은 '평형의 원리'에 대해서 천칭이나 그림 또는 공식으로 이해하기 어렵다. 어린 아동들은 처음에 친구들과 시소를 타는데 어려움에 처할 때가 있다. 예를 들어, 한 아이가 뚱뚱한 친구와 시소를 타는데 어려움을 가질지도 모른다. 그러나 얼마 후 자기 동생과 함께 한편에 앉고, 다른 편에 뚱뚱한 친구가 앉아서 시소를 탈 수 있다. 이는 무게의 균형을 잡기 위한 행위를 충분히 발휘하고 있는 것이다. 또 얼마 후에는 중간 지지대를 중심으로 해서 그 아이는 멀리 앉고, 뚱뚱한 아이는 가깝게 앉아서 둘만이 시소를 탈 수 있다. 이는 무게와 거리를 고려하면서 균형을 유지하려는 행동을 취함으로써 가능했던 것이다. 이와 같이 어린아이들은 '평형의 원리'에 대해서 아직은 용어적으로 이해하기 어렵지만 실제적인 행위로서는 이해하고 있는 것으로 보아야 할 것이다. 이렇게 행위적이며 실제로 작동하면서 이해한다고 하여 '작동적 표현'이라고 한다. 따라서 어린 아동들을 위해서는 아동이 실제로 만져보고, 만들어 보고, 행위적으로 취해 보는 식으로 지식을 구조화해 줌으로써 그 지식을 쉽게 이해할 수 있을 때 의미가 있는 것이다.

좀더 나이가 든 아동들은 시소를 직접 타지 않고도 '평형의 원리'를 이해할 수 있다. 아직은 공식이나 언어적으로 '평형의 원리'를 이해하는 것이 좀 어렵지만, 시소를 타는 장면이나 천평칭(천칭)의 그림 또는 모형을 통해서 '평형의 원리'를 이해할 수 있다. 즉 대리적인 상황이나 모형을 조작하면서(예 : 분동 이용) 무게와 거리를 충분히 고려할 수 있다. 이 수준의 아동들에게는 영상적 표현방식으로 지식을 구조화하여 제시함으로써 이해시킬 수 있다.

한편, 초등학교 고학년 정도의 아동들은 '평형의 원리'에 대하여 작동적(행위적)이거나 영상적 표현으로의 이해가 충분할 뿐만 아니라 언어적으로 또는 기호적으로도 이해할 수 있다. 예를 들어, $W_1 \cdot S_1 = W_2 \cdot S_2$라는 등식으로 '평형의 원리'를 이해할 수 있다. 무게는 'W'라는 기호로, 거리는 'S'라는 기호로 상징하여 등식의 성립을 이해할 수 있고, 이를 언어적으로도 표현할 수 있다. 이와 같이 기호나 언어를 통하여 표현하는 것을 상징적 표현이라 한다.

이상과 같이 동일한 지식이라 하여도 그 구조화를 달리하여 표현할 수 있다는 것이 지식의 구조화를 이해하는 핵심이 된다.

또한 경제성(economic)과 생성력(power)은 지식의 구조화 요소들인데, 경제성이란 어떤 문제를 해결하기 위해 학습자가 소유해야 할 '최소정보의 양'을 말한다. 따라서 상징적 표현수준에서 가장 경제성이 높은 것이다. 그리고 생성력이란 일련의 명제나 지식이 그와 관계되는 다른 명제나 지식의 결과를 찾아내거나 발생시키는 용이성을 말한다. 갑, 을, 병이 있을 때 '갑 > 을'이고, '을 > 병'이라는 관계에서 '갑은 을보다 크다' 그리고 '을은 병보다 크다' 그러므로 '갑이 가장 크고, 을은 두 번째로 크며, 병이 가장 작다'는 결과를 알 수 있다. 한편, 이와 같은 결과의 생성은 처음부터 '갑 > 을 > 병'과 같은 구조의 관계에서 훨씬 빠르고 쉽게 도출될 수 있을 것이다. 즉 후자의 관계적 표현(갑 > 을 > 병)이 보다 생성력이 있다고 할 수 있는 것이다.

그러나 이와 같은 경제성과 생성력의 의미를 통해서 잘 구조화된 지식이란 반드시 경제성과 생성력을 포함해야 한다는 것이라고 단정할 수는 없다. 왜냐하면, 작동적 표현보다는 영상적 표현, 영상적 표현보다는 상징적 표현이 더 경제적이고 생성력이 크기 때문이다. 따라서 학습자의 발달 수준을 고려하는 지식의 구조화가 가장 잘된 지식의 구조화로 보아야 할 것이다.

3) 지식의 계열화

계열(sequence)이란, 내용이 제시되는 시간적 또는 수준적인 순서를 말한다. 예를 들어, 단순한 내용에서 복잡한 내용으로, 부분적 내용에서 전체적 내용(또는 전체에서 부분)으로, 선수학습을 기초해서 그 다음의 내용으로, 사건의 역사적 발생 순서대로, 구체적인 내용에서 추상적인 내용으로 조직해 가는 것이다. 계열화는 교과의 본질과 구조에 따라 순서가 정해져야 하고, 또한 학습자의 다양한 발달단계 및 수준, 성취능력 등이 고려되어 학습내용을 순차적으로 조작해야 한다. Bruner가 제시하고 있는 일반적인 계열화는 지식의 구조화의 표현방식의 순서를 의미한다. 즉 작동적 표현에서부터 영상적 표현, 그리고 상징적 표현의 순서를 말한다(작동적 표현 → 영상적 표현 → 상징적 표현). 그러므로 최적의 계열화란 이와 같은 순서를 따르는 것이 된다.

이러한 지식의 일반적인 계열화를 바탕으로 Bruner는 다음과 같은 기본 가정을 제시하고 있다.

첫째, 모든 학습자에게 통용되는 고정적인 계열은 없다. 최적의 계열화란 학습자의 특성, 즉 발달수준, 학습경험이나 능력수준 등에 따라 달리 적용되는 것이다. 학습자의 개인차를 고려하여 제시되는 계열화가 가장 적합한 것이다.

둘째, 최초의 지식이나 정보에 대한 학습에서는 가능한 작동적 표현 → 영상적 표현 → 상징적 표현의 순서로 계열화하는 것이 바람직하다.

이와 같은 가정을 통해서 지식의 계열화는 학습자 특성이나 과제특성에 부합되어야 하고, 상황에 따라서 이러한 계열을 적절히 혼용하는 것이다. 즉 어떤 아동은 작동적 표현에서부터 또 어떤 아동은 영상적 표현에서부터 지식의 이해를 필요로 할 것이다. 또한 지적수준이 높거나 이미 직접 또는 간접적으로 경험한 아동은 상징적 표현만으로의 이해도 가능할 것이다. 하나의 예를 인용하면(Yelon & Weinstein, 1977), 이들 연구에서 수학을 전공하지 않는 대학생들에게 확률과 통계를 가르치는 경우 과제를 언어적이고 기호적으로만 다루었을 때보다는 도표나 도형과 같은 영상적인 것과 언어를 적절히 혼용했을 때 학습효과가 높은 것으로 나타났다. 이 경우에서는 수학을 전공하지 않는 학생들은 보다 쉬운 표현을 사용함으로써 이해가 용이했다고 할 수 있다.

4) 강 화

Bruner는 사고과정을 강조하는 인지주의적 학습이론의 추종자이다. 그러나 학습의 증진을 도모하기 위해서는 행동주의 학습이론의 개념인 적절한 강화의 필요성을 들고 있다. 강화는 학습자에게 보상을 줌으로써 바람직한 행동을 유지시키거나 바람직한 행동을 유발시키는 것을 목적으로 하는 것이다. 즉 강화는 학습자가 보상을 통하여 현재의 행동을 계속하거나 장차 하고자 하는 의욕을 갖게 하는 원리이다.

보상체계에는 두 가지 형태가 있다. 즉 외부로부터의 보상인 외적 보상과 학습자의 내면에서 우러나오는 내적 보상이 그것이다. Bruner는 내적 보상에 의한 의욕 및 동기를 내적 동기로 보고, 내적 동기가 외적 보상에 의한 외적 동기보다 더 중요할 뿐만 아니라 학습의 효과도 더 증진시킬 수 있다고 주장하고 있다. 내적 보상에 의한 내적 동기를 강조하는 이유들은 다음과 같다.

첫째, 문제해결이 외부로부터의 보상을 받기 위한 것이라면, 외적 보상이 중단되면 문제해결을 위한 행동이 유발되기 어렵다.

둘째, 외적 보상은 성취된 만큼의 행동만 유지시킬 우려가 있다. 그러나 내적 보상에 의해 동기가 유발되면, 즉 스스로의 성취감과 도전감이 생기면 계속적인 유사한 상황이나 보다 어려운 과제에 대해서도 주저하지 않는다.

내적 보상을 강조하고 있는 Bruner는 내적 보상에 의한 내적 동기는 다음과 같은 측면에서 더 유효하다고 하고 있다(안범희, 2000 재인용).

① 새로운 사실을 인식하고 이해하는 데 따르는 만족감
② 자신의 지적 능력을 십분 발휘하는 데 따르는 성취감과 도전감
③ 흥미와 관심의 증대
④ 자신의 정체성을 확인하는 데 따르는 만족감
⑤ 자신의 지적 · 인지적 성숙에 따른 쾌감

⑥ 자신의 능력과 성취에 따른 자존감
⑦ 다른 사람과 교감을 나누고 어떤 목적에 도달하기 위해 그들과 기꺼이 상호작용하려고 하는 깊은 욕구를 충족시키는 상호 의존성이 발달

한편, Bruner는 위와 같은 내적 보상에 의한 내적 동기를 강조하는 이유와 유효성을 들면서도 어느 정도의 적절한 외적 보상도 내적 보상과 함께 사용되면 효과적일 수 있다고 지적하고 있다.

2 | Glaser-DeCecco의 일반교수모형

교수모형을 최초로 구안한 사람은 Glaser이다. 그는 교수모형에서 다루어야 할 요소를 절차적으로 제시하고 있다. 그 요소 및 절차는 교수목표의 설정, 출발점 행동진단, 교수절차, 학업성취도의 평가 등의 과정으로 제시하고 있다. 즉 한 단원의 교수-학습 목표를 설정하고, 설정된 목표달성에 필요한 현재의 투입행동 양상을 파악·처치하고, 목표 및 진단결과에 따른 최적의 교수방법을 적용·전개하고, 최종 목표달성 정도를 평가하는 과정이다.

그리고 Glaser의 교수모형의 설계에 DeCecco는 순환과정을 추가시켰다. DeCecco는 4단계의 교수과정들 간 순환선(feedback line)의 중요성을 강조하고 있다. 특히, 피드백의 강조는 교수의 과정이 순서적이고 단계적인 절차를 따르는 것으로만 교수과정이 끝나는 것은 아니라는 의미를 내포하고 있다. 왜냐하면, 어떤 제품을 조립하는 것은 정해진 절차에 따라 완성될 수 있을지는 몰라도 학생을 대상으로 하는 교수의 과정에서는 필요에 따라서 재진단, 재교수, 보충 등의 활동을 해야 하기 때문에 순환선을 이용해서 필요한 교수-학습 활동을 전개할 필요가 있다.

Glaser-DeCecco의 일반교수모형은 [그림 5-1]과 같다.

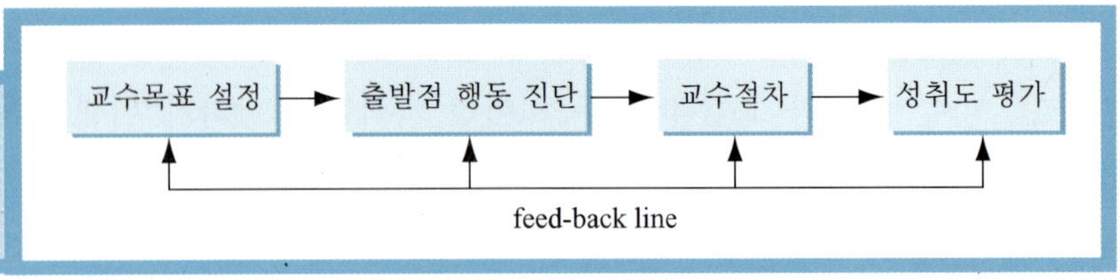

그림 5-1 Glaser-DeCecco의 일반교수모형

1) 교수목표 설정

교수-학습을 위한 첫 번째 활동은 교수목표(instructional object)를 설정하는 것이다. 교수목표의 설정 및 제시는 교수-학습 활동을 출발시키는 시점에서 반드시 필요하다.

교수목표란 교사의 입장에서는 가르쳐야 할 목표이며, 학습자의 입장에서는 수업을 통해서 성취해야 할 학습목표이다. 이것은 일종의 교사와 학생 간의 약속이라 할 수 있다. 교수목표가 공개적으로 드러남으로써 교사는 그 목표를 학생으로 하여금 달성케 하기 위하여 최선의 교수활동(teaching)을 할 것이며, 학습자도 그 목표의 달성을 위하여 열심히 학습(learning)할 것이다.

교수목표가 주는 이점은 여러 측면에서 나타날 수 있다.

① 교수-학습을 통하여 변화시키고자 하는 인간행동 특성을 제시해 준다.
② 각각의 행동특성에 따른 교육방법상의 다양한 기법을 마련하는 지표가 된다.
③ 교수-학습의 성과를 평가하는 준거가 된다.
④ 교사 · 학생의 목적 지향적 활동을 유도한다.

교수목표의 설정은 위와 같은 교수-학습 과정에서의 주요활동들을 위한 필수적인 요소로 작용한다. 교수목표 설정을 위한 준비활동을 열거하면 다음과 같다.

① 교과내용(과제)을 분석한다. 과제분석의 의미는 복잡한 과제의 단순화, 추상적 과제의 구체화, 학습수준의 위계화, 과제의 절

차 및 과정화, 과제의 순서 및 영역화 등을 말한다. 이렇게 분석된 과제는 각각의 교수목표로 진술된다.

② 학습자 행동을 분석한다. 행동분석의 의미는 내용분석에 따른 행동변화 양상 및 수준의 결정을 말한다. 그 행동변화의 양상은 인지적 · 정의적 · 심체운동 기능적 행동이 있다.

③ 교수목표의 진술형태는 내용(과제)과 행동을 동시에 포함되게 진술하며, 가능한 구체적이고 명료하게 진술한다.

2) 출발점행동 진단

이 단계의 주요활동은 특정한 학습과제의 학습에 필요한 선행학습 및 경험을 확인하는 것이다. 즉 새로운 수업의 전개에 앞서 학습자의 현재적인 출발점 상태를 진단하는 것으로서, 이 활동의 주요 목적은 진단의 결과에 따른 적절한 처치에 있다. 진단의 결과가 만족하다면 곧이어 본격적인 교수-학습 활동으로 이행될 수 있지만, 진단결과 학습결함이 발견되면 결손된 학습을 보충하는 처치가 있어야 한다.

이 진단이 잘 됨으로써 앞으로 전개될 교수-학습 활동의 시행착오를 최소화할 수 있는 것이다. 이것은 의사가 환자의 상태를 정확히 진단함으로써 적합한 치료방법을 선택하여 최상의 치료를 할 수 있는 것과 같은 것이다. 따라서 출발점 행동의 진단이 정확할수록 앞으로의 수업전개가 충실해질 수 있는 것이다.

3) 교수절차

이 단계는 일련의 수업절차가 본격적으로 이루어지는 교수-학습 활동의 중심이 된다. 수업시간의 90% 이상이 이 과정에 배정되며, 목표달성을 위한 수업의 계획과 수업의 전개가 포함된다. 이 단계의 일반적인 절차로는 도입, 전개 및 발전, 정리 및 정착, 평가, 그리고 심화 및 보충학습 등으로 전개된다.

각 단계의 주요활동을 정리하면 다음과 같다.

- 도입 : 교수목표의 재확인과 인식, 학습동기의 유발, 선행학습

과의 관련짓기, 새로운 교수-학습에 관련된 자료제시 등이 여기에 포함된다.

- 전개 및 발전 : 다양한 교수방법의 적용, 관련된 교수자료 및 매체의 활용, 수업내용의 심화활동 등이 여기에 포함된다.
- 정리 및 정착 : 학습내용의 정리 · 종합 · 적용 · 통합의 활동이 이루어지며, 이러한 활동을 촉진시키기 위해서는 연습, 반복의 기회를 제공하는 동시에 적절한 강화를 제공하는 것이다.
- 형성평가 : 교수절차의 마지막 단계에 필수적인 활동은 교수-학습에 대한 평가이다. 이 평가의 목적은 학습자의 학습성과를 확인하는 것과 교수방법의 효과를 검증하는 것이다.
- 보충 및 심화학습 : 형성평가 결과, 일정한 목표수준에 도달한 학습자에게는 현재 학습과 관련된 보다 깊이 있는 학습의 기회를 제공하고, 목표수준에 도달하지 못한 학습자에게는 보충학습의 기회를 주거나 학습지도를 한다. 이러한 보충 및 심화학습을 위한 방안으로 사전에 계획된 프로그램 학습(programed learning)의 활용도 가능할 것이다.

4) 성취도 평가

성취도 평가는 형성평가와 총합평가로 구분된다.

형성평가는 교수절차의 말미에 수행되는 평가와 동일한 개념으로 이해될 수 있다. 형성평가의 평가형태는 절대평가로 행해져야 한다. 즉 교수목표의 달성수준으로써 성취도를 평가해야 하는 것이다. 한편, 형성평가의 또 다른 중요한 목적은 교수방법의 검증에 있다. 대부분 학습성과의 효과수준은 최적 교수방법의 적용으로 비롯되기 때문에 학습성과의 결과가 만족스러우면 그 교수방법의 유지가 필요할 것이고, 학습성과의 결과가 만족스럽지 못하면 교수방법의 결함을 점검하여 수정하고자 하는 노력이 요구된다.

총합평가는 여러 단원이 종료된 후 평가의 목적이 개인 간의 변별이나, 한 개인의 상대적 위치, 등급의 결정, 점수의 부여 등에 있을 때 사용하는 것이다. 이러한 목적을 위한 것이라면 경우에 따라 상대평가의 개념을 도입할 수도 있다.

3 | Carroll의 학교학습모형

1) 모형의 기본가정

Carroll의 학교학습모형은 완전학습의 가능성을 이론적으로 뒷받침하고 있다. 학교에서의 교수-학습의 궁극적인 목적은 가능한 한 학습자들이 완전학습에 도달할 수 있도록 하는 데 있다. 이 모형은 교수-학습에 관련된 다양한 변인들을 최대한 고려하여 학습성과를 극대화시키는 데에 초점을 두고 있다. 특히, 이 모형의 특징으로서 두 개의 시간변인을 도입하고 있는데, 두 개의 시간변인에 관련된 하위변인들의 관계에 따라서 학습성과의 수준이 결정된다는 것이다. 두 개의 시간변인은 학습에 필요한 시간과 학습에 실제로 소요한 시간으로 나눠진다. 학습성과는 이 두 시간변인의 함수관계에 의해 결정된다. 즉 학습성과는 학습에 필요한 시간에 비하여 학습에 실제로 소요한 시간의 비(比)에 의해 결정된다는 것이다. 이를 함수로 나타내면 다음과 같다.

$$\text{학습성과} = f\frac{\text{학습에 실제로 소요한 시간}}{\text{학습에 필요한 시간}}$$

이 모형의 기본가정은 위의 함수관계에 의해서 학습에 필요한 시간은 가능한 한 줄이고, 학습에 실제로 소요하는 시간은 가능한 한 늘림으로써 학습성과를 극대화할 수 있다는 것이다. 이와 같은 기본가정에 의한 이 모형의 이해와 활용에 있어서 주요관심사는 학습에 필요한 시간을 줄일 수 있는 방안의 탐색과 학습에 실제로 소요하는 시간을 늘릴 수 있는 방안의 탐색에 있다.

이 모형에서 앞서 제시한 두 개의 시간변인의 조작을 위하여 각 변인에 관련되는 하위변인을 탐색하고, 그 변인들에 대한 이해는 물론 각 하위변인의 관계적 의미를 충분히 파악하고 관계지움으로써 이 모형의 기본가정을 충족시킬 수 있는 것이다.

이 모형에 관련된 모든 변인을 특성별로 구분하고, 각 변인의 의미와 변인 간의 관계적 의미를 제시하면 다음과 같다.

① 수업과 개인차 변인

a. 수업변인 : 수업의 질, 학습기회

b. 개인차 변인 : 학업적성, 수업이해력, 학습지속력

② 시간변인

a. 학습에 필요한 시간

- 학업적성 : 기초적성, 선행학습 수준
- 수업이해력 : 일반지능, 언어능력
- 수업의 질 : 수업의 명료성, 과제제시의 적절성, 과제의 계열성과 학습속도의 적절성, 학습자 특성 및 욕구

b. 학습에 실제로 소요한 시간

- 학습지속력 : 동기, 주의력
- 학습기회 : 개별화

Carroll의 학교학습모형은 위에 제시된 변인들에 의해 구조화된다. 이 모형의 효과성은 각 변인들의 내적 관계에 의해서 결정된다. 즉 모형의 기본적 변인들인 5개의 수업 및 개인차 변인을 충분히 고려하고, 효과적으로 관계지움으로써 최종적인 학업성취도를 극대화시킬 수 있다. 특히, 각 변인들은 이 모형의 기본가정에서의 학습에 필요한 시간변인과 수업 및 개인차 변인에 직 · 간접적으로 관계된다. 직접적인 관계로서의 학습에 필요한 시간에 관련된 변인들은 학업적성, 수업이해력, 수업의 질 등이며, 학습에 실제로 소요한 시간과 관련된 변인은 학습지속력, 학습기회로 구분될 수 있다. 이러한 직접적인 관계의 의미는 모형의 구조특성으로 볼 수 있으나, 실

제로는 모든 변인은 최소나마 간접적으로도 관계된다. 특히, 수업의 질은 더욱 그렇다. 비록 수업의 질이 학습에 필요한 시간에 더 관계된다고 하겠지만, 수업의 질이 좋음으로써 학습지속력이나 학습의 기회에 긍정적인 영향을 미칠 수 있기 때문이다.

아무튼, 앞서의 기본가정에서 학습성과를 극대화하기 위해서는 가능한 한 학습에 필요한 시간을 최소화하고, 학습에 실제로 소요하는 시간을 최대화하기 위한 노력이 필요하다. 그러므로 학습에 필요한 시간에 관련된 적성수준을 높이고, 수업이해력을 극대화시키며, 질 좋은 수업을 이끌 수 있다면 학습에 필요한 시간을 최소화시킬 수 있을 것이다. 그리고 학습에 실제로 소요하는 시간에 관련된 학습지속력을 최대한 유지시키고, 학습기회를 충분히 제공한다면 학습에 실제로 소요하는 시간을 최대화시킬 수 있을 것이다.

이상의 모형의 기본가정과 주요 변인들의 관계분석을 Carroll(1963)의 "A model of school learning"에서 제시하고 있는 모형의 도식을 인용하여 제시하면 다음 [그림 5-2]와 같다(허형, 1983 재인용).

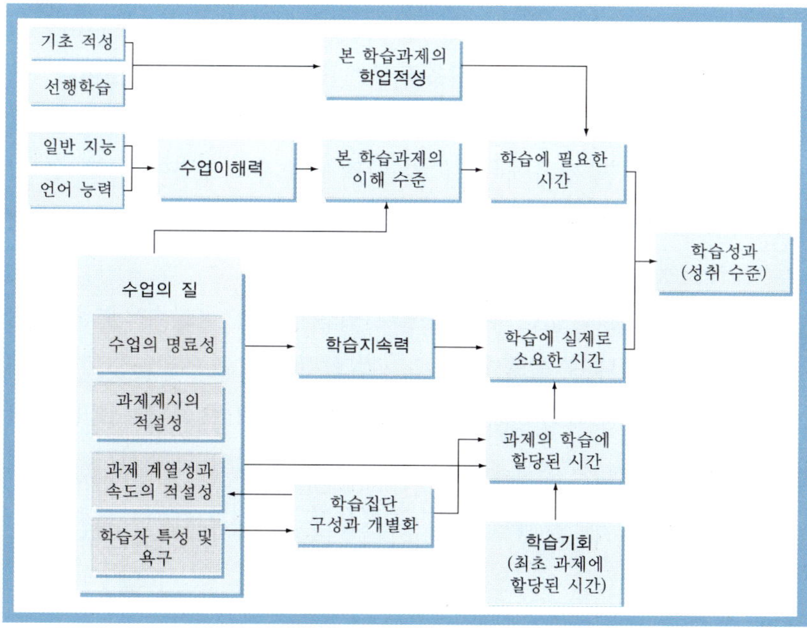

그림 5-2 Carroll의 학교학습모형

위와 같은 기본가정의 이해와 학습성과를 극대화시키기 위해서는 모형 내의 관련된 변인들을 이해해야 한다. 각 변인을 학습에 필요한 시간과 학습에 실제로 소요한 시간으로 구분하여 살펴보기로 하겠다.

2) 모형의 구성변인

(1) 학습에 필요한 시간

학습에 필요한 시간이란 학습자가 특정의 학습과제를 완전히 학습하는 데 요구되는 시간을 말한다.

학습에 필요한 시간에 직접적으로 관련된 변인으로는 학업적성, 수업이해력, 수업의 질 등이 포함된다.

① 학업적성

학업적성은 학습과제에 관련된 기초적성과 선행학습 수준의 두 하위요소에 의해서 결정된다. 기초적성이란 현재의 학습과제에 관련하여 기초가 되는 적성으로서 언어능력, 수리능력, 공간능력, 지각능력 등을 의미한다. 예를 들어, 현재의 과제가 국어나 영어와 같이 어문적 학습이라면, 그것의 기초적성은 언어능력이 되는 것이다. 또한 수학에서의 계산이나 응용문제에서 수리적인 논리나 계산을 필요로 하는 과제인 경우에는 그 기초 적성이 수리능력이라 할 수 있다. 따라서 이러한 기초능력은 학습자가 가지고 있는 기본적인 적성으로 이해해야 할 것이다.

그리고 선행학습 수준이란 현재의 학습과제에 직접적으로 관련된 현 학습과제에 대한 선행적 학습을 말한다. 즉 선행학습은 현 과제 관련 선수학습의 성취수준이라고 할 수 있다. 따라서 한 단계의 학습결과가 다음의 학습에 기초가 되어 다음의 학습을 촉진시키는 것으로 작용할 때 선행학습의 의미를 가지는 것이다.

학업적성은 이 모형의 기본가정에서도 언급되었듯이 그 수준이 높으면 높을수록 학습에 필요한 시간을 줄여 주어 결과적으로 학업성과를 높이게 되는 것이다. 그렇다면 어떻게 기초적성을 높일 것이며, 선행학습 수준을 높일 것인가가 관심의 초점이 된다. 그러나 기초적성인 경우, 이미 학습자가 가지고 있는 능력으로써 단기적인 처치로 습득하기 어려운 적성이다. 기초적인 언어능력이나 수리능력을 현재적으로 단시일에 습득케 하는 것은 불가능하다. 그러므로 이러한 기초적성은 장기적인 처치가 요구된다. 예를 들어, 학년 초나 학기 초에 지능검사나 적성검사와 같은 심리검사도구를 활용하여 개인의 기초적성을 확인한고, 그에 따라 장기적인 기초적성 배양을 위한 지도가 필요할 것이다.

한편, 선행학습 수준의 경우는 기초적성과는 달리 그 처치가 단기적으로 가능하다. 선행학습은 선수학습의 결과이기 때문에 선수학습은 그때그때의 학습에 충실함으로써 가능하다. 따라서 수업과정에서 계속적인 형성평가를 통해 적절한 처치(보충)를 함으로써 요구되는 선행학습 수준을 확보할 수 있을 것이다.

결국, 장기적인 기초적성의 습득 및 요구되는 선행학습 수준을 확보하려는 노력에 따라 학습에 필요한 시간을 줄일 수 있으며, 만일 개인의 기초적성이나 선행학습 수준이 부족하다면 상대적으로 학습에 실제로 소요하는 시간을 늘려주는 수업처치의 노력도 필요하다는 것을 교수-학습 활동에서 충분히 고려해야 할 것이다.

② 수업이해력

수업이해력은 일반지능과 언어능력으로 일차 결정된다. 수업에 대한 이해력이 높으면 그만큼 학습에 필요한 시간을 적게 요구하게 된다. 이 모형의 기본가정에 따르면, 수업이해력 역시 높여주는 것이 결과적으로 학업성과를 극대화하는 하나의 방법이다. 그러나 수업이해력은 학업적성에서의 기초적성과 의미적으로 유사하다. 일반지능을 단기간에 높이기 어려울 뿐만 아니라 언어능력도 쉽게 습득되기 어렵다. 어떻게 보면 장기간에 걸쳐 이미 형성된 학습자의 능력수준일 수도 있다.

그러나 수업이해력은 학습과제의 이해력이기 때문에 이 학습과제를 매개로하는 수업활동 전개과정의 유형에 따라 학습과제를 이해시키는 정도가 다를 수 있다는 논리적 문제를 이끌어낼 수 있다. 이 모형에서 수업의 질이 바로 수업의 형태와 유형을 결정할 것이며, 수업이해력에 매개되어 학업성과를 극대화시키는 기점이 될 수 있다. 특히, 언어능력의 중요성이 수업이해력에 포함되어 있는 것은 대부분이 수업이 언어를 매개로 하기 때문이다. 이는 교사의 언어적 구사나 자료 및 교재에 포함된 언어적 표현과 그에 대한 언어적 이해가 바로 수업이해력의 한 부분이기 때문이기도 하다. 다음의 수업의 질에 대한 탐구에서도 언급되겠지만, 때로는 의사전달의 용이성이 수업이해력을 높이는 하나의 방법일 수도 있다.

③ 수업의 질

이 모형에서 수업의 질에 관련된 하위요소로는 수업의 명료성, 과제제시의 적절성, 하위과제의 계열성 및 학습속도의 적절성, 학습자 특성 및 욕구 등이 있다. 수업의 질은 직접적으로는 수업이해력을 촉진시켜 학습에 필요한 시간을 줄여 주는 것으로 작용되고, 간접적으로는 개인의 학습지속력이나 학습기회를 달리 제공하는 데에도 영향을 미친다. 이 모형에서 학습지속력이나 학습기회는 학습에 실제로 소요한 시간과 직접적으로 관계되기 때문에 다음의 학습에 실제로 소요한 시간과 관련하여 탐구하기로 한다.

a. 수업의 명료성

수업의 질을 향상시키기 위한 하나의 고려점은 수업의 명료성이다. 수업이 얼마나 분명하고 그 방향성이 뚜렷하냐 하는 것은 교수자뿐만 아니라 학습자에게도 장차의 활동을 결정하는 중요한 기준이 된다.

수업의 명료성은 교수목표의 제시와 의사전달의 명료성이라는 두 가지 필수적인 요소로 결정된다. 우선 수업에서는 그 목표가 분명해야 한다. 교수목표는 가능한 구체적으로 진술 · 제시되어 수업활동에 필요한 하위의 활동들을 예고하고 결과의 준거를 분명히 제시하는 것으로 작용해야 한다.

그리고 학습자의 언어발달이나 학습능력 수준 등을 충분히 고려하는 의사전달의 명료성은 수업이해력을 향상시킬 수 있다. 비록 학습자가 언어능력이 부족하고, 수업이해력이 부족하더라도 교사의 의사전달 표현에 따라 그 이해정도는 달라질 수 있을 것이다. 때로는 의사전달의 명료성을 위해서는 학습자의 직접적인 행위적 경험이나 그림 또는 영상 등을 활용하는 것도 좋은 방법이 될 수 있다.

b. 과제제시의 적절성

과제의 제시형태와 방법에 따라 그 수업에 대한 이해와 학업성과의 효과가 달라질 수 있다. 만일 적합하지 못한 교수자료나 교수방법으로 수업에 임한 경우라면, 학업성과의 효과를 말하는 것은 무의미하다. 따라서 과제에 대한 학습이론적 배경, 학습영역 및 유형의 이해, 철저한 과제분석 등의 활동을 통해서 최적의 교수자료 및 교수방법을 선정 · 적용하여 수업의 질을 향상시켜야 한다.

c. 하위과제의 계열성과 학습속도의 적절성

하위과제의 계열성과 학습속도의 적절성은 학습자에게 알맞은 학습계열을 제공하면서 학습자의 학습속도를 고려하여 적당한 학습기회를 제공하는 것이다. 과제의 계열성이란 과제의 복잡성이나 추상성 수준의 계열화를 말한다. 일반적으로 과제의 제시는 단순에서 복잡, 구체에서 추상 수준으로 이끌어진다. 계열화는 학습자의 학습능력에 따라 달리 적용되어 주어지는 학습기회의 개별화를 유도하는 것이다. 그리고 학습자의 학습속도를 충분히 고려하여 요구되는 학습기회를 제공하는 것이 또 하나의 수업의 질을 향상시키는 방법이 된다.

d. 학습자 특성 및 욕구

이 모형은 위에서 언급된 하위과제의 계열성 및 학습속도의 적절성과 함께 학습자의 특성과 요구를 고려한 수업을 강조함에 있어서 개별화 교수를 전제하고 있다는 것이 특징이다. 개인의 특성과 욕구를 충분히 고려하여 수업에서의 처치를 달리함으로써 가능한 한 모든 학습자의 학업성과를 극대화시키고자 하는 것이 이 모형의 개별화의 초점이기도 하다. 이러한 개별화 교수의 의미는 장차 완전학습모형의 이론적 배경으로 작용하고 있기도 하다.

이러한 취지에 따라 학습자의 특성과 욕구를 반영하는 수업으로 이끌기 위해서 우선적으로 학습자의 특성과 욕구를 진단하는 진단평가를 도입할 필요가 있다. 진단된 결과에 따라서 학습자에게 제시되는 과제의 계열성이 달라질 수 있으며, 학습속도를 고려하는 최적의 학습 기회가 제공되는 것이다.

(2) 학습에 실제로 소요한 시간

학습에 실제로 소요한 시간이란, 학습자가 외현적 · 내면적으로 주의를 기울여 학습한 시간을 말한다. 즉 학습자가 학습과제를 지향하여 적극적으로 학습에 종사하는 것으로 '주의를 집중하고 또 학습하려고 애쓰는' 시간이다. 학습에 실제로 소요한 시간에 직접적으로 관련된 변인으로는 학습지속력, 학습기회 등이 포함된다.

① 학습지속력

학습지속력이란, 학습자가 주의를 기울이고 적극적으로 학습에 열중하여 학습을 지속하는 것을 말한다. 학습지속력은 학습자의 주의력과 동기수준과 밀접한 관계를 가진다. 따라서 수업에서 학습자가 주의를 기울이게 하고, 학습하고자 하는 동기를 유발시키는 것이 중요하다.

주의를 집중시키기 위한 방법으로는 외적 자극단서 집중방법, 학습자생성 단서방법, 개념주도적 방법 등을 들 수 있다.

외적 자극단서 집중방법은 외부로부터의 단서를 제공하는 것으로서 밑줄긋기, 글씨의 크기나 모양의 효과, 기타 외적 효과에 의한 집중을 유도하는 방법이다.

학습자 생성 단서방법은 학습자가 학습과정에서 직접적으로 내용의 중요성이나 강조점 등을 생성하면서 집중하는 방법이다.

집중방법의 적용은 학습자의 연령이나 발달, 특히 학습능력 수준에 따라 효과가 다를 수 있다. 연령이 적거나 학습능력이 부족한 학생들에게는 스스로 집중할 수 있는 능력이 부족하기 때문에 외적 자극단서 집중방법이 효과적일 것이고, 반대로 학습능력이 높은 학생은 학습자생성 단서방법이 효과적일 것이다.

그리고 주의집중의 또 하나의 방법인 개념주도적 방법은 학생의 사전지식이나 경험으로 형성된 학생의 기존 인지구조를 활용하는 것으로, 현재의 학습과제와 관련된 학생의 사전 경험을 관계지우면서 주의를 끄는 방법이다.

다음으로, 학습지속력을 유도하는 방법으로는 동기를 유발하는 것인데, 동기에는 외적 동기와 내적 동기로 나눌 수 있다. 외적 동기는 외부로부터의 보상으로 인한 동기로서, 적절한 강화를 활용하여 동기를 부여하는 것이다. 한편, 내적 동기는 학습자 내부로부터의 보상, 즉 내적 보상에 의한 동기를 말한다. 내적 보상의 형태로는 흥미감, 만족감, 성취감, 도전감 등으로 나타난다. 따라서 학습과제에 대한 만족과 성취를 자극하고 고무하는 것이 필요하다.

동기유발을 위해서는 이와 같은 내적 동기와 외적 동기를 적절히 적용함으로서 가능해진다. 또한 동기나 호기심의 유발을 위하여 신기한 교수자료 및 매체의 제시도 좋은 방법이 될 수 있다.

앞서 학습지속력을 유지시키기 위해서는 직접적인 주의집중이나 동기유발도 가능하다고 했다. 한편, 이와 같은 학습지속력은 수업의 질에 의해서도 결정된다. 수업의 질이 좋다는 것은 그만큼 학습자가 학습에 주의를 기울이고 적극적으로 학습에 임하게 하는 결과이기 때문이다.

수업의 질과 학습지속력과의 구체적인 관련성을 살펴보면 다음과 같다.

첫째, 교수목표 및 의사전달의 명료성을 통한 수업의 명료성을 포함시키는 주의와 동기를 유발시킬 수 있다.

둘째, 최적의 교수방법의 적용, 즉 과제 제시의 적절성도 주의 및 동기에 중요한 원인이 될 수 있다.

셋째, 학습자의 수준을 고려한 하위과제의 계열성과 학습속도의 적절성도 주의와 동기유발에 밀접히 관련된다.

넷째, 학습자 특성 및 욕구를 충족시켜 주는 수업의 처치를 통해서 주의와 동기를 유발시킬 수 있다.

이와 같이 수업의 질 자체는 학습지속력을 유지시키는 중요한 역할을 한다고 할 수 있다. 비록 이 모형에서 수업의 질이 수업이해력을 촉진시켜 학습에 필요한 시간을 최소화하는 역할을 한다는 것을 앞에서 살펴보았지만, 수업의 질 또한 학습지속력을 유지시키는 데에도 중요한 역할을 함을 알 수 있다.

② 학습기회

학습기회는 학습에 실제로 소요한 시간을 결정하는 가장 직접적인 요소가 된다. 가능한 학습자에게 학습할 수 있는 기회를 최대한 제공하는 것이 학습에 소요하는 시간을 늘려 주는 것은 물론 결과적으로 학습성과를 극대화시키는 하나의 방법이기도 하다.

그러나 이 모형에서 학습의 기회는 모든 학생에게 단순히 학습할 수 있는 시간을 많이 주는 것만을 의미하는 것이 아니라, 효율성으로 볼 때 학습자에게 적합한, 즉 요구되는 학습의 기회를 제공한다는 의미이다. 따라서 학생에게 주어지는 학습기회는 변별적이다. 그 변별의 준거는 학습자의 특성이나 욕구, 즉 선행학습 수준, 학업적성, 선행경험 등이 된다.

이상과 같이 Carroll의 학교학습모형에서의 학습성과를 극대화하기 위해서는 학습에 필요한 시간과 학습에 소요한 시간에 관련된 직접 및 간접 변인들을 충분히 고려하는 수업의 전개에 있다. 이 모형에 내재하고 있는 각 변인들 간의 관계적 의미를 파악하고 그 관계를 정립하는 것이 이 모형에서 궁극적인 목적으로 삼고 있는 학습성과의 극대화를 위한 활동인 것이다.

4 | Bloom의 학교학습모형

Bloom은 교육의 실제를 전제로 하여 Carroll의 학교학습모형보다 간단한 모형을 제시하였다. Carroll의 학교학습모형과 비교하여, 이 모형의 특징의 하나는 정의적 행동에 대한 중요성을 포함시키고 있다는 것이다. 또 다른 특징으로는 학습성과의 결과가 하나의 학업성취도로만 나타나는 것이 아니라 학습속도의 변화와 정의적 행동의 변화까지 결과된다는 것이다. 그리고 Carroll의 모형과 다른 점은 단일한 특정 학습과제에 초점을 맞추기보다는 일련의 학습과정에 초점을 두고 있는 것이다. 즉 한 학습의 결과는 다시 인지적 출발점 행동과 정의적 출발점 행동에 영향을 미친다는 것이다. 결과적으로 학습의 결과는 학습자 특성으로 작용하여, 교수-학습 활동 및 학습 결과에 영향을 미친다.

이 모형은 학습성과를 결정하는 요인으로 4가지 요인을 들고 있다. 학습자의 인지적 출발점 행동, 학습자의 정의적 출발점 행동, 학습과제, 수업의 질 등이 그것이다. 이 모형의 기본 절차는 학습과제에 대한 학습자 특성으로부터 교수-학습 활동을 거쳐 학습성과로의 과정이다.

Bloom의 학교학습모형은 [그림 5-3]과 같다.

이 모형에서의 주요변인들을 구체적으로 살펴보면 다음과 같다.

1) 학습자 특성

학습자 특성은 학습과제를 중심으로 하는 교수-학습 활동 및 학습성과의 영향변인으로서 학습자의 인지적 출발점 행동과 정의적 출발점 행동으로 나누어진다.

인지적 출발점 행동은 학습과제를 학습하는 데 필요한 지식·기능·능력 등으로 정의된다. 이는 학습과제에 대한 특수한 선행학습 능력인 것이다. 그리고 정의적 출발점 행동은 학습과제에 관련된 동

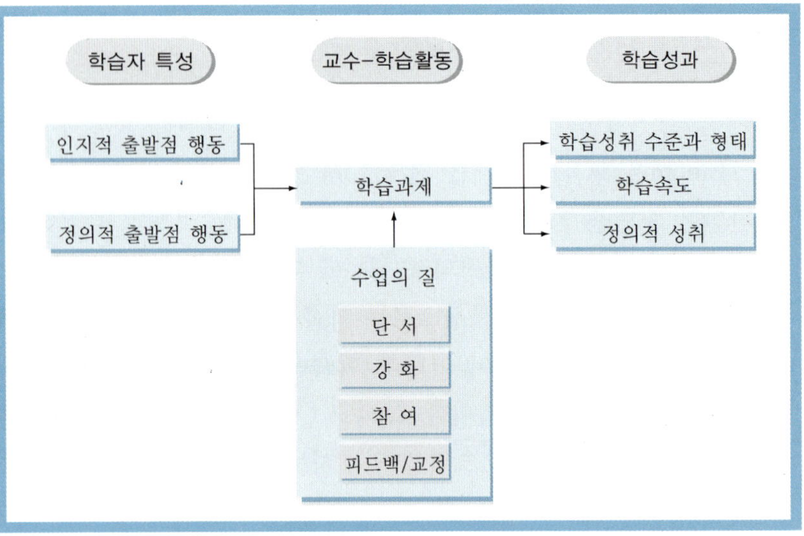

그림 5-3
Bloom의 학교학습모형

기 · 열의뿐만 아니라 자아개념, 학교와 학습에 대한 태도 등을 포함한다. 정의적 출발점 행동은 학습활동에의 참여에 영향을 미쳐 결과적으로 학업성취의 수준 및 형태와 학습속도에 영향을 미친다. Bloom은 학업성취도에 대한 학습자 특성의 영향력으로 인지적 출발점 행동은 약 75%, 정의적 출발점 행동은 약 25% 정도라고 하여 다른 모형에서 크게 강조되고 있지 않은 정의적 행동의 중요성을 부각시키고 있다. 인지적 출발점 행동을 제외한 순수한 정의적 출발점 행동의 영향력이 25%에 달한다는 것은 정의적 행동의 가치를 충분히 인정할 수 있는 것이다.

2) 수업의 질

수업의 질을 구성하는 하위 요인으로서는 단서 · 참여 · 강화 · 피드백과 학습교정 등을 들 수 있다. 단서는 학습과제의 제시와 설명에 관련된 모든 정보를 지칭한다. 그리고 참여는 학습과제를 학습하는 데 있어서 학습자의 행동적 노력을 의미한다. 강화는 칭찬, 질책, 지지, 불신 등과 같이 학생행동에 대한 정의적 반응이라는 용어로 정의될 수 있다. 또 피드백과 교정학습은 강화의 활용형태를 의미한다.

3) 학습의 성과

학습의 성과는 크게 3가지 형태로 세분하고 있다. 즉 학업성취의 수준 및 그 형태, 학습속도의 정의적 성취로 구분하고 있다. 학업성취의 평가는 준거지향적 평가를 해야 한다는 점을 Bloom의 모형 속에서 찾아볼 수 있다. 또 학습속도라는 개념은 단위시간에 습득한 학습의 양으로 개념 정의하였다.

5 | 한국행동과학연구소의 완전학습모형

한국행동과학연구소의 완전학습을 위한 수업모형은 그 근원을 Bloom의 완전학습모형에 두고 있다. 한편, Bloom의 완전학습모형은 이론적 배경을 Carroll의 학교학습모형에서 도입하고 있다. Carroll의 모형을 이론적 배경으로 삼는 가장 큰 이유는 학습의 개별화를 강조한 것에 있으며, 진단평가와 형성평가의 개념을 도입한 것도 그 배경이 된다.

Bloom의 모형에서 완전학습의 기본가정은 원래적으로 학급구성원의 90% 이상 학생이 주어진 학습목표의 90% 이상을 달성하는 것으로 보고 있다.

한편, 한국행동과학연구소 완전학습모형은 완전학습의 기준을 각기 80%로 삼았다. 완전학습의 기본적 취지는 일부 학생의 성취가 아닌 가능한 한 많은 학생을 일정한 기준점으로 유도하는 데 있다. 전통적인 수업상황에서의 학습결과의 분포가 정상분포를 가정으로 하는 데 비해, 준거지향의 관점으로서 부적 편포를 가정하고 있다. 부적 편포라 함은 통계학상에서의 편포의 한 형태로서 일정한 기준점 이상의 분포면적이 기준점 이하의 분포면적보다 상대적으로 큰 형태의 분포를 말한다. 정상분포와 부적 편포(완전학습 분포)의 관계는 다음과 같이 도식된다([그림 5-4] 참조).

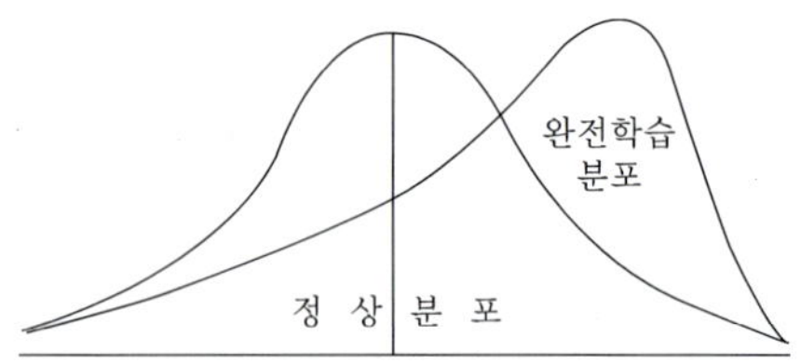

그림 5-4
정상분포와 완전학습분포

완전학습을 위한 절차적 모형은 [그림 5-5]와 같다.
완전학습의 절차를 구체적으로 살펴보면 다음과 같다.

한 대단원에서,

1: 대단원에 대한 학습결함을 진단한다(기초학력 진단검사 실시). 기초학력 검사결과, 학습결함이 발견되면 교사가 보충지도를 하거나, 자율적인 프로그램(기초학력 프로그램)을 활용하도록 한다.

2: 새로운 소단원의 교수-학습 목표를 제시한다.

3: 본 수업활동으로서 적극적인 학습밀도를 향상시킨다.

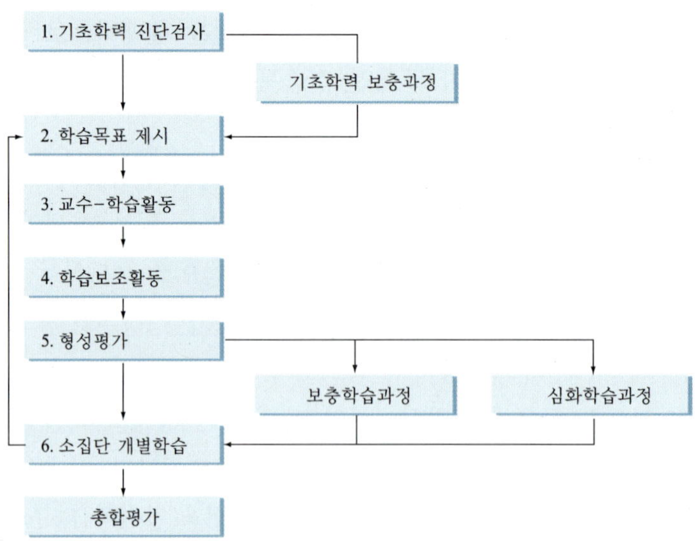

그림 5-5
한국행동과학연구소 완전학습을 위한 수업모형

이 과정에서는 다양한 교수방법 및 교수자료의 활용을 포함하며, 특히 정의적인 지원을 한다.

4: 이 단계는 수업보조활동으로서 연습문제 · 실험 · 실습 등을 통하여 수업을 정착시킨다.

5: 소단원 수업의 연장으로서 형성평가를 실시한다.
형성평가 결과 최초 설정한 준거를 기준으로 하여 특정 학습내용에 대한 보충지도를 하거나, 보충학습 프로그램을 학습자가 자율적으로 수행하도록 한다. 한편 기준점에 도달한 학생은 심화학습 프로그램을 학습할 수 있는 기회를 제공한다.

6: 충분한 학습기회를 주기 위하여 소집단 학습으로서의 제2차 학습기회를 제공한다.

위와 같은 여러 소단원에 대한 2-6단계를 거친 후 최종적으로 대단원에 대한 총합평가를 한다.

위와 같은 절차에 따른 완전학습의 기본적인 특징은 ① 교수-학습 목표의 명료화, ② 진단 · 형성평가에 의한 학습결함 확인 · 학습진전도 확인 및 처치, ③ 소집단별 학습제공을 통한 협동학습 및 복습의 기회제공, ④ 기초학력 프로그램, 수업보조활동, 보충학습 프로그램, 심화학습 프로그램, 소집단학습 등을 통한 충분한 학습기회의 제공 등이라고 할 수 있다.

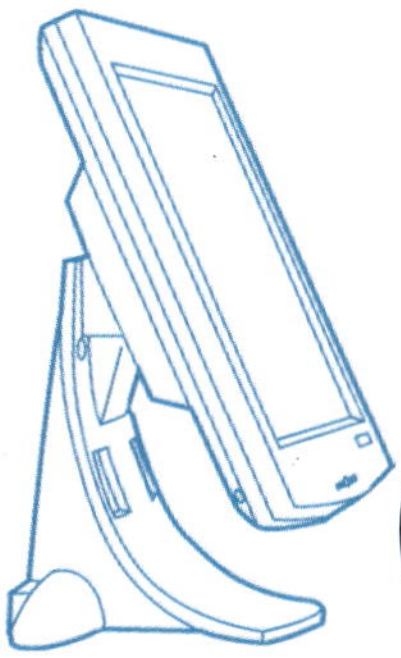

Chapter

06 교육방법의 유형

1 | 교육방법의 성격

2 | 교육방법의 유형

생각하기

학습자가 한 명이든 그 이상이든 학습목표나 학습내용을 갖고 상호작용을 하기 위해서는 분명 어떠한 교육방법이 사용되기 마련이다. 전통적으로 교육방법이란 학습자로 하여금 학습목표나 학습내용을 이해하고 달성하는 데 도움을 줄 수 있도록 적절하게 선정된 교수절차를 의미한다. 어떤 교육방법을 선정하여 수업을 전개할 것인가의 문제는 여러 가지 요소에 의해 좌우되는 복잡한 의사결정과정이다.

제2장의 교육방법의 이해에서 살펴보았듯이, 방법이란 '목표를 이루기 위하여 취하는 수단'으로, '객관적인 진리에 도달하기 위하여 연구하는 수법'이다. 이러한 방법 속에는 이론과 실제가 담겨 있어야 한다. 그러므로 교육방법은 이론과 지식을 기반으로 하여 문제해결을 위한 지식의 적용이라고 할 수 있으며 실행력을 가지고 있어야 한다. 여기에 따르면 교육방법은 교사가 현재의 상태에 있는 학습자를 설정된 교육목표를 달성하기 위하여 선정된 교육내용을 가지고 학습자에게 효과적으로 전달하기 위한 실행력 있는 과정이다.

어떤 교육방법이 효율적인가에 대한 평가는 당연히 목표달성도에 달려 있으며, 또한 달성하고자 하는 목표 학습자 주체, 집단구성원의 크기 등에 따라 그 교육방법이 달라진다. 본 장에서는 이에 대한 구체적이고 다양한 방법들에 대한 고찰을 하고자 한다.

1 | 교육방법의 성격

교육방법에는 강의법, 문답법, 토의법, 문제해결법, 프로그램 교수법 등 다양하게 논의되고 연구되고 있는데, 각기 저마다의 특성이 있으므로 이를 적절히 활용할 때 효과적이고 효율적이 될 수 있다. 그러나 분명 중요한 것은 현장적용시 관련되는 주요변인들을 고려해서 각 방법들의 장점들을 충분히 활용하기 위해 하나 이상의 교육방법을 복합적으로 융통성 있게 사용할 줄 아는 교사의 역량에 달려 있다는 사실이다.

항상 깨어 있는 자세에서 전체 맥락과 목표에 대한 방향성을 잃지 않으면서 수업과정 중 매 순간 학습자들과의 끊임없고 보다 다양한 상호작용을 할 수 있으며 의미 있는 방법을 숙지해야만 한다. 이러한 방법에는 크게 학습주체가 누구냐에 따라 교사중심 교육방법과 학습자 중심 교육방법으로 나눌 수 있으며, 학습자 집단크기에 따라 대집단 교육방법, 개별교육방법, 소집단 교육방법으로 나눌 수 있다.

교사 중심의 교육방법은 교사가 중심이 되어 학습자들에게 교수과정과 교수내용을 전달하는 방법으로, 거의 학습자와 얼굴을 맞대고 진행하는 강의식 수업을 의미한다. 이는 교육이 학습자의 정신을 도야(陶冶)하는 과정이라고 보았던 전통적 교육관과 교사가 학습자에게 경험을 단계적으로 계획하고 설계해서 제공해 주고 사고권을 넓혀 나가게 해야 한다는 Herbart와 같은 교육관에 의해 뒷받침된 것이다. 수업의 전 과정에서 교사의 능력과 기술에 지나친 의존, 수동적 학습분위기, 그리고 개인차 고려 등의 문제점이 있지만 많은 학습자를 동시에 가르칠 수 있다는 장점으로 20세기 이후에도 널리 이용되고 있다.

학습자 중심의 교육방법은 학습자들의 생활과 자신의 학습스타일에 초점을 두어 학습자들은 잘 준비되고 검증된 학습자료로 스스로 진도에 맞게 학습해 나가며 서로 다른 능력과 배경을 가진 집단에 적용 가능하다. 이는 20세기로 넘어오면서 아동 중심의 교육운동, 진보주의 교육철학 등이 교수-학습 과정에서 학습자 개인에 대한 관심을 환기시켰다. 대표적인 방법으로 Bruner의 발견학습, Massialas과 Cox의 사회과 탐구학습, Taba의 귀납적 학습방법, Though의 자기계획학습 등이 있다.

Gage(1978)는 교육방법을 분류하는 데는 학습집단의 크기가 중요하다면서 우선 학습자가 40명 이상의 대집단일 때는 강의법이 대표적인 방법이며, 20명 내지 40명 사이인 평균 30명 정도의 중집단일 때에는 교사의 질문과 학습자의 대답이 주가 되는 문답법 또는 대화법(recitation, discourse)이 대표적인 방법으로 보았다. 그리고 2명 내지 20명 사이 평균 10명 정도의 소집단일 경우는 토의법, 역할극, 집단게임, 시뮬레이션, 소집단 협동학습 등이 유용하며, 학습자가 1명일 때는 개별교수로써 개인교수, 자습, 완전학습, 프로그램 학습 및 교수기계, 컴퓨터 보조수업, 개별처방 교수방법(IP), 캘러 플랜(Keller plan) 등이 있다.

여기서 집단크기에 따라 대표적인 몇몇 교육방법을 구체적으로 살펴보면 다음과 같다.

2 | 교육방법의 유형

1) 강의법(lecture method)

강의법은 가장 오랜 역사를 가졌으며 보편화된 교육방법으로, 중요한 정보를 효율적이고 능률적인 교사의 말로써 학습자에게 전달하는 형태이다. 즉 지식이나 기능을 교사가 선정 · 계획하여 학습자에게 전달하고 이해시키며, 학습자는 이것을 듣고 생각하며 때로는 필기하면서 학습하는 방법이다.

역사적으로 이는 고대 희랍시대의 웅변의 한 가지 방법인 모순

반박법으로부터 발전하기 시작하여 중세의 대학에서 성행, 18~19세기 Herbart에 의해 단계이론으로 더욱 체계화된 것이다. 즉 준비단계, 제시단계, 결합단계, 체계화단계, 그리고 적용단계로 설명되는 그의 이론은 그 후 강의법의 전형적인 모형으로 정착되었다.

오늘날에도 가장 많이 사용되는 강의법은 교육의 문제점 지적시 항상 거론되는데, 그 이유는 강의가 교사의 학습자에 대한 일반적인 의사소통이므로 학습자와의 상호작용이 이루어지기가 어렵고, 또 강의를 통해 들은 지식이나 정보의 파지율이 낮은 편이며, 학습자의 개성이나 능력이 무시되는 일방적 주입식에서 수동적 학습태도를 갖게 하는 결과 등을 들 수 있다. 또한 장시간 계속되는 강의에 있어서 학습자는 계속적인 주의집중이 어려우며, 교재 위주의 수업형이므로 현실생활과 동떨어진 지식 위주에 빠지기 쉽다는 등의 문제점을 갖고 있다. 그럼에도 불구하고 교수-학습 현장에서 지속적으로 가장 빈번하게 활용되는 이유는 다음의 장점 때문이다.

첫째, 강의법은 논쟁의 여지가 없는 사실적 정보나 개념들을 논리적이며 객관적으로 분명하게, 제한된 짧은 시간 안에 많은 학습자를 대상으로 동시에 전달하고자 할 때 효과적이다.

둘째, 교수-학습 내용이 복잡하고 난해할 경우 체계있게 정리하여 효과적으로 전달해 줄 수 있다.

셋째, 강의할 내용을 교사의 재량 안에서 보충, 첨가, 삭제가 용이하므로 흥미를 환기하여 학습자들의 동기유발을 위한 수단이 될 수 있다.

넷째, 교사의 언어적 능력이나 태도에 따라 어떤 사건·사실을 보다 실감 있고 흥미롭게 전달할 수 있어 학습환경을 보다 역동적으로 이끌어 나갈 수 있다.

이러한 장·단점을 고려하여 보다 나은 강의법 사용을 위해 교사는 강의를 사전에 철저히 계획하고 연구해야 하며, 강의 중 오디오, 비디오테이프나 OHP(Overhead Projector) 등의 시청각 기자재를 사용하면서, 강의 도중에 다양한 질문을 하여 학습자의 주의를 환기시키고 필요 이상의 해설을 피하며, 학습자가 적극적으로 사고하고 학습에 능동적으로 참여하도록 유도해야 한다.

변영계 외(2000)는 강의식 수업모형을 제 1단계 : 학습문제 파악, 제 2단계 : 학습문제해결, 제 3단계 : 일반화로 나누어 제시하였다.

제 1단계인 학습문제 파악단계에서는 강의를 효과적으로 해 나가기 위해서는 처음 약 3분에서 5분 동안은 학습자들과 우호적인 관계를 형성하는 것이 중요하다. 우선 수업자 자신을 소개하고, 그날 있었던 시사적인 일을 소재로 삼아 이야기를 풀어나간다든지 학생들의 안부를 묻는다든지 앞으로 강의방식에 대한 언급 등을 통해 이러한 친화관계를 형성할 수 있다. 그 다음에는 강의에 들어가면서 강의의 목표를 분명하게 제시해 주는 것이 좋다. 수업목표를 제시함으로써 학습자는 스스로의 학습계획을 설정하고 그 내용에 대한 동기가 유발되며, 이것은 자연적으로 학습의 효율성과 연결된다. 이때의 수업목표 진술은 가급적 명시적으로 하는 것이 좋다. 학습자의 동기유발을 위해서는 교사는 학습자의 가정환경, 취미, IQ 등의 사전정보를 충분히 알고 있어야 하고, 학습내용을 전개할 때에도 선수학습을 충분히 상기시키며 다양한 시각 · 청각적 자극을 이용하고 풍부한 사례를 들도록 하는 것이 강의법에 있어서 학습자의 주의를 계속 유지시킬 수 있는 방법으로 보았다.

제 2단계는 학습문제를 해결해 가는 단계로써, 관련되는 개념 · 법칙 · 원리 등을 설명해 나간다. 설명은 논리적으로 조직되어 제시되어야 한다. 강의내용이 논리적이지 못하거나 체계성이 없으면 학습자의 주의가 산만하게 되고 강의초점이 흐려지게 되어, 극단적으로는 받아적기식 수업이 될 우려가 크다. 또한 학습자들의 관심을 지속시키기 위해서 슬라이드, OHP, 비디오테이프, 학습용 CD-ROM 타이틀 등의 시청각자료 등을 이용하는 것이 좋다. 그리고 교사의 제스처도 수업효과를 높이는 주요한 한 요인이다. 교사의 제스처는 학습자의 시선을 유도하고 말로 표현되지 않는 교사의 느낌이나 생각을 학습자들에게 전달함으로써 학습자들의 주의를 집중시킬 수 있는 기능을 하게 된다.

제 3단계는 일반화 단계로써, 문제해결과정을 통하여 획득된 개념이나 기능을 적용하고 연습하게 된다. 여기에서 교사는 지금까지의 학습내용을 정리해 주고 중요한 내용을 반복해 주면서 예제를 제시해야 한다. 그리고 학습자들의 질문에 답하고 필요한 부분은 심화하여 설명해 준다. 마지막으로, 다음 차시를 예고해주고 필요하면 평가방향이나 과제 등에 대해서도 언급해 주는 것이 좋다.

강의법이 적절한 경우와 적절치 못한 경우를 정리・제시하면 <표 6-1>과 같다.

표 6-1 강의법의 적절한 경우와 적절치 못한 경우

적절한 경우	적절치 못한 경우
① 기본적인 정보의 제공 : 강의법은 지식의 전수를 주된 교육목적으로 삼을 때 실시하는 방법이므로 수업의 계열 상에서 다음 단계의 학습에 필요한 기본적인 정보를 제공할 때 적합하다. ② 교과서에 없는 사실이나 이해하기 어려운 내용의 전달 : 강의법의 장점 중 하나가 지식을 논리적이고 체계적으로 전달할 수 있다는 것이다. 따라서 학생들이 가지고 있는 교과서나 참고서에 없는 사실이나 이해하기 어려운 내용을 전달할 때 유용하다. ③ 수업 전 단계에서의 방향제시 : 강의법은 전체 내용을 개괄하거나 요약하기 좋으므로 다른 방법을 통해 수업을 하기 전 단계에서 학습과제에 대한 전반적인 정보나 방향을 제시할 때 도움이 된다. ④ 특정한 성격의 학습자 : 강의법은 모호함을 참지 못하는 학습자들,	① 지식의 습득 이외의 다른 수업목표가 더 강조될 때 : 예를 들어, 학생들의 자발적인 참여를 통해 획득될 수 있는 사회성의 학습이 수업의 목표가 될 때는 강의법이 부적합하다. ② 장기적인 파지가 필요한 과제에는 부적합하다. ③ 학생의 지적 능력이 평균 또는 그 이하일 때 : 강의법은 교사의 설명 위주로 진행되므로, 학습자가 오랫동안 집중하고 이를 체계적으로 받아들일 수 있어야 효과를 볼 수 있다. 따라서 이해력이 떨어지는 학습자의 경우 수업 자체를 좇아가기가 어렵다.

내성적인 학습자들, 심리적으로 경직되어 있고 융통성이 없으며 근심 걱정이 많은 학습자들에게 매우 효과적이다.	

2) 문답(질문)법(question and answer method)

문답법은 Socrates의 산파법이나 Platon의 대화법과 유사한 것으로, 질문과 응답을 계속하는 과정에서 학습자들의 호기심을 유발하고, 다양한 수준의 사고를 자극하여 스스로 탐구하는 능력을 키우고 배우게 한다. 또한 교사와 학습자, 학습자 상호 간의 의사소통을 증진시키고, 지금껏 배운 것에 대한 평가 및 정리의 수단으로도 사용된다.

그런데 종래의 문답법이 사실의 기억이나 학습한 내용을 외우게 하는 식에 머물며 오히려 학습자들의 자유스러운 사고를 저해한다는 비난을 받아왔다. 그러므로 문답법에서 사용되는 질문이 단순한 암기를 위한 시험문제 유형이 아니라 학습자의 정신활동을 통찰하여 해결의 시사를 주고 반성적 사고를 하도록 하며, 또한 명확하고 간결하며 질문의 목적이 뚜렷한 것이어야 한다.

문답의 유형은 교육목표분류 수준, 사고, 그리고 사고의 폭 등에 따라 여러 가지로 나눌 수 있다. 즉 교육목표 분류에 따라서는 기본적인 개념을 묻는 지식이나 이해력, 적용력, 분석력, 종합력, 평가력 중점의 질문으로 나눌 수 있으며, 사고의 수준은 구체적 · 추상적 · 창의적 사고에 따른 질문의 유형이 있으며, 사고의 폭에 따라서는 제한형 혹은 확장형 질문으로 구분될 수 있다. 중요한 것은 문답법을 활용할 때, 질문이 그 목적에 얼마나 부합되는가 하는 점이다.

문답법의 장점으로는 첫째, 학습한 문제점을 명백히 밝혀 주기 때문에 초점이 분명한 학습활동을 할 수 있다. 둘째, 질문을 통해 학습에 자극을 주어 활기있고 적극적인 학습을 이룰 수 있다. 셋째, 학습자의 적극적인 흥미와 동기를 유발시킬 수 있다. 넷째, 질문을 통해 학습자 스스로 생각하고 해결할 수 있는 기회를 제공하므로 학생의 주체적인 학습이 가능하게 한다. 다섯째, 학생 스스로의 답변을 유도하기 때문에 이미 습득한 내용의 정리와 정착에 효과적이다. 여섯째, 교사와 학생 간의 의사소통이 원활해진다.

단점으로는 첫째, 학생들의 능력이 떨어질 경우, 교사의 설명 시간이 길어지게 되므로 교사 중심으로 흘러 갈 수 있다. 둘째, 질문에 응답을 잘하는 우수아 중심으로 학습이 흘러 부진아들에게는 좌절감을 주기 쉽다. 셋째, 학생들의 응답이 만족스럽지 않을 때는 학습속도가 지연된다.

문답법의 적절한 활용은 학습자의 흥미와 동기를 유발시킬 수 있으며, 중요한 학습내용에 주의를 집중시키고, 심층적인 사고를 유도하면서 문제해결능력을 기르게 한다. 따라서 문답법에서 사용하는 질문은 단순한 암기를 위한 시험문제 유형이 아니라, 학습내용이나 또는 교재를 비교 · 판단하여 학습자가 스스로 답을 얻어 나가도록 계획되어야 한다.

또한 문답법에 사용되는 질문은 명확하고 간결해야 하며, 질문의 목적이 뚜렷해야 한다. 질문은 학습자의 경험과 지식범위 내에서 이루어져야 하며 개인차에 대한 적응여부도 고려되어야 한다. 즉 개인차가 심한 학급 내에서 질문을 할 때는 어느 한 층에만 해당되는 질문은 피해야 되며, 모든 학습자들에게 응답의 기회가 균등하게 갈 수 있도록 노력해야 한다(이화여자대학교 교육공학과, 1998). 여기서 교사는 학습자가 질문에 대한 답을 책임있게 완성된 문장으로 구연할 수 있도록 지도해야 하며, 쉽게 범할 수 있는 오류의 패턴도 정확히 파악해야 한다.

3) 토의법(discussion method)

토의법은 Parker의 회화법(conversational method)에서 시작된 것으로 교사-학습자 간 혹은 학습자들 간에 일어나는 상호작용적 의사소통을 통해 문제를 해결해 나가는 학습형태이다. 이는 학습자 자신만으로 해결할 수 없는 문제를 집단 안에서 함께 생각하며 문제를 해결해 나감으로써 타인의 의견 수용, 합리적 결론 도출, 자주적인 학습의욕 생성으로 인한 민주적 태도와 가치관 육성 등의 교육적 효과를 낳는다. 또한 전체학습에서는 발표력이 부족하고 소극적인 학습자들이 자기의견 표현의 기회를 가짐으로써 적극적으로 될 수 있으며, 강의식 수업환경에서 주제별로 토의식 형태를 다양하게 제시 혹은 구성토록 해 봄으로써 수업의 역동성을 도모할 수 있다.

이러한 교육적 효과에도 불구하고 교육현장에서 시간부족, 학생수 과다 등의 이유로 외면당하고 있으며 자칫 비생산적 입씨름으로 전락될 우려도 있다. 특히, 저학년에게는 형식적인 토의가 되기 쉬우며, 소수의 의견이 무시되거나 경시되는 문제점도 있다.

이를 해결하기 위해서는 교사가 사전에 수업계획을 철저히 해야 하며 몇몇 갖추어야 할 조건이 있다.

첫째, 구체적이고 사회적으로 의미있는 문제나 과제를 대상으로 한다. 실제적이고 구체적인 사실에 근거를 두지 않으면 흥미를 감소시키거나 공론에 그치게 되며, 무관심하고 무의미한 문제라면 토의가 진행되기 어렵다.

둘째, 모든 학습자가 참여토록 한다. 토의는 집단사고를 근본적인 특징으로 하고 있기 때문에 모든 학습자가 참여할 수 있도록 인원수 및 기회균등을 배려해야 한다. 특히, 저학년일 경우엔 특정 학습자만 지속적으로 참여하려는 경향을 보일 수 있는데, 이런 경우에는 집단적 의견이 모였을 때 적절한 강화물이나 강화계획을 수반하여 다수의 반응을 유도해 나간다.

셋째, 의견의 차이가 있더라도 상호간의 의견을 존중하고 대부분의 사람이 옳다고 생각되는 결론을 받아들여야 한다. 토의는 문제해결의 과정이기 때문에 최선의 결론을 이끌어야 하며 이를 위해서는 서로의 의견을 존중한다.

넷째, 시간부족의 문제는 토의집단별 시간외 토론일지를 만들거나 그 과정에서 제기된 문제들 정리하기, 혹은 컴퓨터를 활용하여 채팅이나 게시판에서 계속적으로 토의를 해 나감으로써 해결할 수 있다.

토의법은 참가하는 사람의 수나 목적에 따라 다음과 같이 몇 가지 유형으로 나눌 수 있다.

(1) 원탁식 토의(round table discussion)

가장 기본적인 형태로 어떤 형식에도 구애받지 않고 참가한 전원이 원탁에 둘러앉아 자유로운 분위기에서 좌담하는 방식으로 5~10명 정도가 적당하다. 사회자 혹은 교사는 참가자 전원이 참여하여 상호협력적 태도로 임하면서 모두 자유롭게 발언하며 이를 들으면서 적극적으로 문제해결에 노력해야 한다. 여기서 원활한 토의를 위해 참가자들 간의 충분한 협조, 개방적 자세, 그리고 공동체적 의식을 가져야만 논쟁을 위한 논쟁으로 빠지지 않을 것이다([그림 6-1] 참조).

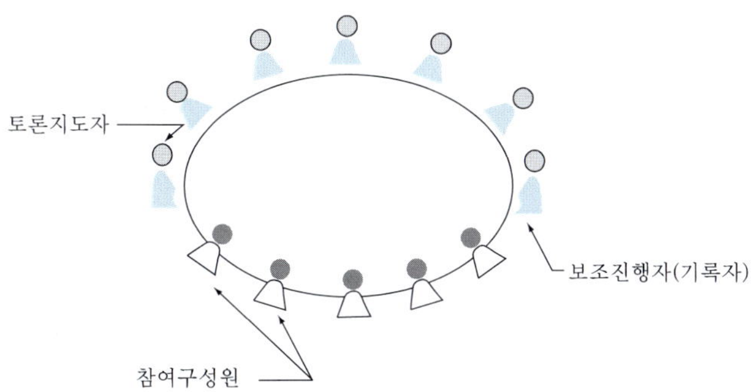

그림 6-1 원탁토의의 예시도

(2) 배심토의(panel discussion)

집단의 구성원이 많아서 각자의 발언이 어려울 때, 토의에 참가하는 대표자들이 단상에서 토의하여 다른 구성원에게 공개하는 방법이다. 의견을 달리하는 4~6명의 선정된 대표자와 다수의 청중으로 구성된 후 의장은 배심토론자를 소개하고 문제와 논점을 중심으로 토의를 시작한다. 각자 자기의 의견을 발표하면 청중은 이를 듣게 되며, 필요하다고 생각할 때 의장이 토의에 참가시켜 질문이나 발언의 기회를 주기도 한다. 배심토론자는 반드시 주제 관련 전문가일 필요는 없으며, 토의는 약 15~45분간, 1회에 약 2~3분 정도 범위 내에 간결하게 의견을 개진함으로써 활발하고 빈번하게 의견교환이 이루어지도록 한다([그림 6-2] 참조).

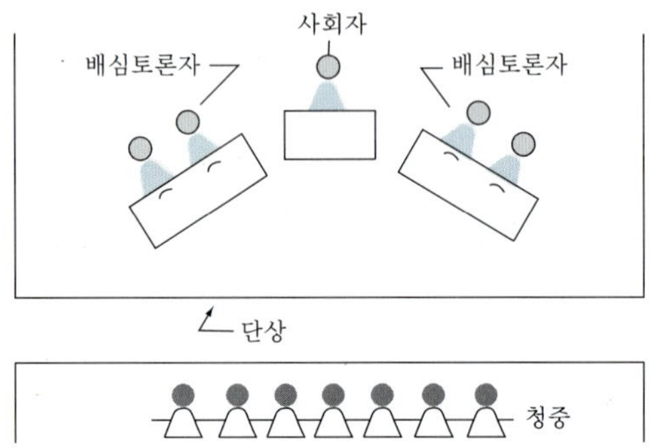

그림 6-2
배심토의의 구성-배치 예시도

(3) 공개토의(forum discussion)

이 형식은 1~2명의 연사가 공개적으로 연설을 한 후에 의장의 사회로 연사와 청중 사이의 질의응답을 전개하는 방법이다. 사회자는 연설시간 조절과 청중의 질문 유발, 적절한 발언 통제를 하기도 한다. 이는 학생자치회나 학급회의 등에 적합하다([그림 6-3] 참조).

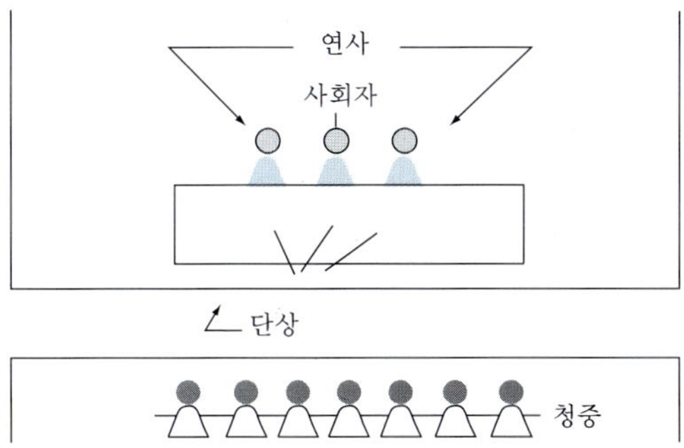

▶ 그림 6-3
공개토의의 구성·배치 예시도

(4) 심포지엄(symposium)

2명 이상의 연사가 같은 문제로 각기 다른 입장에서 자신의 의견을 준비해 사회자의 안내에 따라 강연을 하며, 이 때 청중이 질문이나 설명을 요구하면 연사가 이에 대답하며 토의를 진행하는 방식이다. 이 형식의 특징은 토의에 참가하는 연사나 사회자, 그리고 청중이 다 토의의 의제에 대한 전문가들로 구성된다는 점이다([그림 6-4] 참조).

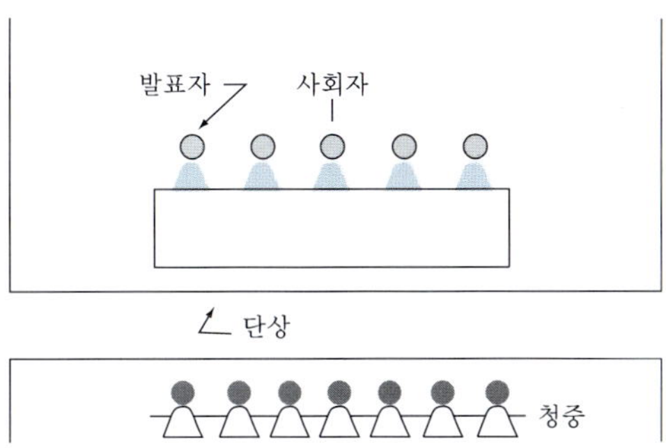

▶ 그림 6-4
심포지엄의 예시도

(5) 버즈토의(buzz discussion)

이 형식은 대규모 토의집단을 소집단(6명 정도)으로 나눈 다음 소집단끼리 토의를 한다. 사회자는 토의가 끝난 후 전체의 토의결론을 보고 받고 다시 비슷한 집단끼리 묶어 토의를 하도록 하며, 최종적으로는 전체 집단이 다 함께 토의결과를 집결시켜 결론을 맺게 하는 방법이다([그림 6-5] 참조).

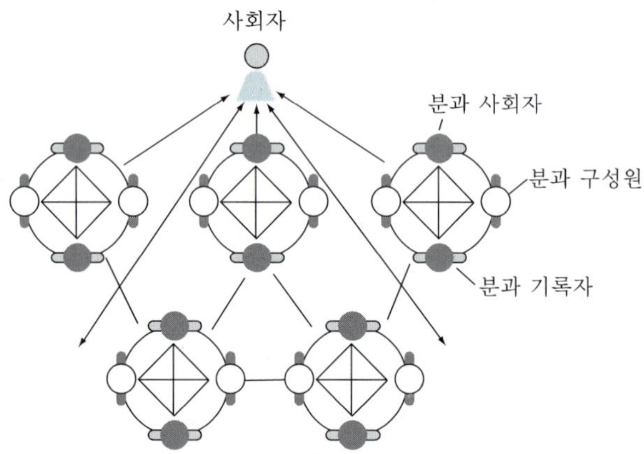

그림 6-5 버즈토의의 예시도

4) 문제해결법(problem solving method)

문제해결법은 문제를 제시하여 이를 해결하는 과정에서 기존의 배운 내용이나 지식을 사용하여 문제를 파악하고 분석하며, 해결책을 고안하는 등 지식, 기능, 태도 등을 종합적으로 획득하도록 하는 학습방법이다. 이는 학습자의 자발적 활동에 의해 문제를 스스로 해결하고 논리적이며 건설적으로 생각할 수 있는 능력, 즉 발산적 사고력을 기를 수 있다는 데 교육적 의의가 있다.

이는 Dewey의 반성적 사고과정인 문제의 제시, 문제의 정의, 가설의 형성, 증명이라는 사고의 순서과정을 밟고 있다. 즉 학습자는 먼저 문제에 직면하여 문제를 의식한다. 그런 후 이의 해결을 위해 이미 학습된 원리를 상기한다. 이와 같은 사고를 하면서 학습자는 일련의 가설을 수립하고 그 적용 가능성을 검토한다. 그 결과 문제 장면에 알맞은 법칙의 조합을 발견하면 문제가 해결될 뿐만 아니라 지금까지 없었던 새로운 어떤 것, 즉 원리를 학습하게 된다. 그러므로 교사는 학습자가 올바른 과정을 밟도록 지도하며, 교사 자신이 문제해결의 기술에 숙달되어 있어야만 학습자가 스스로 문제해결을 위한 계획과 연구를 하며 부단한 노력으로 목적을 달성하는 태도를 기를 수 있다. 이를 구체적으로 살펴보면 다음과 같다.

첫째, 제 1단계인 문제인식에서는 학습자가 선택한 문제나 또는 학습자에게 선택시킨 문제에 대하여 자세히 검토하고, 그 본질을 정확하게 인식하는 것이 첫 단계이다. 즉 문제에 대한 명확한 인식이 문제해결학습의 출발단계인 것이다.

둘째, 제 2단계인 해결방안연구에서는 문제가 설정된 다음에는 그 성질에 따라서 각자가 맡아야 할 문제나, 또는 분단별로 맡아야 할 문제를 어떤 과업이나 절차로 해결할 것인가를 연구하는 단계가 다음 단계가 되는 것이다.

셋째, 제 3단계인 자료수집에서는 문제해결을 위해 필요한 자료를 수집하여 연구하는 것인데 자료는 빠짐없이 수집하고, 수집된 자료는 검토의 과정을 거쳐야 한다.

넷째, 제 4단계인 해결의 실시에서는 실제적인 활동이 전개되는 단계로써 수집된 자료의 조사, 관찰, 실험, 비교 등의 활동이 전개되는 단계이다.

다섯째, 정리, 종합발표 및 결과 검토에서는 결과를 정리하여 발표하는 단계로, 발표형식은 구두, 보고서, 제작물 등 다양하게 할 수 있다. 교사는 발표에 대한 건설적인 비판과 지도를 해야 하며, 다음 학습문제로 발전하는 통로가 된다.

5) 발견(탐구)학습법(discovery learning method)

발견학습이란 학습자 스스로 발견하게 되는 법칙이나 과정은 여러 가지 학습자료들을 통해 해결하고, 이 과정에서 탐구적인 사고방법을 배워 나가는 방법으로 새로운 학습내용을 좀더 심도깊게 이해시키는 데 목적을 두고 있다.

이 방법은 문답법처럼 Socrates의 대화법에 기원을 두며 Rousseau의 아동중심 교육사상, 반성적 사고를 강조한 Dewey의 사상과 Bruner의 발견학습을 바탕으로 하고 있다. 처음에는 교사에게 의존하지만 점점 교사의 사고는 감소되고 학습자 스스로 사고를 진행해 가면서 지식의 구조를 이해하고 스스로 내적 문화를 창조하고 발견하는 내적 동기를 유발시키고자 한다.

이러한 발견학습의 장점으로 Bruner는 다음과 같이 제시하고 있다.

첫째, 학습자 각자가 구체적인 자료를 통한 활동에 참여할 경우에 지적인 잠재력을 키울 수 있다.

둘째, 발견적인 학습활동을 성공적으로 마쳤을 때 학습자는 지적인 쾌감을 맛보고 새로운 문제에 도전하려는 강한 의욕을 갖게 되는 내적 동기유발을 일으킬 수 있다.

셋째, 학습자들이 가지고 있는 의문을 스스로 추구할 수 있으므로 흥미있고 중요한 문제의 특징을 파헤칠 수가 있다. 그리고 발견적인 활동을 통하여 학습자는 발견하는 방법 그 자체를 배우게 된다.

넷째, 발견학습의 가장 큰 이점으로 발견적 활동을 통하여 알게 된 내용은 머릿속에 기억되는 시간이 길다.

발견학습법은 일반적으로 다음의 4단계의 과정을 거친다.

첫째, 과제파악(과제추출) 단계로, 교사는 발견할 과제를 학습자에게 명확히 파악시키는 것으로 문제의식을 분명히 가지고 의욕적으로 학습하도록 한다. 여기서 주의할 점은 생활장면에 속해 있는 문제를 다루는 것이 아니라 교과와 학문의 구조이어야 하며, 학습자들이 내용에 관하여 적극적 관심을 갖도록 새롭고 흥미로운 문제의식을 제시해야 한다는 점이다.

둘째, 과제해결을 위한 가설설정 단계로, 제시된 자료와 추가된 자료를 수집하여 임시로 해결방안을 설정한다. 이는 직관적 사고에 의존하므로 갑자기 떠오르는 통찰적인 활동이다. 이 때 중요한 점은 교사의 적절한 조언과 학습자 개인 및 집단에서 진행되는 의견교환의 성실성이라 할 수 있다.

셋째, 가설검증의 단계로, 사실의 분석과 가설의 종합적 확인이 이루어지며 체계적으로 중요한 사고가 진행되는 단계이다. 교사는 부족한 점을 보완해주고 사고의 진행을 도와주지만 앞의 단계보다는 적은 보조를 해야 한다.

넷째, 현실에의 적용단계로, 세 번째 단계에서 구성된 일반적이고 추상적 개념을 실제로 활용하고 자신의 것으로 정착시키기 위해 구체적이고 현실적 장면에 적용·활용하는 지식의 전이단계이다. 교사는 하나의 종합평가로서의 활용여부를 가리면서 학습자들의 결과를 주시하고 지도해야 한다.

이상과 같은 발견적인 과정을 취하게 함으로써 학습자들은 자기 스스로 생각하여 발견한 결과를 습득하는 것뿐만 아니라 동시에 탐구방법의 발견도 할 수 있다. 그러나 전통적인 강의나 다른 수업방법에 비해 학습에 소요되는 시간이 너무 많기 때문에, 단시간에 많은 내용을 다루어야 하는 교과목에서는 어려운 점이 많은 것이 단점이기도 하다.

6) 프로그램 교수법(programmed instruction)

프로그램 교수법은 Skinner의 강화이론(reinforcement theory)에 기초한 것으로 학습과업을 작은 단위의 논리적인 순차에 따라 구성하여 학습자가 능동적으로 참여하고 즉각적인 피드백이 제공되어 학습자가 각자의 개별적인 속도에 따라 진전해 나갈 수 있는 수업형태이다.

프로그램 교수법은 학습이 학급단위로 이루어지는 한, 학습자 개개인의 능력이나 경험에 호소하는 완전학습이 불가능하다는 점에서 출발했다. 학습이란 자기 스스로 행함으로써 성립된다는 기본원리에 입각하여 학습자가 자기활동을 통해 주어진 교재를 학습해 나가며(자기활동의 원리), 교재는 학습자들의 능력에 기초를 두는 동시에 학습의 진행을 계속적으로 조절하여(자기속도의 원리), 자기 반응의 옳고 그름을 즉시 확인할 수 있도록 하는 것이다(자기검증의 원리). 이러한 원리에 입각한 프로그램 학습의 특징을 살펴보면 아래와 같다.

① 학습할 내용은 학습이 효과적으로 수행될 수 있도록 단계적으로 이루어진다.
② 학습자는 제시된 내용에 대하여 적극적인 반응을 나타내게 된다.
③ 학습자는 자신의 반응이 옳은지 그른지에 대하여 즉시 알아내게 된다.
④ 학습자는 학습의 내용을 작은 단계로 학습한다.
⑤ 프로그램의 내용은 정답반응이 더 많이 나오도록 조직된다.
⑥ 학습자는 자기의 학습능력에 맞는 문제부터 시작하여 점진적으로 학습목표에 접근한다.

프로그램 교수법에서 활용되고 있는 프로그램 유형에는 크게 직선형 프로그램(linear programming)과 분지형 프로그램(branching programming)으로 나눈다.

직선형 프로그램은 모든 학습내용이 하나의 단일한 순서로 계열화되어 있어서 모든 학습자가 전부 똑같은 순서에 따라 학습하도록 되어 있다. 이 유형은 학습자가 능력의 차이에 따라 속도의 차이는 있으나, 누구나 이 직선적 순서를 따라 가야만 한다.

이에 비해, 분지형 프로그램은 각 학습과제에 대한 학습자의 반응정도 및 선택한 반응종류에 따라 각자에게 알맞은 경로를 개별적으로 선택하여 학습해 나갈 수 있도록 한다. 즉 분지형 프로그램에서는 여러 가지 대안적인 순차성이 마련되어 있어 오답을 하였을 경우, 그것에 대한 설명과 정보가 제시되는 일종의 처방적 교수가 이루어진다.

프로그램 교수법의 장점은 우선 학습의 개별화를 가능하게 해 주며, 학습자가 자신의 능력과 학습속도에 따라 학습을 스스로 통제할 수 있으며, 단순한 지식과 기계적 기술의 습득에 효과적이며, 시·공간적인 학습의 구속을 벗어날 수 있다. 그러나 프로그램 자료를 개발하는 데 상당한 시간과 노력, 그리고 비용이 들어야 한다는 것이 큰 단점이며 학습자의 소극적인 순응을 조장하여 창의력이나 자기표현의 기회를 갖지 못하게 하며, 구성원 간의 상호작용적인 의사소통을 촉진하지 못한다는 문제도 있다. 그러므로 이 방법은 그것 자체로 완전한 수업형태로 다른 수업형태나 교수방법과 대체하기보다는 병용하여 사용할 수 있는 일종의 보완적인 매체로 활용하는 것이 보다 바람직할 것이다.

7) 협동학습법(cooperative learning method)

협동학습법은 학습능력이 각기 다른 학습자들이 동일한 학습목표를 향하여 소집단 내에서 함께 활동하는 학습방법이다. 여기서 '전체는 개인을 위하여(all-for-one), 개인은 전체를 위하여(one-for-all)'라는 태도를 갖게 되고, 집단구성원들의 성공적 학습을 위하여 서로 격려하고 도움으로써 학습부진을 개선할 수 있다(변영계 외, 2000).

이는 1960년대 Herbert가 Dewey의 교육철학, 즉 사회생활에서 항상 이루어지고 있는 팀(team)이 개념을 강조하면서 학습자는 학교에서 학습자 간의 상호작용을 통해 문제에 답을 찾아나가는 것을 배워야 한다는 데 전적으로 동의하면서 교육에서 팀학습의 중요성과 팀구성 방법을 제시하여 협동학습의 기반을 닦았다. 소그룹으로 학습하는 방법은 이전에도 있어 왔는데, 이는 팀원이 독립적으로 작업을 한 후 작업의 결과만 모아서 작성하는 형태라 한다면 최근의 바람직한 협동학습은 팀 안에서 학습자들이 서로 토의하는 가운데 자신의 생각을 절충하고 명료화시켜 나가는 과정에서 협동하여 의미있고 오래 기억되는 학습이 되도록 서로 도움을 주는 형태를 의미한다. 이러한 협동학습은 동료에게서 배우는 학습효과가 매우 크며(Salvin, 1990), 대인관계가 원만해지고, 사고력도 증진된다(Johnson 외, 1984; Slavin, 1986)는 연구결과들이 나옴으로써 권장되고 있다.

협동학습의 대표적 유형으로 공동학습모델(learning together model)과 성취과제 분담모형, Jigsaw 모형, 팀보조 개별화학습, 집단조사, 팀토너먼트 게임 등 다양하다.

(1) 공동학습모델

공동학습모델은 Johnson과 Johnson이 강조한 협동학습형태로 교사 또는 동료학습자의 피드백과 팀원 간의 상호의존(interdependence)적 관계를 중요시했다. 즉 5~6명의 이질적 구성원으로 구성되어 주어진 과제를 협동으로 수행한 후 평가를 받는다. 평가는 개별적으로 시행하나 성적은 소속된 집단의 평균점수를 받게 되므로 자기집단의 다른 학생들의 성취도가 개인성적에 영향을 주게 된다. 경우에 따라 집단 구성원 모두가 정해진 수준 이상 도달했을 때 보너스 점수를 주기도 한다.

이의 핵심으로 네 가지 요소를 들고 있는데(Johnson 외, 1984), 첫째, 긍정적인 상호의존 관계를 형성하도록 하며, 둘째, 서로 얼굴을 마주보며 토론하는 상호작용이 필요하며, 셋째, 개인이 각각 팀에 대한 책임을 지도록 하며, 넷째, 상호의존하는 방법과 소그룹에서 학습하는 방법을 먼저 교사가 지도해야 한다는 점이다.

그런데 이 모형은 하나의 집단보고서에 집단보상을 함으로써 보고서 작성에 적극적으로 참여하지 않은 학습자에게도 보상을 주게 됨으로 무임승객 효과, 봉 효과 같은 현상이 나타날 수 있다. 이에 대한 보안적 방법으로는 각각의 역할에 대한 명시와 전체 진행과정에 대한 일지를 작성하도록 할 수 있다.

(2) 성취과제 분담모형

성취과제 분담모형은 Slavin과 그의 동료들이 개발한 협동학습 형태로 초·중·고등학교 수학학습을 위해 개발된 방법으로 개별화 학습의 단점을 협동학습의 장점으로 보완하려는 시도에서 이루어졌다. 이는 교사의 소그룹 수업, 팀 형성, 개별학습, 팀 학습, 팀 점수와 보상의 단계로 진행된다(Slavin, 1990).

매주 교사는 강의나 토론으로 새 단원을 소개한다. 각 팀은 연습문제지를 짝을 지어 풀기도 하고, 서로 질문을 하기도 하고, 토의도 하면서 그 단원을 학습한다. 연습문제에 대한 해답도 주어지므로, 학습자들은 단순히 문제지를 채우는 것이 아니라 개념을 이해하는 것이 목적임을 명백히 알게 된다. 구성원 모두가 학습내용을 완전히 이해할 때까지 팀학습이 계속되고, 팀학습이 끝나면 개별적으로 시험을 본다. 개인은 각자 자기자신의 시험점수를 받지만, 자신의 이전까지 시험의 평균점수를 초과한 점수만큼은 팀점수에 기여하게 된다.

(3) Jigsaw 모형

Jigsaw 모형은 1978년 미국 텍사스 대학의 Aronson과 그의 동료들에 의해 개발될 협동학습모형으로 집단 내의 동료로부터 배우고, 또한 동료를 가르치는 모형으로 보상구조를 통해서가 아니라 학습과제의 분담, 즉 작업분담 구조를 통해서 집단구성원 간의 상호의존성과 협동을 기르는 방법이다. 이 모형의 이름은 그림 짜맞추기 퍼즐(Jigsaw puzzle)처럼 팀별로 학습한 내용의 전개가 모두 끝나야 학습이 완성된다는 점에서 붙여진 것이다.

이 모형에 의해 단원학습이 끝난 후 학습자들은 시험을 보고 개인의 성적대로 점수를 받는다. 그 시험점수는 개인별로 집계되고 집단점수에는 기여하지 못한다. 따라서 집단으로써 보상을 받지 못하므로 형식적인 집단목표는 없다. 그러나 각 집단구성원의 적극적인 행동이 다른 구성원들에게 보상받도록 도와주기 때문에 협동적 보상구조의 본질적 역동성은 존재한다.

8) 열린교육(open education)

열린교육이나 인본주의의 인간교육으로써 열린 마음, 열린 시간, 열린 공간을 특징으로 학습자의 개성을 중시하는 학습자 중심의 교육을 의미한다. 즉 교사에 의해 적절히 준비되고 계획된 자료와 환경에 의해서 다양한 학습활동을 전개하되, 통합교과 측면에서 학습자들이 자기 선택학습을 자율적으로 할 수 있도록 융통성을 주며 학습자에 대한 신뢰와 자율성을 바탕으로 스스로 폭넓은 학습력을 기르는 데 주력한 교육방법이다. 몇몇 주요 특징을 요약하면 다음과 같다.

첫째, 학습자가 학습의 주도권을 갖고 있으며 교사와 학습자는 개방적 인간관계를 유지한다.

학습자는 학습의 적극적인 참여자로 교사와 상호작용 속에 활동계획을 세우며, 학습 자료나 사실을 직접 선택하고 스스로 학습시간의 속도를 결정하여 진행해 나간다. 그리고 교사는 학습자들과 눈높이를 같이하여 상호의존적이며 주의깊게 관심을 기울이고 있음을 학습자들이 느끼게 한다.

둘째, 개별화된 수업 및 탄력적 학습집단을 전개한다.

현재 상태에서 학습자 각자의 잠재능력 수준에서 출발하여 앞으로의 발전 가능성에 수업의 초점을 맞추어 학습자가 개별적으로 학습방법을 선택하여 전개해 나간다. 아울러 학습활동의 종류에 따라 능력이나 취향에 맞게 개별학습, 중 · 소집단 학습, 일제 학습집단으로 변화있게 조직하여 유동성있게 운영해 간다.

셋째, 다양한 학습자료와 교구를 자율적으로 활용한다.

단계에 맞는 발달을 가능케 하기 위해서는 학습교재와 교구가 다양하고 풍요롭게 마련되어야 하고, 이를 학습자 자신의 필요나 흥미에 따라 자율적으로 사용할 수 있게 한다.

넷째, 교육과정을 융통성있게 운영한다.

지역의 특수성과 학교의 실정을 고려하여 학습자의 흥미와 필요에 따라 교육내용을 각 영역에 걸쳐 기본적 지식과 능력을 키우기 위한 목적으로, 학습자의 학습시간을 연장·단축하여 다양한 학습 활동에 참여할 수 있도록 융통성 있게 일정표를 계획한다.

다섯째, 형식적인 평가는 피한다.

열린교육이 지향하는 목적 중 하나가 비판적 사고, 스스로 학습에 임하는 자세, 새로운 문제에 당면했을 때 자신감과 도전력 등의 함양이므로, 학습의 결과보다는 과정 중심에서 학습자 각자의 독특한 개성을 존중해 주고, 개인의 특성을 인정해 주는 평가방법을 사용한다.

구체적으로 주로 이루어지는 열린 학습에서의 다양한 학습형태와 교수-학습지도 방법을 살펴보면 아래와 같다.

(1) 러그 미팅(Rug Meeting)

이는 교과학습이 시작되기 전 모든 학습자들이 카펫에 자유롭게 둘러 앉아 이야기를 나누는 방법이다. 하루의 일정을 소개하고 때에 따라 행사지도 및 새소식, 독후감, 연구조사 내용, 토론 등 다양한 활동이 이루어진다.

(2) 개별화 학습

학습자의 개인차에 따라 학습목표와 학습계열, 교수매체와 교수방법이 정해지며 평가가 변별적으로 이루어지는 수업형태로 학습형태가 개별학습 뿐만 아니라 소집단 학습, 집단학습 중에도 이루어진다.

(3) 코너 학습

열린교육에서 가장 많이 활용되고 있는 학습형태로 여러 개의 교과를 묶어서 적당한 장소에 각 교과별 학습코너를 설정, 여러 시간 동안 학습자가 각자 하고 싶은 학습순서와 방법을 정해 학습을 진행한다. 이 학습방법은 학습자의 자율권을 보장해 주고 풍부한 학습환경 안에서 능동적인 학습참여를 유도하여 자기 학습력을 기르는 데

역점을 두고 있다. 또한 학습자가 개별적으로 선택하여 학습에 참여하기 때문에 개인차에 따라 지도가 가능하다. 다만 교사는 사전에 충분히 계획된 활동으로 이루어질 수 있도록 한다.

(4) 토픽(Topic) 학습

학습자 개개인 또는 소그룹의 학습자들이 자신의 관심 및 흥미 분야에 맞게 스스로 주제를 선택하여 이 주제를 중심으로 여러 과목의 관련된 학습요소를 묶어 다루는 수업방법이다.

(5) 프로젝트(Project) 학습

프로젝트는 토픽에 비해 다분히 의도적이며 과제학습으로 해석된다. 토픽의 소그룹에 비해 프로젝트는 보다 광범위한 학습단원을 중심으로 대그룹 때로는 한 학급, 한 학년, 전교생이 참여하여 주제에 대한 자유선택 탐구학습을 한다. 학습자가 장기간의 연구주제를 해결하기 위해 모든 방법이 동원되며 교사는 수시로 상담자가 되어준다.

9) 컴퓨터 보조수업(Computer Assisted Instruction: CAI)

학습자의 개인차 문제의 극복과 컴퓨터의 하드웨어적 · 소프트웨어적 빠른 발전에 힘입어 교육현장에 있어서 컴퓨터 적용에 대한 연구와 노력이 계속되어 왔다. 대표적으로, 다양한 학습형태와 학습내용을 제시하고 학습과정을 상호작용적으로 지도하고 통제하며 학습결과를 평가하여 개별학습을 가능하게 하는 교수-학습용 프로그램인 컴퓨터 보조수업을 들 수 있다. 이는 학습내용의 구성에 따라 반복연습형, 개인교수형, 시뮬레이션형, 교수게임형이 있다.

반복연습형은 CAI 프로그램 중 가장 많이 사용되는 양식으로 이미 습득한 지식이나 기능을 반복 연습하게 하여 정규수업을 보충하고 강화하기 위한 것이다. 그러므로 반복적 연습을 요구하는 수학교과에서의 연산이나 외국어교과에서의 단어 익히기, 발음연습, 기타 기초 기능의 변별을 요구하는 교과영역에서 주로 사용된다.

개인교수형은 마치 교사와 학습자가 일대일로 수업하는 것과 같이 컴퓨터가 교사의 역할을 담당하여 새로운 학습내용을 가르치고 확인하고 강화한다. 즉 학습자에게 자세한 안내와 정보, 연습과 피드백이 제공되고 학습결과를 평가하여 학습자의 학습능력에 따라 각자의 속도로 학습할 수 있도록 한다. 이는 사실적 정보의 제공, 원리학습, 문제해결 학습을 위해 사용될 수 있으며, 특히 학습자 수가 적거나 교사가 정규수업을 하기 어려운 상황에서 적절히 활용할 수 있다.

시뮬레이션형은 시・공간적, 경제적 제한으로 실제 경험하기 어려운 상황을 단순화하고 중요한 요소들을 강조하여 학습자로 하여금 핵심적인 정보를 습득하도록 하고 반복경험을 가능하게 컴퓨터로 모의하여 제시한다. 인체 수술이나 비행기 조종훈련, 상황판단 훈련, 위험한 과학실험, 모의전쟁 훈련 등에 주로 이용된다. 시뮬레이션형을 교육현장에 적용하면 학습자를 보다 학습과정에 능동적으로 참여시켜 현실적 감각과 학습동기가 촉진되며, 아울러 학습전이도도 높아지며, 실제상황에 대한 통찰력과 이해력도 신장시킬 수 있다.

교수게임형은 동기유발과 학습을 강화시키기 위해 오락적인 요소를 첨가하여 이미 습득한 지식과 기능 등을 강화하는 접근방법으로서, 사실과 원리, 문제해결력, 협동과 같은 사회적 기능, 태도형성 등에 유용하다. 이의 프로그램에 포함된 몇 가지 규칙들은 게임을 어떻게 진행하고 어떤 행동들을 허용하거나 금지하는 지, 어떻게 득점을 하고, 무엇이 승부를 좌우하는 지 결정하는 등 경쟁적 요소가 있어 승자와 패자를 구분하는 것이 특징이다.

10) 인터넷 활용학습법

인터넷은 원래 학자들 간의 개방적 의사소통과 데이터 교환을 촉진하기 위해 National Science Foundation에 의해 개발되었다. 이는 모든 사람에게 개방되어 있어서 정보의 양이나 다양성 면에서 매우 풍부하여 그 용도와 사용범위가 날로 급증하고 있다. 즉 전자우편(e-mail), 파일전송, 다른 컴퓨터에서의 프로그램 실행, 파일과 데이터베이스 찾기, 토론모임, 대화 및 게임하기 등 다양한 인터넷을 통한 활동들로 사용인구가 늘고 있으며 아울러 이를 교육적으로 활용하려는 노력도 여러 모로 이루어지고 있다.

정보전달을 위한 통신망 구축에서 시작한 인터넷은 전 세계를 연결하는 통신망으로 자리를 굳혔으며, 각 나라의 정보고속도로 구축에 따라 그 역할이 점점 커지고 있다. 교육정보화를 위한 새로운 수단으로 현재 가장 주목을 받고 있는 인터넷은 정형화된 교실중심 교육을 다양하게 변화시킬 수 있다. 전 세계의 정보자원을 이용한 탐구학습, 다양한 전문가들의 조언을 받는 학습, 가상공간에서의 협력학습, 실시간 혹은 비실시간 원격교육, 원거리 시뮬레이션, 원격지 실험장비를 이용한 실습 등이 가능하다.

교수매체로써 인터넷이 갖고 있는 특성을 살펴보면 다음과 같다(박숙희 외, 1998).

첫째, 인터넷은 시공을 초월하여 융통성 있는 교육을 허용한다.

전통적인 학교교육과는 달리 누구나 어느 장소에서든지 원하는 시간에 원하는 교육을 받을 수 있다.

둘째, 인터넷은 수업보다는 학습 위주의 교수-학습 환경을 제공한다.

인터넷은 사용자가 정보를 제공하는 것은 물론 다른 사람이 제공하는 정보를 적극적으로 검색하고 활용하므로 교수-학습이 계획된 과정에 의한 것이라기보다는 학습자의 개인적 요구를 바탕으로 능동적으로 이루어지기 때문에 보다 적극적이고 생동감 있는 교수-학습 환경이 된다.

셋째, 인터넷은 창의성과 종합적 사고를 길러준다.

인터넷은 많은 정보를 빠르고 용이하게 수집할 수 있게 한다. 수집된 정보는 그대로 유용하게 활용할 수도 있지만, 학습자는 보다

유익한 정보를 창출하기 위해 수집된 정보를 정리하고 분류하며 종합해야 한다. 이런 과정에서 학습자들은 창의성과 종합적인 사고를 기를 수 있다.

넷째, 인터넷의 활용을 통해 글쓰기와 의사소통 능력을 기를 수 있다.

학습자는 수집한 정보를 분석·종합하여 자신의 정보를 만들어 다시 인터넷에 올릴 수 있다. 이때 학습자들은 다른 사람들이 보다 이해하기 쉽게 논리적으로 의사소통을 하기 위해 노력하면서 글쓰기와 의사소통 능력을 기를 수 있다.

다섯째, 인터넷은 교실과 세계를 잇는 가교역할을 하기 때문에 학습자들은 이를 통해 실생활에서의 문제해결방법을 배울 수 있다.

여섯째, 인터넷을 이용해 끊임없이 정보를 찾고 활용하는 과정에서 학습자들은 질문하는 방법과 논쟁하는 방법을 습득할 수 있다.

이러한 인터넷의 긍정적 특성을 충분히 활용하기 위해서는 교육현장에서 하드웨어적 지원이 계속되어야 하며, 현직교사들이 수업에 적극적으로 활용할 수 있도록 교사연수 프로그램을 개발하고, 예비교사 양성과정에서도 컴퓨터 교육이 강화되어야 한다. 또한 교육과정과 연계가 되어 각 교과에서 적절히 인터넷을 활용할 수 있도록 구상되어야 한다.

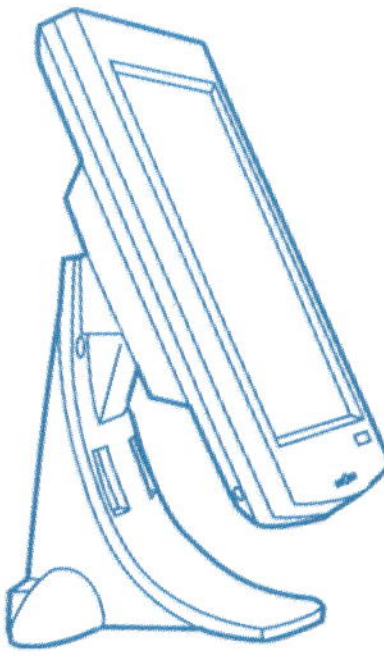

Chapter

07 교수-학습 준비

1 | 과제분석과 행동분석

2 | 교수목표

3 | 학습지도안

생각하기

교육의 효과는 교육을 위한 과학적이고 체계적인 계획으로부터 비롯된다. 그 계획은 교육할 목표를 정하고, 그 목표달성을 위한 교육과정을 선정 · 조직하며, 선정된 교육과정을 효과적으로 전달하기 위한 최적의 교육방법의 준비, 그리고 최종적인 교육의 효과를 검증하기 위한 교육평가체계의 마련 등에 관한 것이 된다.

교수-학습에 있어서도 위와 같이 체계적인 계획이 필요하다. 그런데 교수-학습을 위한 계획은 수업에서 직접적으로 다룰 내용과 방법을 조직하고 준비하는 것으로서 보다 구체적이고 실제적인 계획이어야 한다.

교수-학습을 위한 기본적인 요소로는 과제 및 행동 분석, 교수목표 진술, 학습지도안 작성 등을 들 수 있다. 즉 교수-학습을 위한 준비활동은 과제 및 내용의 분석이 제일 처음으로 수행되어야 하고, 다음으로는 분석된 내용에 대한 학습수준을 결정하는 행동분석에 대한 이해가 필요하며, 분석된 내용과 행동수준에 의해서 구체적이고 명료한 교수목표의 진술 · 제시가 있어야 한다. 그리고 일련의 교수-학습의 체계적인 전개를 위한 수업계획안, 또는 학습지도안을 준비해야 한다.

이 장에서는 이와 같은 교수-학습 준비활동을 탐색해 보기로 하겠다.

1 | 과제분석과 행동분석

교수목표를 명확하게 하고, 가르치고자 하는 내용을 수업의 최종 결과로 나타나는 학습 결과적 행동으로 추출해내기 위해서는 우선적으로 학습과제의 분석이 선행되어야 한다. 왜냐하면, 어떤 내용들을 가르치고 그에 따라 어떤 내용들을 평가할 것이냐 하는 학습과제와 그 내용을 가르쳤을 때 구체적으로 기대하는 행동요인이 무엇이어야 하는가를 분석하여, 이 두 가지 요인을 결합함으로써 교수목표가 설정될 수 있기 때문이다.

학습과제가 타당하고 상세하게 분석되어야만 교수목표도 올바르게 설정될 수 있을 뿐만 아니라 목표달성을 위한 적합한 교수방법 및 자료의 선정이 용이하며, 교육의 성과도 타당하게 평가될 수 있다. 이와 같이 학습과제의 분석은 수업을 설계하고 계획하는 데 기초가 되는 것이다.

1) 과제분석

학습과제 또는 내용 분석은 소단원 중심의 과제단위로 시작한다. 소단원의 과제분석 결과가 모여 대단원의 학습과제가 된다. 단원의 학습과제는 용어, 사실적 내용(현상적 사실, 역사적 사실, 과학적 사실), 개념(구체적 개념, 정의적 개념), 방법(또는 기법)적 내용 또는 절차적 내용, 법칙, 원리, 이론 등으로 구성되어 있다. 이러한 내용요소는 시나 소설 등 문학감상, 예술감상, 그리고 체육의 실기를 제외한 모든 영역의 교과에서 다루어지는 내용들이다. 하급학년일수록 용어나 사실적 내용, 방법이나 절차, 기법에 관한 내용이 많고 상급학년으로 올라갈수록 개념, 법칙, 원리 등에 관한 내용이 많이 다루어진다. 또 교과목의 성격에 따라서 내용요소가 다르게 배정되어 있다. 사회에 관련된 교과목일수록 사실적 내용이 많고, 과학에 관련된 교과일수록 개념이나 법칙 등에 관련된 내용이 주류를 이루고 있다.

학습과제의 분석방법은 교과의 성격에 따라 횡적 분석방법, 종적 분석방법, 구조적 분석방법 등이 있다.

첫째는, 횡적 분석방법으로 주로 역사교과나 사회교과의 내용분석이 이에 속한다. 예를 들면, 역사적인 사건의 나열이나 어떤 사회 현상적 사실의 진술을 나타날 때에 내용은 횡적으로 나열되어 있으며, 이러한 내용은 횡적인 사건이나 현상의 순서대로 분석해 나가는 방법을 적용할 수 있다.

둘째는, 종적 분석방법으로 주로 수학교과나 과학교과의 내용분석이 이에 속한다. 상위 학습과제, 중위 학습과제, 하위 학습과제 순으로 위에서 아래로, 또는 하위과제에서부터 상위과제 순차적으로 분석하는 방법이다.

셋째는, 구조적 분석방법을 들 수 있는데, 이것은 미국 플로리다 주립대학 교수인 Gagné가 고등학교 학생들에게 소금의 가수분해법칙을 완전 학습시키기 위한 내용을 3명의 화학과 교수들에게 이 과제의 분석을 의뢰하여 다음 [그림 7-1]과 같은 구조도를 만들어냈다. 이처럼 구조적 분석은 횡적, 종적 분석이 통합된 분석방법이다(허형, 1996 재인용).

학습과제 및 내용을 분석하는 절차와 그 활동을 설명하면 다음과 같다.

첫째, 학습과제를 확정한다. 전체 학습과제 중에서 대단원 또는 소단원의 주된 학습과제는 무엇인가를 확정하는 일이다. 주제로서의 학습과제가 확정되면, 그 주제에 속하는 학습요소로서의 하위 학습과제들을 분석해내는데, 이 방법은 핵심단어(key word)들을 확인해내는 일이다. 용어, 개념, 법칙, 원리 등을 나타내는 단어나 어휘를 찾아내는 것으로 시작된다. 그리고 사실, 방법, 절차 등에 관련된 단어나 어휘를 찾는다. 그리고 관련된 단어나 어휘들을 찾아내어 상·하 또는 좌·우 순서 및 관계를 분석하는 것이 중요하다.

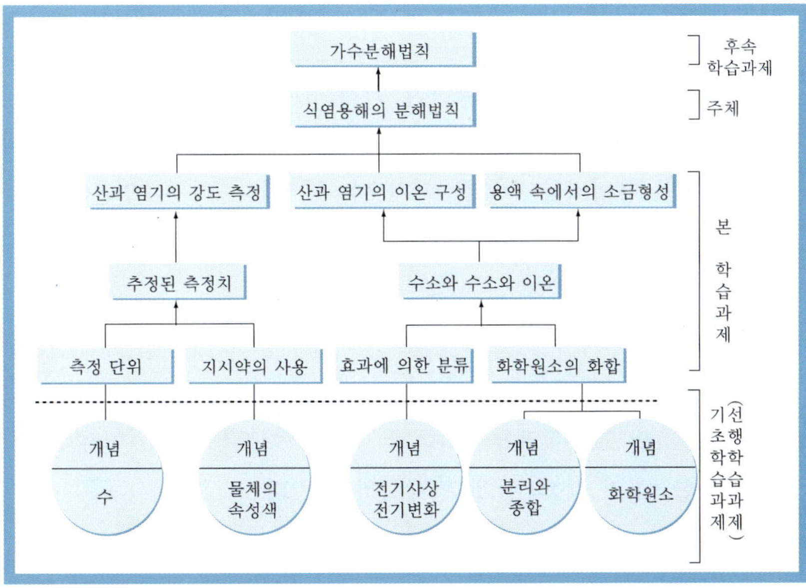

▶ 그림 7-1 구조적 과제분석의 예(소금의 가수분해)

둘째, 본 학습과제와 관련된 선행학습으로서의 기초학습과제를 분석해낸다. 이 단계에서의 활동은 본 학습과제와 관련된 이미 과거에 학생들에게 학습되었어야 하는 기초 학습과제로서의 학습요소들을 열거하는 것이며, 본 학습과제와 기초 학습과제와의 구조를 확인하는 것이다. 한편, 분석된 기초 학습과제의 학습요소들은 학습 진단평가나 학습준비도 평가내용으로도 활용될 수 있다.

셋째, 본 학습과제 이후에 나오는 후속 학습과제도 아울러 분석해야 한다. 이것은 심화학습에서 다루어질 수 있는 기초적인 학습내용 요소로 작용될 수 있다.

마지막 단계는, 학습과제 분석결과를 한눈에 알아 볼 수 있도록 과제분석 구조도를 작성한다. 구조도는 본 학습과제와 선행 학습과제(그리고 후속 학습과제들) 간의 관계를 서로 분석하고 세목화하여 상위 학습과제(도착점 행동)로부터 하위 학습과제의 순서로, 또는 동류적인 학습과제들을 서로 연결하여 그려나가는 것이다(연결선 또는 화살표 이용).

이러한 과제분석 작업은 가능한 3명 정도의 교과전문가들이 각각 분석하여 이를 종합하는 방안이 합리적이다.

2) 행동분석

행동분석은 학습내용과 관련된 최적의 학습결과로서의 학습자의 학습행동을 결정하는 것이다. 결과적으로 수업의 목적은 학습과제 관련 행동의 형성이나 변화를 가져오는 데 있다. 행동요인은 인지적 행동, 정의적 행동, 심체운동 기능 등으로 나누어진다.

(1) 인지적 행동(cognitive behavior)

인지적 행동은 인간의 사고 · 기억 · 창의력 등에 관련된다. Bloom은 그의 교육목표분류학에서 인지적 행동을 지식, 이해, 적용, 분석, 종합, 평가 등의 단계로 제시하고 있다.

① 지식(knowledge) : 특수한 것과 보편적인 것의 재생, 방법과 과정의 재생, 양식 · 구조 · 장면 등의 재생, 특수한 것에 대한 지식, 특수한 것을 다루는 방법과 수단에 관한 지식, 보편적인 것과 추상적인 것에 관한 지식 등을 포함한다.

② 이해(comprehension) : 전환(translation), 해석(interpretation), 추론(extrapolation) 등을 포함한다.

③ 적용(application) : 특별하고 구체적인 장면에 추상적인 것을 활용하는 것이다.

④ 분석(analysis) : 사고의 위계적 관계를 명확히 하거나 추상적인 관계를 명백히 하기 위하여 하나의 정보를 그 구성요소나 부분으로 분해하는 것으로서 요소의 분석, 관계의 분석, 조직 원리의 분석 등을 포함한다.

⑤ 종합(synthesis) : 하나의 전체를 형성할 수 있도록 요소나 부분을 종합하는 것이다. 독특한 정보의 구성, 계획의 작성 혹은 조작의 창조, 일련의 추상적 관계의 도출 등을 포함한다.

⑥ 평가(evaluation) : 주어진 목적을 위하여 자료와 방법의 가치를 판단하는 것으로서, 내적인 준거에 의한 평가와 외적인 준거에 의한 평가가 있다.

(2) 정의적 행동(affective behavior)

정의적 행동은 인간의 흥미 · 태도 · 감상 · 가치관 · 감정 · 신념 등에 관련된다. Krathwohl은 정의적 행동을 감수, 반응, 가치화, 조직화, 인격화 등의 단계로 제시하고 있다.

① 감수(receiving) : 어떤 현상이나 자극을 감지하는 것. 즉 현상이나 자극을 수용하고 주의하는 것으로서, 의도된 다른 목표를 습득하기 위한 최초의 결정적 단계이다. 감지(awareness), 자발적인 감수(willingness to receive), 통제나 선택적 주의집중(controlled or selected attention) 등을 포함한다.

② 반응(responding) : 현상에 단순히 감수하는 것 이상으로 능동적으로 반응하는 것이다. 묵종반응(acquiescence in responding), 자발적인 반응(willingness to respond), 반응에 대한 만족(satisfaction in response) 등을 포함한다.

③ 가치화(valuing) : 행동의 지침이 되는 근본적인 가치를 가지고 동기가 유발되는 것으로서, 이 유목은 태도와 가치에 관한 목표를 기술하는 데 사용한다. 가치수용(acceptance of a value), 가치선호(preference of a value), 행동화(commitment) 등을 포함한다.

④ 조직화(organization) : 하나 이상의 가치가 관계된 상황에서 하나의 체계로 그 가치를 조직하고, 가치들 간의 상호관계를 결정하여 일관적인 가치체계를 수립하는 것이다. 가치의 개념화(conceptualization of a value), 가치체계의 조직(organization of value) 등을 포함한다.

⑤ 인격화(characterization): 가치가 개인의 가치위계 내에 자리잡고 있으며, 내적으로 일관된 체계로 조직되고, 그 방향으로 행동을 조정할 만큼 충분한 시간 동안 개인의 행동을 통제하는 것이다. 이미 수용되어 조직화된 가치체계에 따라 일관성 있는 행동을 할만큼 인격의 일부로 내면화된 상태이다. 즉 일반화된 행동자세(generalized set)로의 인격화(characterization)를

말한다.

(3) 심체운동기능(psychomotor skill)

심체운동기능은 인간의 조작적 기능, 운동기능 및 신경근육조정 등이 요구되는 동작에 관련된다. Harrow는 반사적 운동, 기본-기초 동작, 지각능력, 신체능력, 숙련된 동작, 동작적 의사전달 등으로 구분하고 있다.

① **반사적 운동**(reflex movement) : 한 개인의 의사와는 관계없는 단순한 반사적 행동이다. 따라서 이 운동은 의도된 교육에 의해서 발달하는 것이 아니기 때문에 교수목표로 설정하기는 어렵다. 단지 반사적 운동은 환경적 분위기에 따라 나타나기 때문에 잠재적인 교육과 관련해서 이해해야 한다.

② **기본-기초 동작**(basic fundamental movements) : 단순한 반사적인 운동들이 통합적으로 이루어지는 좀더 높은 수준의 운동기능들이다. 이동동작(locomotor movements), 비이동동작(non-locomotor movements), 촉진동작(manipulative movements) 등을 포함한다.

③ **지각능력**(perceptual abilities) : 지각운동으로서 시각적, 청각적, 촉각적 자극을 해석하고 느껴 어떤 사태나 문제에 대처하고 조정하는 기능이다.

④ **신체능력**(physical abilities) : 이 운동은 상당히 성숙된 운동으로서 지구력, 체력, 유연성, 민첩성 등을 포함한다.

⑤ **숙련된 동작**(skilled movements) : 운동과 구체적 기능을 요구하는 복잡한 운동기능을 실천하는 데 나타나는 능률성, 우수성, 숙련성의 정도를 말한다. 숙련된 동작의 단계는 단순적응기능(simple adaptive skill)으로부터 혼합적응기능(compound adaptive skill), 복합적응기능(complex adaptive skill)으로 나타난다.

⑥ **동작적 의사소통**(non-discursive communication) : 얼굴의 표현과 신체의 여러가지 동작에서부터 운동 등을 포함하는 신체적 운

동을 통한 의사소통의 운동기능이다.

3) Gagné의 학습의 조건

다음은 학습과제 분석과 관련하여 Gagné가 제시하고 있는 학습의 조건에 대하여 살펴보기로 하겠다.

Gagné(1985)는 학습의 조건을 크게 5가지로 구분하고 있는데, 지적 기능, 언어정보, 인지전략 운동기능, 태도 등이 그것이다. 이러한 학습의 조건에 대한 이해는 학습할 내용의 유형이나 행동의 유형을 결정하는 준거가 된다. 즉 주어진 어떤 내용이 어떤 형태의 학습영역에 포함되는지를 일차적으로 판단해야만이 그 수준에서의 교수목표 설정이 가능해질 뿐만 아니라, 최적의 교수방법을 선정하고 적용할 수 있다. 학습의 조건에 대한 구체적인 개념적 특성을 살펴보면 다음과 같다.

(1) 지적 기능(intellectual skills)

지적 기능이란 인지적 행동을 필요로 하는 기능을 말한다. 지적 기능은 무엇 무엇을 안다는 것 이상으로 무엇 무엇을 할 수 있는 능력이다. 즉 그 기능을 하나의 특정한 상황 혹은 그 이상의 여러 상황에서 그 기능이 어떻게 사용되고 적용되는지를 보여 줄 수 있는 능력이다. 지적 기능을 소유하게 되면 학습자는 주위 환경을 자기 나름으로 개념화해서 반응할 수 있게 된다. 예컨대, 비유의 사용을 학습한 학습자는 여러 구체적인 상황을 나타내는 비유를 적절히 사용할 수 있음은 물론, 수필 쓰기와 같은 다음 단계의 복잡한 지적 기능을 학습할 때 보다 용이하게 대처할 수 있다.

한편, Gagné는 지적 기능의 8가지 학습유형을 위계적으로 구분하여 제시하고 있다. 특히, 이 학습유형에 대한 이해를 통해서 학습의 위계를 바탕으로 하는 학습과제의 분석을 용이하게 할 수 있다. 상위의 학습은 그 학습의 선행이 되는 하위학습의 성취로 가능해진다. 따라서 상위의 학습에 대한 분석은 하위의 학습형태를 밝혀내는 과정으로 볼 수 있다. Gagné는 하위의 학습인 신호학습에서부터 최상의 학습수준인 문제해결학습을 제시하고 있다. 8가지 학습유형은 신호학습, 자극-반응학습, 운동기능의 연쇄학습, 언어연합학습, 변별학습, 개념학습, 법칙(원리)학습, 문제해결학습 등으로 열거된다.

일반적으로 학교학습의 대부분은 개념학습 수준에서부터 시작된다. 신호학습은 반사적 학습수준이고, 자극-반응 학습은 단순한 자극에 대한 적절한 반응적 행동으로 이루어지는 조작적 조건화 수준의 학습이다. 그리고 연쇄학습은 운동기능의 연결적 학습을 말하며, 언어연합학습은 언어의 연결학습이다.

앞에서도 지적했듯이 대부분의 학교학습은 개념학습 수준에서부터 시작한다. 개념학습은 변별학습을 선행조건으로 이루어진다. 또한 개념학습은 규칙(원리) 학습의 선행조건이 되며, 문제해결학습은 법칙(원리)학습이 선행조건이 된다. 따라서 변별학습, 개념학습, 법칙(원리)학습, 문제해결학습에 대한 보다 자세한 이해가 필요하다.

① 변별학습(discrimination learning) : 변별학습은 어떤 대상의 정확한 지각으로부터 비롯된다. 여러 가지 자극들을 그들의 중요한 속성들에 따라 분류할 수 있음을 말한다. 즉 어떤 특수한 대상물의 속성들에 있어서 변이성 간의 차이점을 의미하는 것이다. 예컨대 정삼각형, 직각삼각형, 예각삼각형, 둔각삼각형, 이등변삼각형 등의 이름과 실물의 모양을 정확하게 연결시킬 때 변별학습이 일어났다고 할 수 있다. 유아는 색깔, 밝기, 모양, 크기, 거리, 높낮이 등을 구별하는 학습을 필요로 한다. 아동은 성장해 가면서 더 많은 경험을 하게 됨에 따라 더 많은 것을 구체적으로 변별해내게 된다. 변별은 학습의 기초적인 사항의 하나로 중요성을 지닌다.

② 개념학습(concept learning) : 이런 모양은 삼각형이고, 저런 모양은 사각형이라는 것이 변별이라면, 이제는 삼각형이란 무엇인가라는 식의 대상이나 사물의 속성을 밝혀내는 것이 개념학습이다. 즉 주어진 자극 간의 공통성, 유사성, 속성 등을 제시

하는 수준의 학습이다.

개념학습에는 구체적 개념(concrete concept)과 정의적 개념(defined concept)으로 구분된다. 구체적 개념은 붉은 색, 원형, 부드러움, 집 등과 같이 관찰을 통해서 알 수 있는 개념을 말한다. 구체적 개념을 습득하였다는 것은 그 개념의 예를 지적함으로써 개념이 사용하는 구체적 경우를 파악할 수 있는 것이다. 예컨대, 집에 대해서 지붕, 기둥, 문, 방 등을 파악하는 것이다. 정의적 개념은 관찰하는 것만으로는 드러나지 않는 개념으로 추상적인 개념을 말한다. 정의된 개념을 학습했다는 것은 곧 언어적 진술이나 정의를 사용하여 사건, 사물, 상태 등을 구분할 수 있다는 것을 의미한다. 예를 들어, 정의를 사용함으로써 '소설'의 개념을 분류(classifies)하는 경우가 이에 속한다.

③ 법칙(원리)학습(rule learning) : 법칙은 두 개 이상의 개념의 결합으로 정의될 수 있다. 예컨대, '수요와 공급'이라는 각각의 개념으로부터 수요-공급 법칙을 유도할 수 있다.

④ 문제해결학습(problem solving) : 문제해결학습이란 새로운 원리를 형성하기 위하여 기존의 원리를 조합하여 문제해결을 위한 새로운 대안을 찾아내는 것을 의미한다. 이를 위해서는 여러 가지 원리나 규칙이 적용되어야 하기 때문에 복합적 원리학습이라고 부르기도 한다. Gagné가 제시하고 있는 8가지 학습유형에서 가장 높은 단계의 학습으로서, 두 개 이상의 원리나 규칙을 적용하여 주어진 과제를 해결하는 새로운 지식이나 원리를 습득하는 것이다.

(2) 언어정보(verbal information)

언어정보란 자신의 생각을 언어로 표현할 수 있는 능력을 말한다. 언어정보에는 사람이나 사물의 명칭(label)에 해당하는 이름이나 명명화, 단순한 명제의 진술, 보다 수준 있는 명제들의 집합 또는 대상이나 사태 간의 관계를 포함하는 어문적 진술이 있다.

언어정보의 습득에 있어서 학습자의 내적 조건으로 들 수 있는 것은 일련의 조직된 선수지식이 있으면 새로운 정보를 이에 포섭시키기에 유리하다(선행조직자의 활용). 만약 언어정보가 조직된 형태로 장기기억에 기억되어 있다면 그것은 학습에서 그러한 방식으로 부호화가 이루어졌음을 의미한다.

언어정보 습득을 촉진시키기 위해서 다음과 같은 방법을 적용할 수 있다.

첫째, 학습자의 기억에 있는 조직된 지식과 접촉할 수 있도록 선행조직자를 활용하여 정보를 의미 있는 맥락으로 끌어들인다.

둘째, 혼동이 일어나지 않도록 단서의 독특성을 드러나게 한다.

셋째, 일단 학습이 일어나면 이를 인출하는 일을 반복(연습)하여 학습시킨다.

(3) 인지전략(cognitive strategy)

인지전략은 개인의 학습, 기억, 사고행동을 지배하는 기능이다. 즉 학습자의 사고과정 또는 학습과정 및 학습행동을 규제·관리하는 학습자 내부의 조직전략을 말한다. 인지전략은 학습이나 기억 또는 사고 등의 내재적 정보처리과정을 자율적으로 조절 및 지배한다는 점에서 환경지향적인 지적 기능과는 구별된다. 인간은 자신의 방식대로 기억하거나 사고할 수 있는 독특한 기능을 학습한다. 즉 학습자는 사고의 기법, 문제의 분석방법, 문제의 접근방법 등을 학습하게 된다. 바로 이러한 기능들을 인지전략이라고 한다.

인지전략은 언어나 수와 같은 외재적 학습내용의 특수한 종류에 관심을 두고 있다기보다는 오히려 내용과는 대체로 독립적인 성격을 지니고 있으며, 일반적으로 모든 종류의 학습에 적용되는 것이다. 만약에 학습자의 인지전략의 하나인 주의집중전략이 개선된다면, 이러한 전략은 특정의 교과내용과는 관계없이 모든 교과내용의 학습에 적용될 수 있다. 그리고 기억하는 방략, 기억한 것의 탐색방략, 회상방략, 사고방략 등의 인지전략은 교과내용에 구애됨이 없이 널리 적용될 수 있는 것이다.

인지전략은 학습자가 자기자신의 사고행동을 이끌어 가는 수단으로서의 기능을 갖는다. 따라서 개인이 얼마나 창의적으로 생각하고, 얼마나 유창하게 생각하며, 얼마나 비판적으로 생각하는지를 결정해 준다.

인지전략은 학습방법이나 사고, 문제해결에서 보이는 학습자 자신의 전략이다. 이 중에서 문제해결 증진과 관련된 일반적 전략을 소개하면 다음과 같다(안범희, 2000 재인용).

첫째, 속 의미(deep meaning)를 탐색하는 전략을 사용한다. 문제해결에 있어서 겉으로 드러나는 요소들은 흔히 문제해결을 오류로 이끌거나 성공적 해결에 전혀 도움이 되지 못하는 경우가 많으므로 속 의미를 파악하는 습관을 갖도록 한다.

둘째, 문제해결에 있어서 부분적 목적부터 한 단계씩 달성해 가는 참을성 있는 전략을 사용한다.

셋째, 사고의 융통성을 보일 수 있도록 한다. 성공적인 문제 해결자들은 사고의 고정관념의 틀을 벗어나는 일을 잘한다.

넷째, 부분적인 것들을 종합할 수 있어야 한다.

(4) 운동기능(motor skills)

학습자는 조각하기, 저울질하기, 던지기, 테니스, 농구 등 조직적 운동행위를 한다. 운동기능은 단순한 부분적 운동기능으로부터 복잡한 종합 운동기능이 있는데, 어떤 운동을 학습시키려면 우선 그 운동을 구성하는 하위운동을 추출하여 계열화한 다음 그 각각에 숙달되도록 하는 것이 좋다.

운동기능을 향상시키는 데 영향력이 가장 큰 것은 연습이다. 특히 연습은 학습자가 개선된 수행을 이루고자 하는 의도가 있고, 학습자에게 진전의 여부에 대한 정보가 되는 피드백이 주어질 때라야만 그 의미를 갖는다.

(5) 태도(attitude)

태도란, 학습자가 여러 종류의 활동이나 대상들 그리고 사람들 중에서 어느 것을 선택하도록 하는 경향성으로서의 내적인 상태를 말한다. 태도는 행위 그 자체가 아니라 행위의도(行爲意圖)이며, 다양한 상황에서 대상에 대한 개인적 반응(행위선택)의 일관성을 통해 추리될 수 있으며, 경험을 통해 학습되는 것이다.

일반적으로 태도는 인지적 · 정의적 · 행동적 속성들로 구성된다. 인지적 속성이란 어떤 대상에 대한 생각(아이디어, 또는 범주)이고, 정의적 속성은 그 대상에 대한 생각에 수반되는 감정(좋다 또는 싫다)이며, 그리고 행동적 속성은 그 대상에 대하여 어떤 행위를 하려는 의도(준비성)를 의미한다. 태도는 연습만을 한다고 해서 학습되는 것도 아니고, 유의미한 언어적 설명에 의해서 학습되는 것도 아니다.

태도학습의 현상을 보면 첫째, 생각의 변화를 통해 학습되는 인지적 입장 둘째, 감정이 변함으로써 학습되는 정의적 입장 셋째, 행위에 수반되는 결과 즉 강화에 영향을 받으며, 특히 대리강화의 효과로서 모범적인 인간에 의한 시범보이기(human modeling)와 같은 행동적 입장 등이 있다.

다섯 가지 학습조건의 학습결과에 나타나는 학업성취의 예는 <표 7-1>과 같다.

표 7-1 학습조건과 학업성취의 예

학습조건	학습된 능력으로 결과되는 학업성취의 예
• 언어정보	컴퓨터 key 기능 외우기, 조선의 역대 왕을 진술하기
• 지적 기능 • 변별 -구체적 개념 -정의적 개념	 삼각형과 사각형을 구별하기 '아래'라는 공간적 관계 갖기 정의(正義)를 사용하여 '도시'를 분류하기

• 규칙 -상위규칙	물이 섭씨 100도에서 변하는 상태를 증명하기 지형과 위치가 주어졌을 때 그 지역의 강우량을 예언하는 규칙을 산출해내기
• 인지전략	낙엽을 처리하기 위한 새롭고 기발한 계획을 짜기
• 운동기능	농구공 슛하기, 널빤지의 모서리를 평평하게 깎기
• 태도	호텔에서 개인의 안전을 위해 안전대책을 마련하기, 좋아하는 운동으로 수영을 선택하기

2 | 교수목표

1) 교수목표 진술의 중요성

교실 칠판 좌측 상단에 '학습목표'라고 지울 수 없는 글씨가 있다. 어떤 선생님은 그것을 활용했을 것이고, 어떤 선생님은 잘 활용하지 않았을 것이다. 그것을 활용한 선생님은 학습목표의 중요성을 알고 있는 선생님임에 틀림없다. 칠판에 진술된 학습목표는 대단히 유용한 가치를 지닌다. 학생들이 단순하게 읽은 학습목표는 학생들로 하여금 이 시간 또는 다음 시간에는 무엇을 학습해야 되는지를 예측하게 한다. 어떤 학생은 쉬는 시간에 또는 집에서 미리 예습할 수도 있을 것이고 아니면 그것에 대해 생각이라도 할지 모른다. 이러한 행동은 이미 학습활동에 임한 것이며 앞으로의 수준 높은 학습이 보장될 것으로 보아도 무방하다.

이와 같이 진술·제시된 교수목표는 앞으로의 교수-학습활동에 지대한 영향을 미친다. 교수목표의 중요성을 열거하면 다음과 같다.

첫째, 교수목표는 학습의 방향을 예측하게 하고 촉진시킬 수 있다.

둘째, 교수목표는 교사의 교수활동의 준비, 방향, 절차 등의 지침이 된다.

셋째, 교수목표는 적합한 교수방법, 교수자료 및 매체의 선정과 적용을 가능케 한다.

넷째, 교수목표는 교수-학습 활동에 대한 평가의 준거가 된다.

또한 교수목표의 진술 및 제시는 학생과 교사 간의 약속이다. 예를 들어, '100m 달리기'라는 단원을 가지고 체육시간에 임하는 교사가 운동장에 나가고 싶지 않으면 교실에서 이론수업으로 대치할 수도 있을 것이다. 그러나 차시목표로서 '100m를 뛸 수 있다'라는 목표를 제시했었다면 교실에서 수업을 할 수 없을 것이다. 마땅히 학생들은 운동장에 집합하거나 아니면 벌써 100m 트랙에서 뛰는 연습을 하고 있을지도 모른다. 이렇게 교수목표의 제시는 교사와 학생의 약속으로 작용할 수도 있다.

한편, 교수목표는 가능한 구체적이고 상세하게 진술 · 제시되어야 한다.

'100m를 뛸 수 있다'라는 정도의 목표가 제시되면 아마도 학생들은 100m만 뛰면 된다고 생각할지도 모른다. 그러나 '100m를 15초 이내에 뛸 수 있다'라고 제시했다면 15초 이내에 뛰지 못한 학생들은 계속해서 연습을 하거나 다시 뛰고자 할 것이다.

2) 교수목표 진술방법

교수목표 진술, 제시, 상세화의 중요성에 대해서는 1943년 Ralph Tyler가 학습내용과 행동을 동시에 제시해야 한다고 처음으로 제시한 후로 Robert Mager(1975), Normane Gronlund(1988) 등 많은 학자들이 논의해 왔다. 여기에서는 교수목표 상세화에 가장 접근되는 Mager의 진술방식과 Gronlund의 진술방식을 제시하고자 한다.

Mager의 교수목표 진술방법의 기본 조건은 다음과 같다.

- 가능한 조건이나 상황을 포함시킨다.
- 가능한 목표달성 수준, 즉 준거를 제시한다.
- 학습자의 도착점 행동으로 진술한다.

Mager의 진술방식의 예를 들어보면 다음과 같다.

- 현미경을 통해서 세포의 핵, 세포막, 액포, 미토콘드리아를
  (조건 또는 상황) (준거)
  그릴 수 있다.
  (도착점 행동)
- 트랙에서 100m를 15초 이내에 뛸 수 있다.
  (조건) (준거) (도착점 행동)

이와 같은 교수목표 진술방법에서 고려할 사항으로는 모든 교수목표에 반드시 상황이나 조건을 제시하는 것은 아니며, 준거를 반드시 포함해야만 하는 것은 아니다. 다만 이와 같은 진술 조건들을 가능한 교수목표 진술에 반영시킴으로써 교수목표가 보다 상세화되어 학습자의 학습수준 및 방향설정에 도움을 주고자 하는 것이다.

또한 목표의 진술에 앞서 목적 진술을 선행해야 한다는 것을 강조하는 Gronlund의 진술방식을 알아 둘 필요가 있다. 왜냐하면, 구체적인 교수목표들을 달성해야 하는 이유는 목표보다 상위의 개념인 목적에 있기 때문이다. Gronlund의 진술방식은 먼저 목적 진술을 하고 그 아래 목표 진술을 함께 제시하는 것이다. 이 때 목적 진술이 '~을 이해하기 위하여' 정도의 진술이라면, 목표 진술은 '~을 이해하기 위한 구체적인 교수-학습 활동에 관련된 보다 상세화된' 진술수준이다.

예를 들어, '세포의 구조'에 관한 내용을 Gronlund의 방식으로 진술해 보면 다음과 같다.

1. 세포의 구조를 이해한다(목적 진술).
1-1. 현미경으로 관찰한 세포의 핵, 세포막, 액포, 미토콘드리아를 그릴 수 있다(목표 진술).
1-2. 세포의 핵, 세포질, 원형질, 액포의 기능을 설명할 수 있다(목표 진술).
1-3. 세포질과 원형질을 구분할 수 있다(목표 진술).

위의 예에서 '세포의 구조를 이해한다'는 진술은 '목적 진술'로서 수업의 목적을 말한다. 이 '목적 진술'에서의 동사는 명세적인 행위동사가 아니라도 좋다. 이 때 사용하는 동사는 의사전달을 위한 동사면 된다. 그러나 목적 진술 다음에 나오는 1-1, 1-2, 1-3항은 목적을 달성하기 위한 구체적인 '목표 진술'로서, 이 '목표 진술'에서 사용되는 동사의 형태는 '그릴 수 있다', '설명할 수 있다', '구분할 수 있다', '쯸 수 있다'와 같이 구체적인 행위동사로 진술되어야 한다. 이 목표의 달성은 학생이 수업 후에 나타내야 할 구체적인 학습된 행동인 것이다.

또 하나의 예를 진술하면 다음과 같다.

1. 갑오경장을 이해한다(목적 진술).

1-1. 갑오경장이 일어나게 된 직접적인 원인을 3가지 이상 열거할 수 있다(목표 진술).

1-2. 갑오경장 핵심인물의 이름을 3명 이상 열거할 수 있다(목표 진술).

1-3. 갑오경장이 우리나라의 근대화에 미친 영향을 설명할 수 있다(목표 진술).

1-4. 갑오경장의 역사적 의의를 자신의 표현으로 설명할 수 있다(목표 진술).

한편, 대부분 학교에서의 교과교육에서는 Gronlund의 진술방식을 활용함에 있어서 목적 진술은 소단원 수준이 된다는 것을 참고하면 좋을 것이다. 특히, Gronlund의 진술방식은 교과교육이 아닌 일반적인 교육 프로그램에서 목적을 제시하는 데 유용하게 적용될 수 있을 것이다.

이상의 Mager와 Gronlund의 진술방식을 살펴보면, 목적 진술을 강조하는 데는 Gronlund의 방식을 채택하고, 보다 구체적이고 상세화된 목표 진술을 위해서는 Mager의 진술방식을 참고하면 된다. 이렇게 볼 때, Mager와 Gronlund의 진술방식을 적절히 혼용하여 목적 및 목표를 진술하는 것이 가장 바람직할 것이다.

이상의 진술을 통해서 교수목표의 상세화 방안을 요약하면 다음과 같다.

첫째, 학습내용과 행동을 동시에 진술한다.
둘째, 학생을 중심으로 진술하되, '학생은'은 생략한다.
셋째, 학습 후에 기대되는 학습행동(도착점 행동)으로 진술한다.
넷째, 목적 진술에서 사용하는 동사는 의미의 전달만을 위한 동사면 충분하다.
다섯째, 목표 진술에서의 동사는 반드시 구체적인 행위동사이어야 한다.
여섯째, 가능한 조건, 상황, 준거를 포함시켜 진술한다.

상세한 교수목표 진술을 위하여 행동별 명세적 행위동사를 제시하면 <표 7-2>와 같다.

표 7-2 인지적 행동과 명세적 동사

행동	하위영역	명세적 행위동사	일반수업목표
지식	용어에 관한 지식	정의하다, 구별하다, 습득하다, 확인하다, 재생하다	공통용어를 안다. 특정 사실을 안다. 방법과 절차를 안다. 기초 개념을 안다. 원리를 안다.
	특수 사실에 관한 지식	재생하다, 습득하다, 확인하다	
	형식에 관한 지식	재생하다, 확인하다, 습득하다	
	경향과 순서에 관한 지식	재생하다, 확인하다, 습득하다	
	분류와 유목에 관한 지식	재생하다, 확인하다, 습득하다	
	준거에 관한 지식	재생하다, 확인하다, 습득하다	
	방법론에 관한 지식	재생하다, 확인하다, 습득하다	
	원리와 통칙에 관한 지식	재생하다, 확인하다, 습득하다	
	이론과 구조에 관한 지식	재생하다, 확인하다, 습득하다	

이해	번역	번역하다, 변형하다, 자기 말로 표현하다, 예시하다, 준비하다, 읽다, 나타내다, 변화시키다, 다른 말로 바꾸어 말하다, 재진술하다	사실과 원리를 이해한다. 언어자료를 해석한다. 도표와 그래프를 해석한다. 언어자료를 수학공식으로 바꾼다. 자료에 함축된 미래의 결과를 추정한다. 방법과 절차를 정당화한다.
	해석	해석하다, 재정리하다, 재배열하다, 구분하다, 구별하다, 만들다, 그리다, 설명하다, 논증하다	
	추론	추정하다, 추리하다, 결론을 내리다, 예측하다, 구분하다, 결정하다, 연장하다, 필요한 사항을 써 넣다. 유도하다	
적용	적용	적용하다, 일반화하다, 연관 짓다, 선택하다, 발전시키다, 조직하다, 사용하다, 이용하다, 변경하다, 재구성하다, 분류하다	개념과 원리를 새로운 장면에 적용한다. 법칙과 이론을 실제 상황에 적용한다. 수학문제로 푼다. 도표와 그래프를 작성한다, 방법과 절차를 바르게 사용한다.
분석	요소의 분석	구별하다, 찾아내다, 확인하다, 분류하다, 식별하다	진술되지 않은 가정을 알아낸다. 논리적 모순을 알아낸다. 사실과 추리를 구별한다. 자료의 적절성을 평가한다. 작품의 조직적 구조를 분석한다.
	관계의 분석	분석하다, 대조하다, 비교하다, 구별하다, 연역하다	
	조직원리의 분석	분석하다, 찾아내다, 연역하다	
종합	독특한 의사전달의 창안	쓰다, 말하다, 관련짓다, 생산하다, 구성하다, 전달하다, 창작하다, 수정하다, 문서로 증명하다	잘 구성된 글을 쓴다. 잘 짜여진 연설을 한다. 창작을 한다. 실험계획을 세운다. 상이한 영역의 학습을 통합한다. 대상을 분류하기 위한 새로운 설계를 구성한다.
	계획의 작성 또는 조작의 창안	제안하다, 계획하다, 산출하다, 수정하다, 열거하다	
	추상적 관계의 도출	산출하다, 도출하다, 전개하다, 결합하다, 조직하다, 종합하다, 분류하다, 연역하다, 형성하다, 수정하다	
평가	내적 준거에 의한 판단	판단하다, 입증하다, 인증하다, 평가하다, 결정하다	작품의 논리적 일관성을 판단한다. 결론의 적절성을 판단한다. 작품의 가치를 판단한다.
	외적 준거에 의한 판단	판단하다, 입증하다, 고려하다, 비교하다, 표준화하다, 평가하다	

3 | 학습지도안

1) 학습지도안의 중요성과 종류

학습지도안은 교사가 가르칠 내용과 교수목표를 가지고 어떻게 교수-학습 활동을 전개할 것인가를 계획하고 설계해 놓은 계획안이다. 학습지도안은 실제 수업을 통제하고 조정하는 역할을 한다.

교수-학습 지도에 관련된 계획은 크게 장기계획과 단기계획으로 구분할 수 있다. 장기계획에는 연간계획, 월간계획, 단원지도의 계획을 들 수 있으며, 단기계획에는 주간계획, 일일계획, 시간계획을 들 수 있다. 장기계획은 학교 전체의 경영계획의 의미를 가지는 교육과정의 운영계획이나 교과별 내용과 시수 등을 제시하는 것이다. 그리고 단기계획은 보다 구체적이며 현실적인 지도계획으로 각 교과의 일반 목표를 달성하기 위해 대단원, 중단원, 소단원으로 내용을 나누어 조직한다. 대단원에서 소단원으로의 조직은 나선형 구조의 계열에 의해 구성되는 것이 일반적이다. 이러한 여러 형태의 계획들은 모두가 교수-학습을 위해서 조직된다. 특히, 가장 구체적이며 정밀한 교수-학습 계획에 관련된 시간계획의 형태를 지니는 한 단위의 소단원을 조직하는 학습지도안은 직접적인 교수-학습 활동을 위한 계획안이 된다.

2) 학습지도안의 기능

학습지도안의 교수-학습 활동을 통해 소기의 목적을 효과적·효율적으로 성취하도록 하는 기능을 가진다.

구체적인 학습지도안의 기능을 열거하면 다음과 같다.

첫째, 교사의 교수활동의 방향을 지시한다.

둘째, 교수하고 학습해야 할 교수-학습 목표가 무엇인지를 알게 한다.

셋째, 교수-학습할 내용을 체계적으로 보여 준다.

넷째, 교수활동과 학습자활동을 예측하고 안내하는 지침서 역할을 한다.

다섯째, 교수-학습 활동의 전체적인 맥락을 제시한다.

여섯째, 학습자의 학습진로상황을 명시한다.

일곱째, 유용한 교수-학습 자료를 준비하게 한다.

여덟째, 학습내용과 학습경험의 제시순서와 계열을 안내한다.

아홉째, 적합한 교수-학습 방법을 안내한다.

학습지도안은 학생에게 학습시키고자 하는 교육내용을 지도함에 있어서 어디에 목표를 두고 어떤 방법으로 지도하여 어떻게 응용하고 연습하게 할 것인가를 계획적으로 제시하게 된다. 그러므로 학습지도안에는 수업에서 도달해야 할 목표가 분명히 제시되어야 하며, 수업의 전체 개요를 일목요연하게 표현할 수 있도록 작성되어야 한다. 그리고 선행학습과의 관련성, 지도할 내용과 학습활동, 필요한 자료와 지도활동, 평가방법 등이 포함되어야 한다. 또한 학습지도안은 학습내용의 성질이나 학습자의 요구수준, 경험, 그리고 학습상황 등에 따라서 융통성 있게 지도계획을 변경시킬 수 있도록 작성되어야 한다.

3) 학습지도안의 구성과 시간배정

학습지도안은 단원의 크기나 내용에 따라서 다르지만 일반적인 교수-학습 목표, 교수내용, 교사활동, 학생활동, 교수-학습 방법, 교수-학습 자료 및 교수매체 등이 포함된다.

수업을 위한 학습지도안 작성에 있어서 그 시간배정은 일정하지 않으나 일반적으로 다음 [그림 7-2]와 같다.

주로 일반 교과에 관련된 학습지도안은 도입, 전개 및 발전, 정리 및 평가단계로 나누어지는데, 도입단계는 수업의 초반부 10%, 전개 및 발전단계 65%, 나머지 정리 및 평가단계 25% 정도를 할당하는 것이 일반적이다.

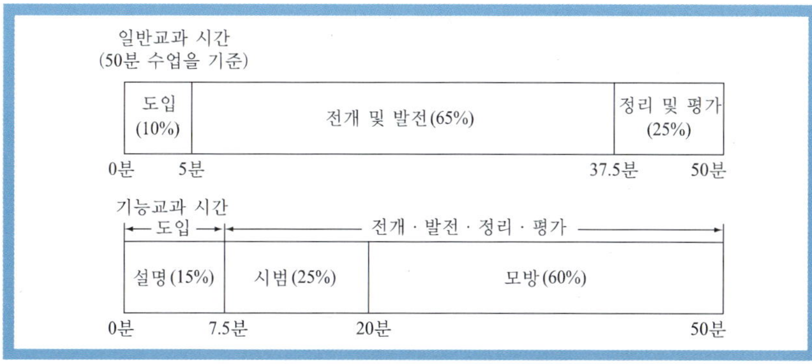

그림 7-2 학습지도안 구성요소의 시간배정

그리고 기능(skill) 교과에 관련된 학습지도안은 설명, 시범, 모방 단계로 나누고, 설명단계는 앞부분 15%, 시범단계 25%, 모방단계 60% 정도를 할당한다. 한편, 기능교과인 경우도 과제의 특성에 따라서 차이는 있지만, 수업의 기본구조이며 활동인 도입, 전개 및 발전, 정리 및 평가의 활동이 설명, 시범, 모방의 단계에서 포함되는 것을 전제로 해야 한다. 실기 중심 교과의 학습지도안의 예시는 부록에 제시되어 있다(상업교과, 체육교과, 음악교과, 미술교과 등).

4) 학습지도안 구성요소 및 활동

여기에서는 일반교과의 학습지도안을 중심으로 도입(introduction), 전개 및 발전(development), 정리 및 평가(review and evaluation) 단계의 교수-학습 활동을 설명하고자 한다.

(1) 도입단계

가. 도입의 목적

① 주의집중과 흥미유발
② 수업의 전체장면 소개
③ 학습분위기 조성
④ 전시수업과 관련짓기
⑤ 수업의 목적과 구체적인 목표의 소개
⑥ 학습과제의 중요성 제시

나. 도입의 주요활동

① 교수목표 제시

- 학습자의 이해수준에서 제시
- 전시와 관련해서 제시
- 수업의 기대되는 성과와 관련해서 제시

② 학습내용의 소개

- 학습내용 구조 제시
- 학습내용에 관련된 에피소드나 일화 제시
- 자극적 질문이나 유도적 질문으로 제시
- 다양한 시청각자료로 제시

③ 학습동기 유발

- 충격적 사건 제시
- 역사적 사건 제시
- 다양한 시청각자료로 제시

다. 도입의 유형

도입활동의 몇 가지 유형을 살펴보면 다음과 같다.

① 복습형(review type)

이 유형은 전시(前時)에서 다룬 내용 또는 기초학습인 선행 학습 과제, 즉 지식이나 기능 또는 태도 등을 복습 정리하면서 수업을 시작하는 형태이다. 예를 들어 '지난 시간에 기업의 3가지 관심사인 안전성, 환경의 보호, 수익성에서 그 중요성의 우선순위를 공부했는데, 이 번 시간에는 다음과 같은 학습목표를 가지고 그 중요성의 이유들을 알아보기로 하겠습니다'라는 식으로 전시의 학습내용을 상기하여 복습하면서 수업을 시작하는 것이다.

복습으로 시작되는 수업에서는 학생들로 하여금 전시의 학습내용을 분명히 재확인시킴으로써 부담 없고 부드럽게 수업을 시작할 수 있게 한다.

② 토픽형(topical type)

토픽형은 최근에 TV나 신문 등에서 소개된 주제 또는 사건을 수업에 끌어들이면서 수업을 시작하는 형태이다. 이 방법은 수업을 실제 친숙한 생활과 생생하게 관련시킴으로써 생동감 있게 출발하는 것이다. 예를 들어, '며칠 전 TV에 소개된 「재활용품 활용」이란 교양 프로그램에서는 재활용품 분류방법, 수거방법 등을 다루었는데, 이 시간에도 그와 관련해서 ~을 공부하기로 하겠습니다'라는 식으로 수업을 시작하는 것이다. 토픽형은 수업의 주제와 친숙한 실생활과 관계 지우는 것으로 학습자의 관심과 실제 적용에 도움을 줄 수 있다.

③ 역사적 사건의 소개

이 유형은 적절한 역사적 사건을 소개하면서 수업을 시작하는 형태이다. 예를 들어, 스톡홀름 증세(Stockholm Syndrome)라는 말이 있다. '오래 전 스톡홀름에서 무장강도들이 은행원들을 인질로 삼고 며칠 동안 경찰과 대치하는 사건이 있었습니다. 이 과정에서 은행장은 은행원들의 안전을 위해 최선을 다했으며, 은행원들도 서로 동료심을 발휘했습니다. 한편, 며칠 동안 은행원들은 강도들과 함께 생활했는데, 며칠 사이에 은행원들은 강도들과 친숙해졌을 뿐만 아니라 풀려난 후에도 강도들의 행위를 이해시키려고 했습니다. 이들은 오히려 강도들의 입장을 지지하면서 사회 또는 은행의 부조리와 부정을 지적하기도 하고, 강도들의 행위는 부의 축적을 사회에 되돌려지게 하려는 노력이었습니다'고 주장했다는 한 사건이 있었다. '이러한 스톡홀름 증세는 우리 사회에서도 적용될 수 있습니다. 이 시간에는 직장에서의 인간관계 형성과 조화에 관해서 공부하기로 하겠습니다'와 같은 방법이다.

역사적 소개방법은 흥미를 일으킬 수 있는데, 주의할 것은 사건의 소개에 너무 많은 시간을 투입하거나 깊이 빠지지 말고, 재빠르게 본 수업으로 옮겨져야 한다는 것이다.

④ 충격적 사건의 소개

충격적 소개방법은 극적이다. 이 방법으로 수업을 시작하면 학생들이 현실감 있게 수업에 참여한다. 예를 들어, '2004년 우리나라 14세 이하 어린이교통사고 사상자가 약 2만8천명에 달해 OECD국가 중 1위를 차지하고 있다는 보도(2005. 11. 29. 세계일보)가 있습니다. 이 시간에는 교통사고 방지를 위한 대책이나 방법들에 대해서 공부하기로 하겠습니다'와 같이 수업에 충격적인 사건을 도입하는 것이다.

이 방법은 학생들의 흥미를 유발시키고 주의를 집중시키는 데 효과적이다.

(2) 전개 및 발전단계

이 단계는 수업이 본격적으로 이루어지는 수업의 본체이다. 이 단계에 와서 비로소 본시의 수업내용을 직접적으로 다루면서 점진적으로 새로운 교수-학습 활동을 통한 학습의 깊이를 더해 간다.

가. 전개 및 발전단계의 목적

① 학습의 주제를 점진적으로 발전시켜 나가거나 해결해 나가기 위한 것이다.

② 자료에서 논리적 순서와 계속성을 보장하기 위한 것이다.

③ 학생들을 집단적으로 또는 개별적으로 수업에 참여시키기 위한 것이다.

④ 수업방법이 다양하고 생생함을 보장하기 위한 것이다.

⑤ 학습시간과 학습자원을 효율적이면서 효과적인 방법으로 관리하기 위한 것이다.

나. 교수활동

① 학생들이 이미 알고 있는 것과 새로운 주제와 관련된 내용을 기억하게 한다.

② 학생들에게 새로운 지식, 기술 또는 태도 등을 제시한다.

③ 학생들을 격려하면서 학습지도 한다.

④ 학생들이 배운 내용을 연습시킨다.
⑤ 학생들에게 구체적으로 어떻게 해야 하는지를 말해 준다.

다. 학습자활동 유도

① 질문 : 학생들에게 질문하여 그들의 지식과 기술, 태도와 경험을 넓히고 이를 확인한다. 학생들의 반응이 학습을 위한 기본 자료로 활용되도록 해야 한다.

② 토론 : 토론을 통하여 학생들이 직접 분석하고, 비교하고, 탐색하고, 적용하고, 처리하도록 유도한다.

③ 과제부여 : 과제부여는 학생들로 하여금 직접적으로 학습활동에 참여하도록 하기 위한 것이다. 과제는 공통과제, 학생의 선택·해결할 수 있는 다양한 과제, 학생들이 협동하여 과제를 해결할 수 있는 협동과제 등으로 부여하는 것이 좋다. 특히, 교사는 과제의 해결 및 과정에 대해서 격려해야 한다. 또한 역할놀이, 모의학습, 게임 등의 형태도 유용한 방법이 된다.

④ 노트정리 : 학습시간에 노트를 정리하는 것을 격려하여 학습과제에 관한 주의집중을 유도한다. 그러나 무조건 받아쓰게만 하지 말고 중요한 것을 선택적으로 노트하도록 하여 이해하면서 노트하는 습관을 가지도록 해야 할 것이다.

라. 전개 및 발전단계의 조직과 활동

이 단계는 수업시간의 약 65% 이상을 차지하는 수업의 본체이다. 따라서 이 단계에서는 시간계획과 조직적인 교수-학습 활동의 전개 및 발전이 대단히 중요하다.

학습지도안의 기본구조 <표 7-3>에서 보듯이 전개 및 발전단계는 기본적으로 제시와 검토단계, 해석단계, 적용단계로 나눌 수 있다.

전개 및 발전단계의 구체적인 활동을 보면 다음과 같다.

① 제시와 검토단계

이 단계는 학습내용을 제시하고 학생들이 학습하고 검토하는 단계이다. 학생들은 학습자료(내용)를 읽거나 보고 생각하도록 요구받는다. 이 단계에서 교사는 학생들이 학습에 참여하고, 그 내용을 분석하도록 한다.

이 과정이 끝나면 학생들은 무엇을 보았으며, 무엇을 알았는지 등의 질문을 받는다. 이 단계에서 교사의 질문은 대부분 사실(facts) 수준에 관한 것이다. 이 단계에서 학생들은 지식을 적극적으로 획득하고, 그 지식을 다음 단계에서 활용한다.

② 해석단계

전개 및 발전의 두 번째 단계에서 학생들은 그들이 검토한 내용을 생각하고 그것이 의미하는 바를 설명하도록 한다. 이 단계에서는 토론이 주된 활동이 된다.

이 단계에서 대부분의 수업활동이 전개된다. 교사의 질문은 학생들이 배우고 검토한 배운 내용에 대한 의미를 말하도록 하는 해석(interpretation) 수준에 관한 것이다. 학생들은 검토했던 지식의 의미를 알게 되고 다음 단계에서 그것을 적용하게 된다.

표 7-3 수업의 기본구조

시 간(분)	단 계	하 위 단 계	주 요 활 동
5 10	도입	교수-학습 목표 제시	· 전시와의 연결 · 학습동기 · 목표제시
15	전개 및 발전	제시와 검토단계	· 참여 · 분류 · 이름 붙이기
20		요약1	재생
25		해석단계	· 확인 · 설명 · 결론
30		요약2	재생
35		적용단계	· 연습 · 격려

40			· 교정
		요약3	재생
	정리 및 평가	전체적 요약	전체적 파지
45		완전학습을 위한 연습	· 강화 · 도전 · 평가
50		차시와의 연결	연계

③ 적용단계

전개 및 발전의 마지막 단계가 적용이다. 학생들은 그들이 학습한 것을 실제에 적용해 보도록 요청받는다. 실습, 연습, 격려, 교정 등이 이 단계의 주된 활동이 된다. 따라서 교사의 질문은 학습결과에 대한 평가에 관한 것이다.

이 마지막 단계에서 학생들은 그들이 학습한 결과의 효과를 검증하게 된다. 학생들의 학습결과에 대한 평가 및 효과의 검증이 이 단계에서의 필수적인 활동이다. 이러한 피드백을 위해서는 다음과 같은 수행이 필요하다.

- 각 단계의 주요 학습내용을 요약한다.
- 교과의 요약을 칠판에 써 놓는다.
- 학생들로 하여금 그들의 노트에 필기하도록 한다.
- 교사가 학습자료에 있는 내용을 변형해서 질문하게 한다.

(3) 정리 및 평가단계

정리 및 평가단계는 수업의 종결부분이다. 이 단계에서는 그 시간에 학습한 중요점을 강조한다.

가. 정리 및 평가단계의 목적

정리단계의 주된 목적은 학생들에게 다음과 같은 것을 할 수 있도록 기회를 마련해 주는 것이다.

① 완전학습 될 때까지 그들의 학습을 연습하게 한다.
② 그들의 학습을 파지하고 동화하게 한다.

③ 학생들의 학습된 내용을 직업과 관련해서 실제 활동을 적용하게 한다.

④ 학생들의 학습된 질을 실제 생활이나 모의상황에서 평가해 보도록 한다.

⑤ 학생들의 학습된 바를 단지 여러 단편적 지식의 집합으로서가 아니라 전체적(통합적) 측면에서 평가한다.

나. 정리 및 평가활동

① 학습자가 배운 바를 정리한다.

② 학습자의 완전학습된 수준을 평가한다.

③ 학습자가 배운 바를 직업이나 일에 관련해서 새로운 상황에서 적용하는 일을 돕는다.

다. 정리 및 평가단계의 조직

정리단계에서는 다음과 같은 4가지 절차가 이루어지도록 한다.

① 전반적인 학습의 개괄

전개 및 발전단계에서의 정리가 학습된 결과를 학습내용별로 정리한 것이라면, 이 단계에서의 정리는 수업목적에 따른 전체적인 정리라고 할 수 있다. 여기에서 전체(whole)는 각 부분(parts)의 합 그 이상이라는 것을 기억해야 한다. 즉 통합(intergrate)이라는 말이 더 적합할 것이다.

② 연습(practice)

다른 단계에서는 연습이 있게 마련이다. 그러나 이 단계에서의 연습은 전체적인 학습을 강화하는 것으로 설계되어야 한다. 즉 완전학습을 위한 연습을 말한다.

③ 완전학습을 위한 기회제공

완전학습을 위해서는 학습결과를 검사할 수 있는 학습과제나 문제들을 제공해야 한다. 도전은 학습자가 그들의 학습된 바를 실제와 관련해서 새로운 상황에 적용해보려 할 때 생기는 것이다.

④ 완전학습의 평가

이 단계는 연습과 도전이 주요 활동이 된다. 그러나 결과적인 학습능력에 대한 평가를 통해서 기대했던 학습목표 달성수준을 파악하는 활동도 중요하다.

여기에서의 평가는 형성평가의 개념으로서, 경우에 따라서는 완전학습을 위한 또 다른 교수활동을 보충할 수도 있다.

이상과 같이 모든 과정이 끝나면 다음과 같은 활동으로 시간을 맺는다.

- 다른 질문이 더 없는가?
- 참고도서, 자료 등을 소개한다.
- 다음 시간에 배울 내용을 간단히 소개한다.

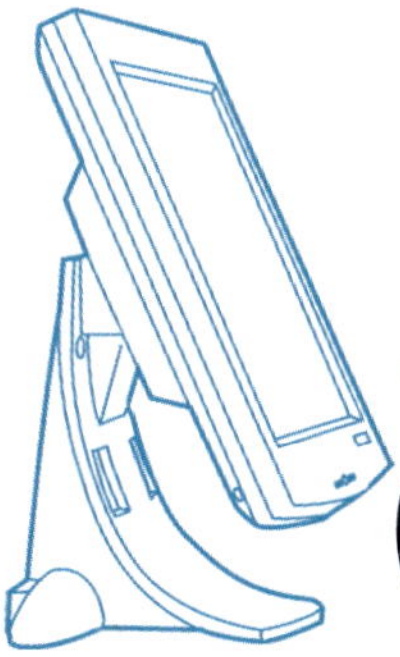

Chapter 08 교수매체 활용

생각하기

수업은 정보와 지식을 전달하는 교사와, 정보와, 지식을 직접 사용하거나 전달받는 학습자, 그리고 정보와 지식(수업내용)의 구성요소로 이루어지게 된다. 교수매체는 수업 구성요소의 공통요소인 정보와 지식을 전달하는 방법의 하나이다. 간단히 말하자면, 학습자에게 전달되어야 하는 수업내용이 보다 쉽게 전달 또는 이해될 수 있도록 하는 매개적 기능을 가지는 각종 매체를 말하는 것이다. 그러므로 어떤 지식과 정보를 전달하는 데 어떤 매체를 사용할 것인가 하는 것을 결정하는 것은 수업의 효율성을 높이기 위한 필수적인 조건이 된다.

본 장에서는 교수매체의 개념과 현재 교육현장에서 활용되고 있는 다양한 교수매체에 관련된 여러 가지 정보를 탐구하고, 특히 21세기 교육현장에서 다양하게 활용될 컴퓨터 및 멀티미디어의 교육적 활용에 대하여 살펴보고자 한다.

1 | 교수매체의 개념과 역할

1) 교수매체의 개념

매체라는 용어는 라틴어의 medius에서 유래된 말로 between의 의미를 내포하고 있다. 매체는 정보전달과정 속에서 전달을 위해 사용되는 모든 형태와 채널을 의미한다(권성호, 1995). 즉 정보의 원천과 수신자 간에 정보를 전달하는 다리의 역할을 하는 것이라 할 수 있다. 그 역할의 도구는 다양한 형태의 하드웨어와 소프트웨어를 동시에 포함한다.

그리고 교수매체란 수업 목적의 달성을 위하여 사용되는 일체의 자료라고 할 수 있다. 즉 수업활동에 동원되는 모든 기기와 자료를 의미하는 것으로서, 교수활동과 학습활동을 촉진시키기 위한 도구가 바로 교수매체이다. 교수-학습 과정은 교사와 학습자 간의 의사소통의 과정이라고 할 수 있다. 그리고 교수매체는 그러한 의사소통과정에 효과성을 부여하기 위하여 활용되는 각종 기기와 자료 및 그에 포함되어 있는 정보와 지식을 총칭하는 것으로 판단할 수 있다.

특히 매체가 가지고 있는 가장 강력한 기능은 의사소통을 지원하는 것이다. 매체는 다양한 형태의 의사소통 장치를 의미하며 (Heinich, 1988), 시각자료나 청각자료 또는 시청각자료나 각종 기호 등으로 제시된다. 이러한 형태는 문자, 그림이나 도표, OHP, 슬라이드, 동화상 등의 자료로 제시된다. 이와 같이 매체는 다양한 형태로 자료를 제시해 줌으로써 교사와 학생간의 의사소통을 촉진하고, 나아가 수업 효과를 증진시킨다.

또한 교수매체는 교수-학습 과정에서 학습에 자극을 부여할 수 있는 사물이나 구성요소를 의미하며, 교수-학습을 지원하는 모든 물적 지원뿐만 아니라 이를 위하여 동원되는 인적 자원까지도 포함하게 된다. 이 경우 교수매체의 범위는 광범위해져 교사, 교과서 및 학교도 매체의 범주에 속하게 된다. 매체의 개념을 협의로 해석하면 시각적 · 언어적 정보를 전달하는 데 사용되는 회화, 사진을 포함하여 영화, 방송, 컴퓨터 등 기계적 또는 전자적 도구를 말하게 된다.

일반적으로 교수매체는 교재(instructional material)와 교구(instructional equipment)로 구성된다. '교재'는 교수자료라고도 불리며 교수-학습을 위한 각종 자료로서 교구의 개념과는 다르다. 즉 교구는 하드웨어적인 측면이 강하며 교재는 소프트웨어적인 측면이 강하다. 이것은 교재가 학습자에게 전달되는 정보와 지식을 직접적으로 담고 있는 물리적인 영역이라면 교구는 교재를 다양하게 사용할 수 있는 물리적인 영역인 것이다. 이것을 음악에 비교한다면, 교재는 음악을 담고 있는 카세트테이프나 CD-ROM타이틀과 같은 것이고, 교구는 카세트테이프 플레이어나 CD 플레이어를 말할 수 있다.

이러한 교수매체의 필요성은 정보화 시대에 부응하기 위하여 점차 강조되고 있다. 전통적인 교육방법에 있어서 칠판과 인쇄라는 단일매체를 활용한 교육이 있어 왔다. 즉 '교과서'라는 단일매체를 중심으로 칠판과 교사의 언어에 의존한 교육을 해 왔다. 그러나 최근의 교수매체를 활용한 교육은 지금까지의 단일매체 교육에서 탈피하여 다양한 교수매체를 사용하는 교수-학습 방법을 활용하는 것이다. 다양한 교수매체란 우리의 감각기관 모두를 통한 교육, 즉 학습내용이나 자율학습 프로그램을 제시할 때 다양한 매체 형태를 일정한 순서 또는 동시적으로 활용하는 방법을 의미한다. 이와 같이 교수-학습 방법에 있어서 효율적이고 효과적인 수업이 되기 위해서는 학습자들을 위한 다양한 학습 환경을 조성할 필요가 있다. 따라서 이러한 학습 환경은 다양한 교수매체들로 구성된 학습자료센터의 형태를 갖게 되고, 교사와 학생들은 그 안에서는 그들 스스로의 학습과제를 해결해 나가는 장소로서의 활용이 필요하게 된 것이다.

2) 교수매체의 특성

매체의 특성은 학습하게 될 정보의 표현 특징과 결합하여 매체 선택의 기준이 된다. 교수매체는 교수-학습 과정에서 다음과 같은 특성을 지니고 있다.

첫째, 교수매체는 학습의 속성을 가지고 있다. 학습이라 새로운 정보의 습득을 말하므로 정보의 전달은 학습을 야기할 수밖에 없다. 그러므로 매체를 접하는 개인은 의식적으로든, 무의식적으로든 새로운 정보를 접하게 되고, 이를 통하여 학습이 이루어지게 된다.

둘째, 교수매체는 의사소통을 촉진하는 속성을 가지고 있다. 우리가 학습자의 정보습득을 위하여 수업, 학습이라는 용어를 사용하는데 바로 수업과 학습에서의 정보의 습득은 의사소통을 통하여 이루어지고 있다. 의사소통이란 정보를 가지고 있는 사람으로부터 정보가 필요한 사람에게 정보가 전달되는 과정을 말한다. 따라서 의사소통이 어떻게 이루어지느냐에 따라 학습의 효과성, 효율성이 결정된다고 할 수 있다. 매체란 바로 이러한 의사소통을 촉진하는 것을 기본 목적으로 하고 있으므로 정보습득과 깊은 관련성을 가지고 있다.

셋째, 교수매체는 흥미유발과 학습자의 적극적인 학습활동으로 인상적이고 기억에 오래 남는 학습을 할 수 있게 한다. 최근 게시물, 광고 등에서 증대되고 있는 시각적 메시지는 학습의 동기를 부여하고 학습자 스스로의 힘으로 사고를 전개할 수 있도록 한다. Heinich(1988)에 의하면, 시각적 메시지의 중요성을 다음과 같이 설명하고 있다. 대부분의 사람들은 수업에서 약 10%를 들음으로써 배우고, 80% 이상은 보는 것으로 배우며, 들은 것의 약 20%만을 기억하나 보고 들은 것은 약 50% 이상을 기억한다고 하였다. 이와 같이 모든 정보를 시각적 메시지로 전달 가능하도록 만들고 있는 것이 바로 매체인 것이다.

넷째, 학습자에게 공통된 경험을 제공해 준다. 각 학습자의 경험의 배경은 각양각색이어서 이로 인해 개인차가 발생한다. 매체를 통한 학습은 이러한 면에 있어서 각 학습자에게 어느 정도 공통된 경험을 제공한다.

다섯째, 교수매체의 활용에 따라 수업기법이 개발될 수 있다. 박영태(1995)에 의하면, 학습내용은 학습매체에 담겨서 전달되며, 학습내용을 다양하게 표현할 수 있도록 해 주는 것은 매체이므로 이 매체는 학습자의 능력 수준에 따라 학습내용이 표현양식도 효과적으로 전달해 줄 수 있다. 그러므로 교사는 매체의 활용을 통하여 정보의 효율적인 전달수단과 전달방법을 강구해야 하기 때문에 다양한 수업기법이 개발될 것을 보여진다.

위와 같은 특성을 가지고 있는 매체는 매체의 종류에 관계없이 보편적인 교육적 기능을 지니고 있다. 권성호(1995)는 이를 매개적 보조 기능, 정보전달 기능, 경험구성 기능, 교수 기능 등으로 정리하고 있다.

매개적 보조 기능은 교사가 수업의 보조 수단으로 매체를 사용하는 것으로 수업시간의 단축, 주의력 집중, 동기유발, 흥미유발 등의 효과가 나타난다.

정보전달 기능은 내용을 전달하기 위하여 매체를 사용하는 것으로 시공간을 초월하여 정보를 전달할 수 있고, 학습자가 여러 감각 채널을 통하여 내용을 수용할 수 있도록 다감각적으로 정보를 전달할 수 있다. 또 내용 특성에 적합한 상징으로 내용을 전달할 수 있다.

경험구성 기능은 매체 그 자체가 학습내용을 포함하고 있음으로써 매체의 활용을 통하여 그 매체에 관한 학습이 가능하다.

교수 기능은 매체를 효과적으로 구성, 활용하여 학습자의 지적 기능을 개발시키는 것이다.

3) 교수매체의 발달과정

대부분의 책들과 교수 공학자들은 교수활동에 매체를 사용하려는 최초의 노력으로 Comenius가 개발한 그림을 이용한 교과서인 『세계도회(*Orbus Pictus: The World of Pictures*)』를 꼽는다. 1658년에 Nuremburg에서 출판되었고, 미국에서 1810년까지 판매된 이 책은 그림과 단어들을 질문이나 다른 설명 없이 제시하여 학습자들이 스스로 단어를 공부할 수 있도록 한 것이 특징이다. 그림과 단어들이 제시된 총 분량은 150페이지로서 한 페이지마다 하느님, 세계, 공기, 나무, 사람 등 하나의 주제에 관련된 단어들과 그에 상응하는 그림들이 제시되었다(Sattler, 1990).

그러나 Comenisu의 Orbus Picuts보다 앞서 우리나라에서 교수-학습에 활용하기 위한 목적으로 책에 그림을 사용한 것이 있는데, 1549에 출간된 『부모은중경(父母恩重經)』이 그것이다. 『부모은중경』은 『목건력경』, 『우란분경』과 더불어 효경(孝經) 중의 하나로, 부모의 은혜를 가리며 효도할 것을 주제로 하고 있다. 『부모은중경』은 모두 10장으로 이루어져 있으며 조선시대에 읽힌 경전으로 조선 초기부터 삽화를 곁들인 판본이 유행했다. 특히 한글이 창제되고 나서는 언해본 출판도 성행했으며, 정조가 출간한 용주사(龍珠寺)본에는 한글과 한문이 병용되고 그림도 김홍도가 그린 것이어서 당시 사람들의 『부모은중경』에 대한 관심을 짐작하게 한다(변영계 · 김영환 · 손미, 2000).

학습자들에게 그림을 통하여 수업 내용을 설명하려고 한 시도는 오래 전부터 있었으며, 특히 우리나라가 외국에 비하여 매우 빠르게 이루어졌다. 이것은 국가적으로 필요한 덕목을 국민들에게 널리 알리기 위하여 문자이해력이 낮은 국민들을 대상으로 최고의 전달전략으로서 그림을 활용한 것으로 볼 수 있으며, 현대적인 교수매체활용의 원리와 그 맥락이 비슷하다고 할 수 있다.

매체를 본격적으로 교육현장에 적용하기 시작한 것은 20세기 초부터라고 할 수 있다. 20세기 초반에 학교부설 박물관에서 본격적인 교수매체가 활용되기 시작했으며, 초기에는 주로 초기 형태의 OHP, 슬라이드, 필름, 그림, 도표, 다른 전시자료 등을 구비하여 본격적인 시청각수업을 위한 지원센터의 구실을 하였으며, 이때부터 매체를 이용한 수업을 시각수업(visual instruction) 또는 시각교육(visual education)이라고 불렀다. 그리고 1902년에는 영국에서 최초의 교육용 영화를 상영하였고, 1920년대까지 교육용영화는 비약적으로 발달하였으나 이후에는 쇠락하기 시작하였다.

제2차 세계대전은 온통 모든 관심을 전쟁으로 집중시켰으며, 이러한 이유 때문에 상대적으로 학교에 대한 관심도 줄어들고, 따라서 학교에서의 매체의 활용에도 부정적인 영향을 주었다. 그러나 매체

제작 산업체와 군대에서의 매체의 활용에는 큰 활력이 되었다. 미국방성이 많은 수의 병사들을 단시간 내에 효과적으로 교육하기 위해서 영화만큼 효율적인 것이 없다는 것을 깨달았던 것이다. 실제 미군은 제2차 세계대전 중에 457개에 달하는 교육용 영화를 주문하였으며, 이 영화를 돌리기 위한 영사기만 해도 5,500개 이상을 구입하였다. 미군이 사용한 것은 영화와 영사기만이 아니었다. 적의 비행기와 선박을 구별하는 훈련을 위해 슬라이드가, 외국어의 훈련을 위해서는 녹음기가, 그리고 비행조종사의 훈련을 위해서 비행기 조종석과 흡사한 형태를 갖추어 비행기 조종을 연습할 수 있는 시뮬레이터 등 여러 가지 훈련용 매체가 활발히 제작되고 사용되기 시작했다.

제2차 세계대전 후에 많은 사람들은 매체의 교육적 효과에 대해 확신하게 되었고, 이것은 학교에서의 매체 활용에 대한 새로운 관심과 연구로 이어졌다. 이 때 행해진 연구들은 매체의 어떤 특성들이 학습에 영향을 주는지, 그리고 이런 특성은 얼마나 다양한 것들인지에 관해 초점이 모아졌으며, 나중에는 커뮤니케이션의 과정에 대한 연구들로 이어졌다.

1950년대는 미국에서 교수매체의 개발과 활용에 중요한 전환기가 되는 시점이다. 1958년에 있었던 구소련 인공위성 스푸트니크의 발사에 따른 쇼크로 미국은 이에 대응하기 위한 특별법을 만들게 되었고, 이 법은 교수매체의 개발과 활용을 위한 연구에 긍정적인 효과를 주었다.

1950년대 미국의 교수매체를 이용하기 위해 빼놓을 수 없는 것 하나는 텔레비전을 수업매체로 활용하려는 움직임이 광범위하게 일기 시작했다는 것이다. 이때의 텔레비전 프로그램은 각 학교에서 자체 제작하여 케이블을 통해 제공되었다. 그러나 1960년대에 이르러 교육용 텔레비전 방송의 효과에 대해 반론이 제기되기 시작하였다. 이 중 몇 가지를 들어 보면 첫째, 교사들이 수업시간에 텔레비전을 활용하는 것에 거부감이 있었으며, 둘째, 학교 내에서 방송시스템을 운용하는 데에 드는 비용이 만만치 않았고, 셋째, 수업현장에서 발생하는 여러 가지 요구를 텔레비전만으로는 해결할 수 없다는 것이었다.

1960년대에 이르러서 교수매체의 개발과 연구를 이끄는 대부분의 사람들은 시청각교육이라는 말이 가지는 역할과 폭이 확장되고 있음을 알게 되었고, 이러한 움직임은 결국 '시청각교육'을 '교육공학'을 거쳐 '교수공학'으로 변화시키는 데 일익을 담당하였다.

그리고 1970년대에는 교수매체에 대한 이론적인 기반에 완성되기 시작하였다. 특히 구성주의적인 교수매체를 활용할 수 있는 이론들이 완성되기 시작하였으나, 매체의 발달이 이론을 구현하기에 부족하였다. 1980년대에는 개인용 컴퓨터가 비약적으로 발전하기 시작하여 컴퓨터 기반 교육용 매체들이 서서히 개발되기 시작하였으며, 본격적인 컴퓨터 기반 교수매체의 개발은 1990년대 중반 이후부터였다. 1990년대 중반부터 하드디스크메모리가 장착된 개인용 컴퓨터가 본격적으로 출시되고, 이에 따라 대용량의 정보가 저장 인출 처리가 가능하게 되었다. 특히, 1990년대 후반 이후에 586급 컴퓨터의 보급에 의하여 교수매체 및 교육공학은 비약적으로 발달하게 되었다.

4) 교수매체의 기여도

교수-학습 과정에서 교수매체의 기여도는 비교적 높게 평가되고 있다. 그런데 구체적으로 어떤 기여가 있는지 알아보기 전에 우선 확인해야 할 것이 있다. 그것은 기여도가 교수매체 그 자체가 가진 고유한 속성에서 나오는 것이라기보다는 오히려 교수매체를 제작하는 과정에서 투입된 노력의 결과라고 보는 것이 타당하다는 것이다. 이는 교수매체를 제작하는 것이 단순히 내용을 매체에 옮기는 것이 아니기 때문이다. 즉 교수매체의 제작과정에서 중요한 것은 매체 제작을 위해 필요한 기구를 조작하기 위한 기술적인 지식보다도 수업내용 분석, 학습자 분석, 그리고 주어진 수업목표에 대한 분석과 이를 바탕으로 하되, 수업내용과 목표의 특성상 교사를 중심으로 한 강의여야 할 것인지, 아니면 텔레비전이나 슬라이드 등의 시간 매체가 필요한 것인지가 결정되기 때문이다. 다시 말하면 교수매체는 수업설계라는 빙산에서 단지 물 위에 나타난 표현형이다([그림 8-1]참조). 따라서 기본적인 교수체제 설계모형(ISD 모형) 등에 입각한 교수설계에 바탕을 두지 않고 만들어진 교수매체는 사실상 교수매체로서의 가치를 힘들다고 해도 과언이 아닐 것이다.

그림 8-1
교수매체와 교수설계와의 관계

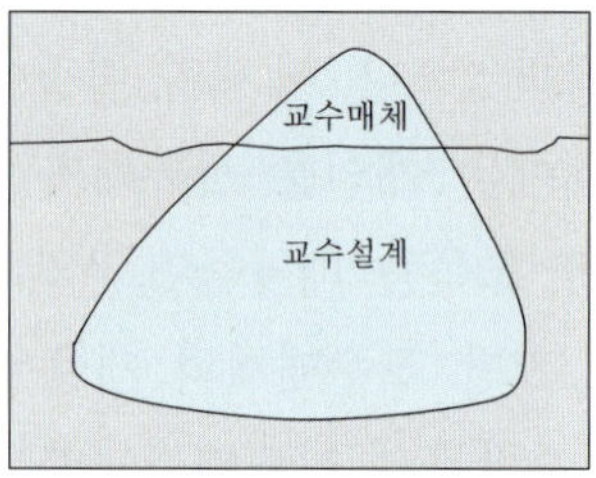

교수-학습 과정에서 교수매체의 기여도는 다음과 같다.

첫째, 교수활동이 표준화될 수 있다. 교육현장에서 비록 같은 교과서를 가지고 같은 내용을 수업하더라도 교사들 간의 경험이나 지식의 차이에 따라 교수활동의 양과 질이 영향을 받을 수 있다. 그러나 표준화된 교수매체를 가지고 수업을 하게 되면 교사 개개인의 차이에 따른 수업의 양과 질의 차이를 다소 줄일 수 있어 교수활동이 표준화되는 장점이 있다.

둘째, 교수-학습 과정의 효율성을 높일 수 있다. 매체는 교사 중심의 강의나 설명에 비해 다양한 감각기관을 자극할 수 있으며, 보다 구체적이고 다양한 형태의 정보를 교사의 설명에 비해 빠른 시간에 제시할 수 있다. 따라서 교수-학습 목표에 도달하는 데 필요한 시간이 감소되어 효율성을 높일 수 있게 된다.

셋째, 교수-학습의 효과성을 높일 수 있다. 교수매체를 통해 학습내용이 적절하게 제시되면 학습내용이 적절하게 제시되면 학습내용의 파지를 높이고 재생을 돕는 효과가 있다.

넷째, 교수-학습 과정의 매력성을 높일 수 있다. 다양한 형태나 방법의 매체를 통한 교수-학습 내용의 제공은 학습자들의 동기를 부여하고 주의를 집중시키는데 긍정적인 효과가 있다. 또한 차시학습에 대한 기대를 높이게 되는 등 학습에 대한 흥미를 유도한다.

다섯째, 교수매체가 가진 보완성은 교수자나 학습자에게 필요한 시간에 필요한 장소에서 교수-학습 활동이 가능하도록 도와준다. 교수내용이 비디오나 오디오를 통해 저장되어 있다면 학습자는 언제든지 자신에게 맞는 시간에 학습을 할 수 있게 된다. 교수자도 역시 학습자가 가능한 시간에 교수시간을 맞출 필요가 없으므로 서로 편리하게 된다.

여섯째, 매체의 사용은 교수자가 교수-학습 과정에서 보다 긍정적인 역할을 할 수 있도록 돕는다. 우선 준비가 충실하여 수업에 임하는 부담이 줄게 되고, 자세한 설명에 필요한 노력도 줄게 된다. 따라서 교수자는 이렇게 남는 시간을 보다 중요한 수업활동에 많이 사용할 수 있게 되고, 개별처치를 필요로 하거나 부연설명을 필요로 하는 학습자들에게 보다 많은 시간을 할애할 수 있게 된다.

5) 교수매체의 역할

교수매체는 수업과 학습을 위해 오랫동안 사용되어 왔으며, 그 활용방안 역시 다양하다. 수업과 학습을 위한 교수매체의 역할을 정리해 보면, 초기에는 주로 교사 중심의 수업에서 교사의 수업을 보조하기 위한 보조 자료로서의 역할이 컸음을 알 수 있다. 비디오나 슬라이드, 또는 그림 등을 수업 중에 보조물로서의 사용하는 것이 그 예이다. 그러나 갈수록 교수매체의 역할은 교사의 보조물로서의 위치보다는 학습자를 위한 학습의 보조도구로서 더 중요시되고 있다. 예컨대, 최근 중요한 교수매체로서 급속히 부상하고 있는 인터넷이나 CD-ROM형 멀티미디어 백과사전 등을 보면, 교사의 수행을 돕는 보조 자료라기보다는 학습자가 스스로 필요한 정보를 찾아보고, 수집하고, 정리하는 학습자 중심이 도구라고 표현될 수 있을 것이다. 이런 점에서, 초기의 교수매체에 대한 연구와 개발이 교사들의 요구를 중심으로 이루어진 것이라면, 근래의 교수매체들은 학습자나 사용자들의 요구를 중심으로 이루어지는 것이라고 할 수 있다. 그러면 일반적으로 교수매체들이 교수-학습을 위해 어떤 역할들을 하게 되는지 알아보면 다음과 같은 다섯 가지로 구별될 수 있다.

(1) 교사 중심의 수업을 보조하기 위한 보조 자료로서의 교수매체

가장 일반적인 수업의 형태는 교사 중심의 수업이다. 이는 교사가 강의 등의 방법을 통해 수업을 하면서 필요할 때마다 각종 매체를 보조 자료로 사용하는 형태이다. 이런 수업에서 교수매체의 효율성과 효과성은 교사의 준비와 경험, 그리고 교사의 수행력에 의해 많이 좌우된다. 교사가 보조 자료로서 교수매체를 사용할 때 고려해야 할 중요한 요소 중의 하나는 수업내용 및 수업방식이 매체의 특성에 맞는지를 확인하는 것이다. 매체에 과한 연구들은 어떤 매체도 절대적으로 완벽하거나 모든 종류의 수업내용이나 과제의 유형에 적절한 것은 아니며, 수업의 방식이나 수업내용의 유형에 따라 적절한 매체가 있다는 것을 제시하고 있다.

(2) 교수매체 중심의 수업

최근에 교수매체들은 교사가 없는 상황에서도 교수-학습이 가능하도록 설계되고 개발되고 있다. 컴퓨터를 이용한 학습인 CAI가 그 좋은 예이다. CAI는 그 자체의 학습목표를 제시, 내용의 제시, 학습자의 성취도에 따른 분지(分指) 및 개별적 처치 등이 포함되어 있는 경우가 많기 때문이다. 이처럼 교수자의 도움 없이 CAI에 전적으로 의존하여 수업이 이루어지는 경우도 있으나, 대부분의 학교교육에서는 교수매체를 중심으로 수업활동이 이루어지고, 교사는 그 활동을 촉진하고 효율적으로 운영하기 위해서 보조적인 역할을 하게 된다. 이러한 교수매체 중심의 수업은 학습자들이 스스로 매체를 이용해 학습을 하기 때문에 교수자들은 강의나 설명 등에 소요되는 시간을 줄일 수 있으며, 이렇게 해서 얻어진 시간을 개별 학습자들을 위해 할애할 수 있다는 장점이 있다.

(3) 학습자의 개별화 학습을 위한 도구로서의 교수매체

최근 교수매체들의 개발은 점점 개별 학습자들의 요구를 반영하는 쪽으로 가고 있다. 이러한 경향에는 컴퓨터를 비롯한 정보공학의 발전도 일조를 하고 있지만, 정보화 사회로 나아감에 따라, 필요한 정보의 양이 증대하고 정보를 취하는 다양한 방법들의 다양화·첨단화되고 있는 데에도 크게 기인하다. 예컨대, 인터넷은 다양한 정보를 취할 수 있는 정보의 백과사전으로서의 기능을 하는데, 여기서 수집된 정보를 개개인이 학습자에게 필요한 정보로 가공하기 위한 요구들이 증대하고 있고, 이를 만족시키기 위한 방향으로 첨단매체들이 개발되고 있다.

교수매체에서의 개별화란 교수매체와 학습자 간의 활발한 상호작용을 전제로 하고 있음을 이해할 필요가 있다. 상호작용이 없이는 교수매체가 개별 학습자들에 대한 정보를 얻을 수 없으며, 나아가 개별 학습자를 위한 처치가 불가능하기 때문이다. 이런 상호작용은 컴퓨터에 의해 제시될 수 있으며, 따라서 각종 교수매체와 컴퓨터가 결합하는 경향이 점차 늘어나고 있다. 멀티미디어는 그 좋은 예가 된다.

(4) 특수한 대상이나 목적을 위한 교수매체의 활용

교수매체들은 특수한 대상이나 목적을 위한 수업에 잘 활용될 수 있다. 예컨대, 지능의 부족으로 인하여 정상적인 아동보다 교사의 처치가 훨씬 더 필요한 아동이 있을 때, CAI 등의 적절한 교수매체를 활용하면 더 효과적인 학습을 할 수 있게 되고, 따라서 교사의 시간부담도 줄일 수 있다. 이런 점에서 특수교육과 유아교육은 적절한 교수매체의 개발과 활용이 가장 많이 요구되는 분야라고 할 수 있다. 또한 원자로에서의 작업이나 우주선에서의 작업, 또는 폭발하기 쉬운 화학실험 등 쉽게 연습할 수 없고 사용시에 비용면에서 부담이 큰 특수한 교과나 훈련의 경우에도 시뮬레이션을 제공하는 교수매체가 적절히 활용될 수 있다.

(5) 원격수업을 위한 교수매체

원격수업은 보통 원격교육(distance education)이라고 통칭되는 것으로, 요즘 전 세계적으로 급속히 확산되고 있는 실정이다. 원격교육이라 학습자와 교수자가 멀리 떨어져서 교수-학습이 이루어지는 것을 말하는 것으로, 이전에는 주로 라디오, TV, 녹음기 등을 이용한 교육활동이 주종을 이루었다. 그러나 최근에 와서는 광섬유를 이용한 쌍방향, TV, 멀티미디어, 전자메일(e-mail), 위성방송 등이 대중을 이루고 있다. 이렇게 보면 원격교육에 있어서도 교수매체의 활용은 필수적임을 알 수 있다. 원격교육은 다음과 같이 세 가지 이유에서 그 필요성이 증대되고 있다.

첫째, 원격교육은 교수자와 학습자가 지역적 · 시간적 이유에 의해서 한 장소에 모일 수 없다는 문제점을 해결해 준다. 예컨대, 어떤 대기업에서 사원연수를 할 때, 전국에 흩어져 있는 직원들을 모두 한 자리에 모이게 하는 것은 시간적으로나 경제적으로 큰 낭비이다. 따라서 쌍방향 텔레비전 등을 이용해서 학습자들이 있는 현 위치에서 시간적 · 경제적인 낭비 없이 교사와 다른 학습자들과 함께 교육을 받을 수 있다는 장점이 있다. 또한 학교의 규모가 작아서 과목을 전담할 교사를 확보하기 힘든 경우에도 원격교육 시스템을 통해 다른 학교 교사의 강의를 받을 수 있게 된다.

둘째, 최근 학습자들의 요구는 개별화되어가고 있으며, 또한 이러한 요구는 빠르게 변화하고 있다. 학습자들의 요구가 변화할 때마다 학습자들은 어디서 어떻게 학습의 기회를 얻을 수 있을까? 원격교육을 이용하면 학습자들은 자신의 요구를 충족시킬 수 있는 수업을 언제 어디서나 개별적으로 들을 수 있게 된다.

셋째, 원격교육은 현재의 교육시스템이 가지고 있는 학기, 학년

등 각종 제도적인 장치에서부터 학습자를 자유롭게 할 수 있다(허운나, 1989). 즉 필요한 시기에 가능한 시간만큼 편리한 시간대에 공부할 수 있으므로 하나의 강좌를 제한된 시간이 아닌 개인의 시간적 여유와 요구에 따라 학습할 수 있게 되므로 보다 개인적인 요구와 필요를 충족시키게 된다.

2 | 교수매체의 이론과 활용

1) 교수매체선정의 영향 요인

교수매체의 선택은 다양한 요인에 의하여 영향을 받게 된다. 교수매체는 선정에서 가장 중요시되어야 하는 것은 설정한 학습목표 달성에 얼마나 적절하냐 하는 것이다. 또한 학습자 특성에도 적절한 것인지를 고려해야 한다. 그러나 교수매체의 선정은 단편적인 부분의 적절성에 의하여 이루어져서는 안 될 것이다. 여기에서는 교수매체 선정에 영향을 미치는 요인들을 간략하게 살펴보도록 하겠다.

(1) 수업환경

수업환경은 매체선택에 영향을 미친다. 수업환경에는 수업집단이 소집단인가 대집단인가, 교사 중심 수업인가, 학생 중심 수업인가, 또는 수업이 설명적인가 발견적인가를 결정하는 수업전략(strategies)이 포함된다.

① 수업집단의 형태

'수업을 대집단으로 실시할 것인가?' 혹은 '소집단으로 실시할 것인가?' 아니면 '개별로 실시할 것인가?', '만일 집단을 대상으로 하는 경우라면 크기는 어느 정도인가?' 등의 질문이 수업진단의 형태에 포함될 수 있다. 예를 들어, 개별학습일 경우에는 학습자가 자신의 학습진도(pace)를 유지할 수 있는 매체가 요구된다. 인쇄매체는 수업시간을 보다 효율적으로 활용할 수 있기 때문에 다른 어느 매체보다도 개별학습에 적합한 것으로 판정된다. 인쇄매체가 아니더라도 개별수업의 경우에는, 학습자가 자신의 반응에 대한 정보를 바로 피드백 받을 수 있는 매체를 선택해야 한다(Bretz, 1971). 소집단의 토의나 자신의 경험을 나누고자 하는 학습에서도 라디오나 TV 같이 일방적으로 제시되는 매체는 적합하지 않을 것이다. 이와 같은 매체들이 피드백을 제공할 기회와 생각한 바를 교환할 기회가 제한되기 때문이다.

② 수업전략

수업이 설명적인(expository) 절차로 진행될 것인가, 또는 발견적인(discover) 절차로 진행될 것인가는 매체선택에 영향을 미친다. 설명적 학습과 발견적 학습과의 관계를 아래와 같이 연속선상에 나타낼 수 있는데, 설명적 학습은 교사 중심으로 이루어지기 쉽고, 발견적 학습은 학습자 중심으로 진행되기 쉽다([그림 8-2] 참조). 교사는 수업목표를 가장 효과적으로 달성할 수 있는 방법을 선택하여 이에 적합한 매체를 선택하게 된다.

그림 8-2 설명적 학습과 발견학습과의 관계

교사 중심 ←→ 학습자 중심

설명학습 (모든 단서제공) — 직접토론 (단서로서 질문제공) — 발견학습 (최초의 단서 제공-요구단서 제공)

설명적인 수업전략을 선택한다 해도 완전히 설명적인 것은 아니며, 발견적 수업방식을 어느 정도 포함하게 되므로 교사의 관점에 따라 매체를 선택하게 된다. 이 때 교사는 가르치고자 하는 내용의 전 과정을 제시해 줄 수 있는 매체를 선택하거나, 매체가 제시하는 내용에 대한 설명을 덧붙이기도 한다. 반면, 발견적 수업인 경우 교사는 최소한의 안내를 제공하는 인쇄자료나 사진자료, 음향자료 등을 선택한다.

(2) 학습목표와 내용

학습목표는 인지적 영역, 정의적 영역, 심체운동 기능적 영역 중에 어느 한 가지 분류될 수 있는데, 각 학습목표가 속한 행위동사는 어느 매체를 선택할 것인가에 직접적인 영향을 미친다. 이 과정에서 중요한 것은 설정한 목표를 달성하고 선정된 학습내용의 전달에 가장 적절한 교수매체가 선정되어야 한다.

(3) 매체속성

통신과정에서의 한 부분으로서 매체의 물리적 속성(physical attributes)과 기능은 매체선택에 영향을 미친다. 수업상황에 적합한 최적의 매체를 선택하기 위해서는 매체의 속성인 시각, 청각, 시청각, 동작, 크기, 색채 등을 고려해야 한다. 이와 관련된 일련의 질문에 답함으로써 어떤 매체가 주어진 상황에 적합한가를 가늠해 볼 수 있다.

① 음향과 영상의 관련성에 있어서, 영상만을 제시할 것인가, 아니면 음향과 영상으로 제시할 것인가?
② 언어는 구두언어(oral sound)가 적합한가, 인쇄된 언어가 적합한가?
③ 영상은 동적인 형태(motion picture)인가, 정적인 형태(still picture)인가?
④ 흑백으로 제시할 것인가, 컬러로 제시할 것인가?
⑤ 크게 투사될 수 있는 투시매체로 제시할 것인가, 혹은 적은 크기의 비투시매체로 제시할 것인가?
⑥ 내용을 설명하는 데 그림, 사진, 그래픽 중 어느 하나가 좋은가, 아니면 결합된 형태가 좋은가?
⑦ 개별학습에서 사용할 것인가, 아니면 대집단이나 소집단 내의 상호작용에서 사용할 것인가?

(4) 학습자

학습자의 연령, 지적 수준, 적성, 태도 등의 학습자 특성은 매체선택에 직접적인 영향을 미친다. 예를 들어, 읽는 속도가 느린 학습자를 가르치는 데 인쇄자료를 사용한다면 좋은 선택이라 할 수 없다. 반대로 읽는 속도가 빠른 학습자가 개별 학습자료로 인쇄된 자료를 사용할 경우, 학습속도에 매우 융통성이 있기 때문에 청각적인 제시보다도 유리하다고 밝힌 연구결과도 있다(Bretz, 1971). 또한 연령이 높은 학습자는 연령이 낮거나 경험이 부족한 학습자보다 외적인 보조 수업물을 더 필요치 않는 경향이 있다(Gagné & Briggs, 1979).

Briggs와 Wager(1981)는 Dale의 '경험의 원추'를 인용하여 인지적 목표를 성취시키려면 고학년 학습자에게는 추상적 매체를, 저학년 학습자에게는 구체적 매체 및 실제 경험을 사용하는 것이 효과적이라고 밝힌 바 있다.

(5) 교 사

교사의 매체에 대한 태도, 사용 능력 등은 매체선택에 중요한 영향을 미치는 요인이다. 교사들은 대부분 자신에게 친숙하고 편한 매체를 선택하려는 경향이 있으며, 특정매체의 사용을 좋아할 수도 있고 싫어할 수도 있다. 이론적으로 아무리 많은 장점을 가지고 있는 매체라도 교사가 특별히 기피하거나 공포감을 갖고 있다면 그 매체는 제대로 사용될 수가 없다. 교사의 매체사용 기술도 중요한 요인인데 기술이 부족하면 매체의 기능을 제대로 활용하지 못한다. 교사의 매체 사용능력과 사용하고자 하는 실행의사가 매체선택에 중요한 요인이 될 수 있다.

(6) 수업시설

매체를 효율적으로 활용할 수 있는 시설 여부가 매체선택에 영향을 미친다. 시설 준비가 되어 있지 않으면 좋은 매체도 그 기능을 충분히 발휘할 수 없기 때문이다. 매체를 활용할 때 필요한 특수한 기재나, 전원이 요구되는 투시 혹은 전자매체일 경우에는 시설물로서 전원이 필수적이며 온도, 습도, 통풍, 조명 등이 고려된 시청각실이 요구된다. 수업상황에 매체를 효율적으로 활용하기 위해서는 스크린이나 모니터 등의 시청각 기재와 안막장치, 계단식 걸상 등이 준비되어 있는 시설이 필요하다.

(7) 실질적 요인: 시간, 난이도, 비용, 이용 가능성

매체선택에 영향을 미치는 실질적인 제한요인(practical constraints)들로는 시간, 난이도, 비용, 이용 가능성 등이 있다. 이에 관련된 질문에 답함으로써 어떤 매체를 선택할 것인지, 어느 자료가 좋은지 가늠해 볼 수 있다.

① 비용과 학습의 효과를 비교할 때 타당성이 있는가?
② 구입하거나 준비하는 데 어느 정도의 비용이 드는가?
③ 자료를 복제하거나 확대하는 데 어느 정도의 비용이 드는가?
④ 매체를 구입하거나 자료를 준비하는 데 어느 정도의 시간이 소요되는가?
⑤ 매체활용 시 시간적 제한을 받는가?
⑥ 원하는 자료가 이미 적당한 형태가 품질로서 시중에 나와 있는가?
⑦ 매체를 유지하고 보관하는 데 문제가 없는가?
⑧ 자료의 내용이 학습자에게 너무 어렵거나 쉽지는 않는가?
⑨ 자료는 질적으로 양호한가?
⑩ 시설, 장비 기술조작을 위해 요구되는 기술을 갖고 있는가?

이상으로 매체선택에 영향을 미치는 요인을 살펴보았다. 다음은 매체선택을 체계적으로 도울 수 있는 교수매체이론을 살펴본다.

2) 교수매체이론

여기서는 교수매체의 초기 이론인 Hoban의 이론과 Dale의 경험의 원추이론, Bruner의 매체분류, Gerlach와 Ely의 매체분류, Shannon과 Weaver의 의사소통 모델과 Heinich의 매체활용에 관한 이론을 간단히 소개해 보기로 한다.

(1) Hoban의 교육과정 시각화이론

Hoban은 교육의 목적을 인간 경험의 일반화에 두고 이 일반화 과정에 있어서 학습 경험을 시각화해야 할 필요가 있다고 보았다. 경험의 일반화를 위해서는 언어만으로도, 경험만으로도 불가능하며 경험과 언어의 결합만이 경험을 일반화할 수 있는 것으로 보았다. 즉 추상(언어)을 구체(실제 경험)에 의하여 보완해야 한다는 것이다. 그러므로 교수-학습과정은 구체성이 보다 많이 내용으로부터 점차 추상적인 것으로 옮겨가야 한다고 보고 그 계열을 다섯 가지로 제시하고 있다.

첫째, 현장 견학 → 현장 관찰

둘째, 박물관 자료 → 실물, 표본, 모형

셋째, 영화

넷째, 사진 → 스틸 사진(2차원)

다섯째, 도표 → 그래프, 도형, 지도 등

Hoban은 위의 다섯 가지 단계를 중심으로 좀더 구체적으로 세분화하여 추상적 단계와 구체적 단계 사이에 8개의 단계로 구분하여 체계화하였다.

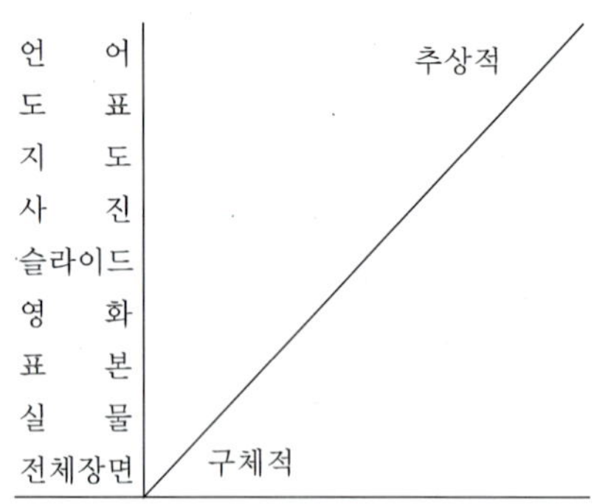

그림 8-3 Hoban의 교육과정의 시각화

(2) Dale의 경험의 원추이론

Dale 역시 Hoban과 같은 입장에서 추상과 구체의 두 개념을 양극으로 하여 가장 구체적인 것에서부터 가장 추상적인 것으로 옮겨가는 단계를 원추형으로 설명하고 있다. 이를 구체적으로 살펴보면 [그림 8-4]과 같다.

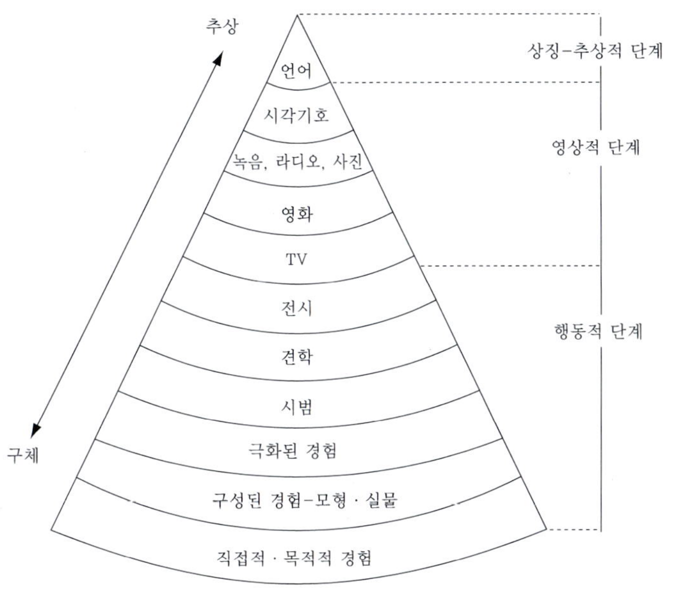

그림 8-4 Dale의 경험의 원추

위에서 보면 원추의 아래로부터 위로 올라갈수록 추상성이 높아지고 아래로 내려올수록 구체성이 높아짐을 알 수 있다. 각 단계의 내용을 살펴보면 다음과 같다.

① 직접적이고 의도된 경험

경험의 원추에서 가장 구체적이고 직접적이며 감각적인 경험으로 학습의 기초를 만들고 있는 영역이다. 보고, 듣고, 맛보고, 느끼고, 냄새 맡는 것을 통해 의미 있는 정보와 개념을 저장하게 된다.

② 구성된 경험

이 부분은 직접 경험의 공간적 한계를 극복할 수 있게 해 준다. 구성된 경험은 실물의 복잡성을 단순화시켜 기본적인 요소만을 나타내고 있다. 교사는 어떤 때에 실물보다 모형을 주는 것이 더 교육적 효과를 높일 수 있는지의 여부를 생각해서 제공해야 한다.

③ 극화된 경험

이 영역은 직접 접할 수 없는 사건이나 개념을 경험하도록 한다. 즉 시공간적으로 떨어져 있는 사건을 재현하기 위해 만들어진 경험, 즉 극화된 경험에 참여함으로써 교육적 효과를 얻는다.

④ 시범(연시경험)

시범이란 중요한 사실, 생각, 과정을 사진, 그림, 동작 등을 활용하여 그 경험을 보여 주는 시각적 설명이다.

⑤ 견 학

견학은 그 일이 실제 일어나는 곳을 직접 가서 보고 경험하는 것이다.

⑥ 전 시

전시에는 사진 전시, 그림 전시, 포스터 전시 등이 있으며 학습자는 전시된 것을 관찰하며 학습한다.

⑦ 텔레비전

시청자들에게 직접 경험의 감각을 다양하게 보여 주며 현재 진행되고 있는 사건, 일어나고 있는 사건을 담을 수 있다.

⑧ 필름(영화)

시청자들에게 보고 듣는 현실감을 제공할 뿐만 아니라 사건을 잘 조작하여 제작하고 극화시킬 수 있어 학습자들의 흥미를 유발시켜 교육적 효과를 높일 수 있다.

⑨ 사진, 그림, 레코드, 라디오

이 영역은 다른 매체들보다 간접적인 특성을 지니며 글을 읽을 수 없는 학습자들에게는 인물보다 그림을 제시함으로써 이해를 도울 수 있다.

⑩ 시각 기호

시각 기호는 아주 추상적인 표현을 다르게 되는 것으로 칠판, 지도, 도표, 차트 등이 있다. 우리가 흔히 쓰고 있는 지도상의 표시 기호가 좋은 예이다.

⑪ 언어 기호

언어 기호는 그 모양새가 개념이나 목표물이 무관하기 때문에 학습자가 그 기호가 의미하는 것을 이해하고 있어야 그것을 사용할 수 있다.

(3) Bruner의 분류

Bruner(1960)에 의하면 매체는 학습자의 경험을 확대시켜 주고 학습내용을 이해하기 쉽도록 하며, 학습 현장에서 흥미를 제공함으로써 효과적인 측면을 강조하고 있다. Bruner는 아래와 같이 분류하고 있다.

① 대리경험 장치

대리경험 장치는 보통의 학교 사태에서 구할 수 없는 자료나 정보를 제공해 주는 영화, 텔레비전, 마이크로필름, 녹음기 등의 교구를 의미한다.

② 모형장치

어떤 현상의 내면에 숨어 있는 구조를 파악하도록 도와주는 교구로서 어떤 추상적인 개념이나 원리를 구체적으로 풀이해 주는 실험, 시범장치, 그래프, 차트, 모형, 영화, TV 등으로 사물의 영향을 모형을 통해서 제시해 주는 교구이다. 이 장치들은 사물이나 사상의 기본 아이디어를 촉진시켜 주는 데 효과적이다.

③ 극화장치

사물의 생생한 경험을 제시하여 학습자가 특정 현상을 이해하고 일체감을 느낄 수 있도록 해 주는 매체이다. 즉 사실에 충실한 역사 소설, 생태 그대로 동물의 생존경쟁을 극적으로 보여 주는 기록영화, 인물들의 기록물 등을 의미한다.

④ 자동차 장치

교사의 교사 기능에 대체하여 수업의 자동화를 의미하며 대표적으로 티칭머신과 컴퓨터 보조수업 등이 여기에 속한다. 즉 학습자가 교사의 도움 없이 스스로 학습을 진행하게 되므로 교사와 같은 역할을 수행할 수 있는 교수기계이다. 자동화로 사용되는 프로그램의 체계성 및 적절성은 효과적인 교수-학습 과정에서 필수적인 요소가 된다.

(4) Gerlach와 Ely의 분류

Gerlach와 Ely(1980)는 교수매체란 교재와 교구를 모두 포함하는 개념으로 보고 있다. Gerlach와 Ely는 정보의 제공형태에 따라 여섯 가지 범주로 교수매체를 분류하고 있다.

① 정물사진

정물사진은 어떤 실물 또는 사상의 사진 및 그림을 의미한다. 이러한 정물 사진은 실제 사물이나 사상보다 더 크거나 작게 기록 또는 복사한 것이다. 비록 움직이지 않는 사건이지만 움직이는 것처럼 표현도 할 수 있다. 즉 야구경기에서 선수가 베이스를 향해 뛰어가는 사진에 동적인 감을 줄 수 있고 색채도 다양화할 수 있다.

② 녹 음

녹음매체는 자기 테이프, 음반, 영화의 음성트랙 등에 녹음되는데, 이들 매체는 실제 소리대로 생생하게 재현된다. 이러한 녹음매체는 개별적으로 들을 수도 있으나 청중들에게 직접 들려줄 수도 있으며 또는 라디오 방송이나 유선방송 체제로도 청취할 수 있다.

③ 동 화

동화는 영화나 녹화 테이프 같은 것으로, 생동감 있게 또는 도식적 표현으로 재현할 수 있고 다양한 색채로 된 움직이는 영상이다.

사물이나 사상들의 움직이는 속도는 조절할 수 있고 정지시킬 수도 있으며, 필요에 따라서 요약하거나 강조하여 편집할 수도 있다.

④ 텔레비전

음극선관에 나타나는 모든 형태의 청각 및 비디오 전자전달체제를 의미한다.

⑤ 실물, 시뮬레이션, 모형

여기에 속하는 것은 사람, 사진, 실물, 연시 등이 있다. 실물은 다른 매체와는 달리 사물이나 사상을 대체시킨 것이 아니라 살아 있는 그 자체이며 자연 그대로의 상태이다. 학습자들은 현장견학 또는 경험을 통해서 우리 생활 주변에 있는 무수히 많은 실물들을 쉽게 접할 수 있다. 시뮬레이션은 실제 사건이나 과정을 거의 비슷한 형태로 설계한 실제 상황을 본뜬 것이다. 모의장치에 의한 비행조정 훈련, 운전연습 등의 시뮬레이션 매체에 속한다. 이때에 컴퓨터, 녹음기, 영화, 슬라이드 및 실물과 같은 많은 매체가 통합되어 활용된다. 시뮬레이션에는 실제 연습에서처럼 완벽한 환경이 제시되기도 하고 몇몇 특수한 게임에서처럼 전체 요소에 포함될 수도 있다. 모형은 실물의 복제 또는 현상이다. 그 규모는 실물보다 작거나 같은 크기 또는 확대시킨 것도 있다.

⑥ 프로그램 수업 및 컴퓨터 보조수업

프로그램은 예정된 반응을 이끌어내기 위하여 고안된 정보(언어적, 시각적, 청각적)의 계열들이다. 가장 일반적인 예로서 프로그램 교재라는 컴퓨터용 수업 프로그램이 있다. 그 정보 제시도 어떤 한 가지 매체 또는 매체들을 복합시켜 제시할 수 있는데, 이는 인쇄된 문자, 슬라이드 테이프, 필름 스트립 등이 있다. 이 매체에서는 학습자가 새로운 정보가 나타나기 전에 적극적으로 반응하도록 되어 있으며, 학습과 반응에 대한 성공과 실패를 즉각적으로 알려 주기도 한다.

(5) Shannon과 Weaver의 의사소통모형에 기초한 매체활용

Shannon과 Weaver는 의사소통 채널에 있어서 매체의 활용이 매우 중요함을 제시하고 있는데, 이들이 제시한 의사소통모형은 다음과 같다(김신곤 외, 1999 재인용).

그림 8-5 Shannon과 Weaver의 의사소통의 모형

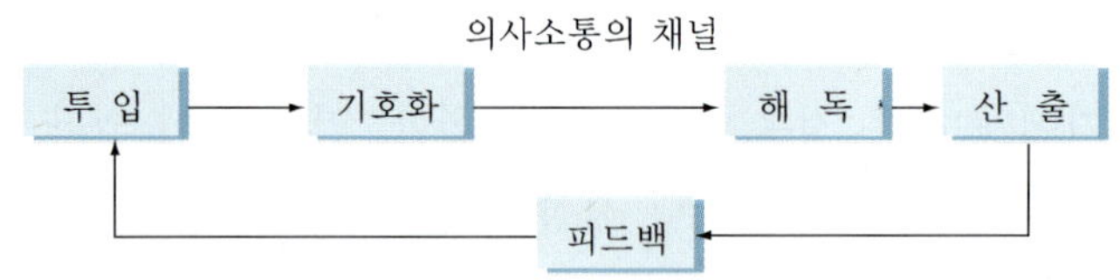

이 모형은 본질적으로 여러 부문들이 서로 연결시키는 것으로 되어 있다. 이 모형에서 매체와 관련하여 의사소통의 채널 영역만을 살펴보기로 한다.

위의 모형에서 투입되는 부분은 한 사회가 다음 세대에 전달하는 지식, 기술, 가치 및 표준으로 볼 수 있다.

기호화는 교사가 사실, 진술, 관념, 태도 등을 학생들이 동화하고 거기서 배울 수 있는 형태로 바꾸어 놓을 때 일어난다. 이것을 좀더 넓게 생각한다면 메시지가 인쇄된 단어, 시각적 영상, 혹은 소리로 기호화된다고 볼 수 있다. 이때 다양한 형태의 비언어적 메시지가 이들을 수정하고 변화시키며 강화하기도 한다. 기호화는 따라서 원하는 투입을 학생에게 가시화하는 과정이다. 교사는 그들의 관념을 말이나 글 혹은 그림과 같은 일련의 상징으로 기호화함으로써 가시화한다.

의사소통의 채널은 메시지를 학생에게 정확하게 전달하는 부분이다. 만약 교사가 직접 관여되었다면, 교사는 다양한 시각적 방법과 더불어 그의 음성을 의사소통의 채널로 이용할 수도 있다. 또한 현재 많이 활용되고 있는 다양한 시청각 매체를 구입하여 수업에 적용할 수 있다. 이것은 교사의 보조자료로 사용될 수도 있고, 교사가 없는 집단의 수업에 사용될 수도 있으며, 혹은 학생 스스로의 개인

학습에 사용될 수도 있다.

시간 매체로는 OHP, 슬라이드 환등기와 같은 단순한 보조물에서부터 영사기, 비디오 녹화기와 최근에 가장 활용도가 활성화되고 있는 컴퓨터에 이르기까지 다양하다. 청각 매체로는 카세트 녹음기가 가장 많이 활용되는 매체이며, 이것은 많은 다른 형태의 시각적 전시방법과 연결시켜 사용될 수 있다. 또한 단순한 인쇄물과 함께 사용한다면 최대의 효과를 얻을 수도 있다.

의사소통의 채널을 선택할 때 주로 고려해야 할 사항은 그것이 메시지를 학생에게 분명하고 정확하게 전달해야 한다는 것이다. 선택된 의사소통의 채널에 의하여 전달된 메시지는 실제의 사건과 똑같은 메시지를 결코 전달할 수 없다. 전달된 메시지는 교사가 어떤 상징을 선택하느냐와 학생이 그들을 어떤 방식으로 수신하느냐 하는 문제와 복합적으로 뒤섞여 모종의 고유한 특성을 나타내게 된다. 예를 들면, 매우 선명한 35mm 컬러 슬라이드를 사용하여 한 사람의 영상을 투사해 본 것과 그것을 비교적 선명도가 낮은 크기의 텔레비전 영상으로 본 것을 비교하는 것과 같다.

(6) Heinch의 ASSURE 모형에 기초한 매체 활용

ASSURE 모형은 인디아나 대학의 하이니히 등(Heinich et al., 1988)이 개발한 것으로, 수업매체와 자료를 효과적이고 체계적으로 활용하기 위한 지침으로 사용할 수 있는 일종의 절차적 모형이다. 따라서 ASSURE 모형은 학습상황에서 실제로 매체를 어떻게 사용할 것인가에 중심을 두고 있다. ASSURE라는 말은 매체 활용의 6단계의 머리문자로서, 그 각 단계는 학습자 분석(A : analyze learners), 목표 진술(S : state objectives), 매체와 학습자료 선정(S : select media and materials), 학습자료 및 매체 활용(U : utilize materials), 학습자 수행 요구(R : require learner performance), 결과평가 및 수정(E : evaluate/revise)으로 구성되어 있다. 이를 재구성하여 그림으로 나타내면 [그림 8-6]와 같다(박영태, 1995).

이 모형에 따라 올바른 매체선정을 위한 방안을 강구하는 과정을 알아보면 다음과 같다.

① 학습자 분석

학습을 하는 주체는 학습자이므로 학습자가 어떠한 조건에 처해 있는지를 파악하는 것은 학습자에 적합한 학습방법을 생성하는 데 있어 근본적인 문제이다. Heinich는 일반적인 학습자 특성, 특정 교과 능력, 학습양식 등을 제시하고 있다. 일반적인 학습자 특성은 학습내용과 직접적인 관련은 없으나 학습 수준을 결정하거나 학습동기를 유발하기 위해 필요하다. 특정 교과에 대한 능력은 학습하려는 내용을 결정해야 한다. 학습양식은 상이한 자극을 지각하고 이에 반응하는 방법과 관련된 학습자의 심리적 특성이다.

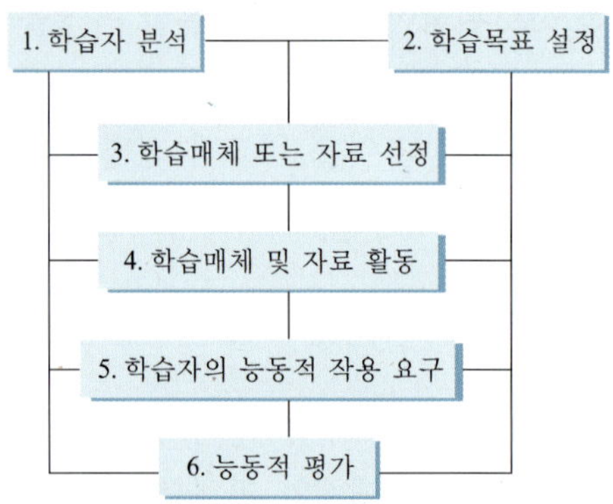

그림 8-6
ASSURE 모형

② 목표설정

학습목표는 개별 학습자가 도달하도록 기대되는 것이다. 다시 말하면 학습 종료 시 학습자가 획득해야 할 새로운 능력으로 학습자가 변화되어 있어야 할 모습이다. 이러한 목표는 방법을 바르게 선택하도록 해 주고, 적절한 학습 환경의 구성과 관련된다. 목표설정은 명백하고 구체적이어야 하고 학습자가 달성할 수 있도록 설정되어야 한다. 목표는 학습자를 학습활동으로 이끄는 강한 힘이 있으므로, 목표를 달성함으로써 자신에게 주어지는 기쁨이 무엇이라는 것도 부각시키는 것이 바람직하다. 이 때 어떠한 물질적 보상을 약속하는 것보다 그 목표를 달성함으로써 이전에 할 수 없었던 새로운 일을 할 수 있고, 그로 인해 타인으로부터 인정받을 수 있다는 느낌을 주는 것이 좋다.

③ 매체와 자료선정

이 단계에서는 목표를 달성할 수 있는 내용과 그 내용을 효과적으로 전달해 줄 수 있는 매체를 선정한다. 매체란 학습내용을 전달해 주는 모든 수단을 말한다. 이에는 OHP, 슬라이드, 실물환등기 등 시각자료를 활용하는 매체와 라디오, 녹음기 등 청각자료를 활용하는 매체가 있다. 또 시청각자료를 복합적으로 활용하는 비디오, TV, 영화 등의 매체도 있다. 최근에는 컴퓨터가 중요한 학습매체로 부각되고 있다. 매체는 그 자체 제작 능력을 향상시켜 주는 것은 아니지만 학습내용을 효과적으로 전달해 주는 기능을 선택의 기회가 없었으나 오늘날은 다양한 매체로 학습내용을 전달하고 있으므로 고려해야 한다. 학습내용은 그 내용을 효과적으로 전달되는 매체일 때 효과적이다. 그러므로 교사는 자녀의 학습내용을 고려하여 그 내용을 효과적으로 전달해 줄 수 있는 매체를 선정하여야 한다. 또 같은 매체라고 하더라도 내용의 구성, 제시방법이 어떠한지를 고려하여 결정하여야 한다. 만약 적합하지 않은 경우에는 교사가 내용을 재구성해 주는 것도 필요하다.

④ 학습자료 및 매체의 활용

일단 바람직하다고 인정된 매체를 선정하였으면 실제로 활용해야 한다. 이때 유의해야 할 것은 선정된 매체가 본래의 목표를 위하여 활용되고 있는지를 살펴보아야 한다.

⑤ 능동적 학습자 행동 요구

어떠한 매체를 통하여 학습을 하더라도 학습의 주체는 항상 학습자가 되도록 하는 것이 바람직하다. 수동적인 자세에서는 학습동기가 유발되기도 어려울 뿐만 아니라 학습 그 자체도 손실을 보게 된다. 따라서 학습자에게 매체를 활용하기 전에는 중점을 두어야 하는 내용이 무엇이며, 어떠한 관점으로 내용을 학습할 것인지를 알려 주고, 매체를 활용하는 도중에는 내용에 대하여 질문을 한다든지, 활용이 끝난 후에 토의를 한다든지, 느낀 점을 작성하도록 요구하는 것이 좋다.

⑥ 학습의 과정을 평가 확인

학습이 끝난 후에 모든 결과를 스스로 확인해 보고 잘 되었는지를 평가하고, 다음 의사결정을 위한 자료로 삼는다. 다시 말하면 학습의 효율성 학습자들이 학습목표를 달성했는지, 선정된 매체가 학습목표의 달성에 도움을 주었는지를 점검한다.

3) 교수매체 제작의 일반적 과정

수업매체를 제작하는 과정은 매체의 종류, 교과내용, 적용대상, 자료의 규모 등에 따라 각기 다를 것이다. 그러나 어떤 매체든 효과적으로 제작하기 위해서는 체계적인 제작과정이 요구된다.

체계적인 제작과정 모형을 중심으로 제작의 기본방향을 제시하고자 한다. 각 단계에 대한 설명은 고려되어야 할 요건들이 무엇인가를 질문해 보는 것부터 시작될 수 있다.

(1) 문제 및 요구의 발견

현실적으로 직면한 문제나 요구를 충족시키기 위해 어떠한 요건들이 매체 제작에 반영되어야 하는가? 수업매체에 관련된 문제를 찾아내기 위해서는 학습자 특성분석, 학습목표 진술 및 학습상황 분석이 이루어져야 한다. 이 세 가지 요소는 분리되어 고려되어져야 하기보다는 함께 논의되는 것이 바람직하다. 이와 관련된 몇 가지 질문에 해답을 찾는 과정에서 매체 제작에 관련된 문제 및 요구를 발견할 수 있을 것이다.

① 학습자 특성 분석

- 개별 학습자의 능력 및 학습진도에 알맞은 매체는?
- 개별 학습자의 학습방법을 다양화하고 향상시킬 수 있는 방안은?
- 소집단 학습에서 개별학습을 할 수 있는 매체는?
- 개별 학습자의 학습유형(learning style)과 학습방식에 맞는 매체는?
- 개별 학습자의 학습방향에 따라 내용선택을 가능하게 할 수 있는 매체나 방안은?
- 개별 학습자의 학습성과를 즉각적으로 피드백해 줄 수 있어 동기유발과 학습활동을 유지시킬 수 있는 방안은?

② 학습목표 진술

- 학습목표와 과제수행에 가장 적합한 매체나 방법은 무엇인가?
- 진술된 학습목표를 확실히 성취할 수 있는 방안은?
- 학습내용을 학습자에게 효율적으로 제시하거나 전달할 수 있는 매체나 방법은?
- 학습내용의 단계를 새롭게 확대시켜 줄 가능한 매체나 방안은?

③ 학습상황 분석

- 학습 현장에 적합한 새로운 전달방법은 없는가?
- 교사의 수고를 덜어 주고 학생지도를 위해 교사의 시간을 보다 많이 사용할 수 있는 방안?
- 교사가 가르치는 데 특별히 곤란을 겪고 있는 내용을 도와줄 수 있는 매체나 방안은?
- 교실 밖의 상황을 교실 내로 끌어들일 수 있는 방안은?

이상에서 열거한 물음에 답함으로써 수업매체 제작에 관련된 문제 및 요구를 발견할 수 있다. 즉 학습자의 특성을 분석하고 가르쳐야 할 단원의 학습목표와 내용 및 학습내용을 확인하고, 학습자, 목표, 내용, 학습활동에 가장 적합한 수업방법과 처방을 마련하는 것이다. 다음 단계는 이를 기초로 교수-학습에 알맞은 매체의 종류를 선택하게 된다.

(2) 매체종류의 선택

매체의 종류와 특성은 무엇이며, 이 특성에 따른 장점을 살리고 단점을 보완하기 위해서는 어떻게 설계에 반영할 것인가? 학습자의 특성, 학습목표, 학습내용, 학습활동에 가장 적합한 매체의 종류를 선택하기 위해서는 먼저 매체자체가 갖고 있는 속성을 확인해야 한다.

수업매체는 학습자에게 시각, 청각, 시청각, 촉각 등의 다양한 자극형태로 제시되거나 전달된다. 수업매체는 동기를 일으키고, 반응을 하고, 알려 주고, 주의를 환기시키고, 평가하고, 사고를 이끌고, 전이를 유도하는 등의 기능을 결정한다. 또 개별, 소집단, 대집단의 집단구성에 따라서도 매체의 종류가 결정된다. 제작자의 입장에서는 제작에 필요한 기술, 예산, 시간, 인원 등에 대한 측면도 고려해야 한다.

(3) 제작목적의 결정

매체 제작의 직접적인 목적은 무엇이며, 그 목적에 부합된 자료를 설계할 때 고려해야 할 점은 무엇인가? 매체 제작의 목적은 교수-학습 과정에 직접적으로 효과를 줄 수 있는 구체적인 기능들로 결정되어야 한다. 교과내용과 연결지어 매체를 학습자의 요구와 발달 수준에 어떻게 부합시킬 것인지, 또한 시각, 청각, 촉각 등의 감각통로 중 어느 부분을 강조하여 교재화할 것인지 등을 제작 목적에 밝혀야 한다. 즉 제작할 매체의 종류, 제작의 필요성 및 목적, 제작할 매체의 특성이나 기능의 개발 등을 분명히 밝혀 놓아야 한다. 매체제작의 목적이 분명할수록 제작절차도 분명해지며 제작된 매체의 평가기준도 명확해진다. 제작목적을 결정하기 위해서는 학습자의 학습활동, 교사의 교수활동, 매체의 기록 · 보관에 관련된 관리활동, 그리고 교실 공간들에 대한 환경개선 등이 고려되어야 한다.

(4) 기초조사

어떤 자료와 정보를 수집하며 설계에 반영할 것인가? 매체 제작 목적이 결정되면 다음 단계는 제작에 관련된 정보를 수집하는 기초조사가 진행된다. 기초조사에는 다음과 같은 작업이 포함된다.

첫째, 이미 만들어진 기존 매체가 있는지 조사해야 한다. 이를 위해 제작자가 만든 카탈로그를 중심으로 주어진 주제에 관하여 어떤 매체가 제작되고 있는지, 입수 가능한지 알아본다. 또 동료교사들의 추천, 관련 전문지의 평, 학교나 지역 자료실의 매체설명서 등을 참고할 수 있다. 기존의 자료가 마땅하지 않을 경우, 일부를 수정 혹은 편집해서 사용할 수 있는 자료가 있는지를 조사한다.

둘째, 매체 제작에 관련된 참고문헌을 찾거나 필요한 재료 등을 탐색하여 소재와 내용검토를 한다. 또한 제작에 필요한 값이 싸고 견고하며, 안전성이 있으며 온도의 변화에도 강한 재료선택에 대한 조사도 한다.

마지막으로, 매체 제작에 필요한 자문을 얻을 수 있는 기관이나 사람을 미리 조사해 놓아야 한다.

(5) 이론연구

이론적 연구와 논리적 사고를 통하여 얻어진 결과를 설계에 어떻게 반영할 것인가? 이론 연구에서는 논리적 사고의 전개를 통해 제작하고자 하는 매체의 구성방향을 제시해 주고 수록할 내용, 즉 개념요소가 무엇인가를 알려 주어 이를 교수-학습 과정에 일치시켜 나갈 수 있도록 해 준다. 나아가서는 제작하고자 하는 매체가 얻을 수 있는 학습성과도 추정할 수 있게 해 준다. 교수-학습 과정에서 마련될 수 있는 수업전략을 매체전략으로 바꾸어 구체적인 제작구상 단계로 넘어가기 위해서도 이론연구가 필요하다.

(6) 구성과 설계

앞 단계에서 지적한 요건을 설계에 어떻게 반영할 것인가? 기초자료와 이론연구 단계를 거치고 나면 다음은 이 결과를 토대로 매체를 구상 · 설계하고 동시에 제작 추진계획을 수립한다.

구상과 설계 단계는 처음의 문제와 요구 발견에서부터 시작하여 매체종류의 선택, 제작목적 확인, 기초조사 및 이론연구 등과 밀접한 관련이 있으며, 이를 토대로 이루어져야 한다. 구상과 설계의 첫 번째 단계는 아이디어의 발상에서부터 시작된다. 교수안이나 매체에 대한 아이디어를 구체화하여 학습활동과 연결지어야 하며, 보다 세분화된 목표진술과 함께 학습대상자를 고려하여 설계가 이루어져야 한다. 이를 도식화하면 [그림 8-7]과 같다.

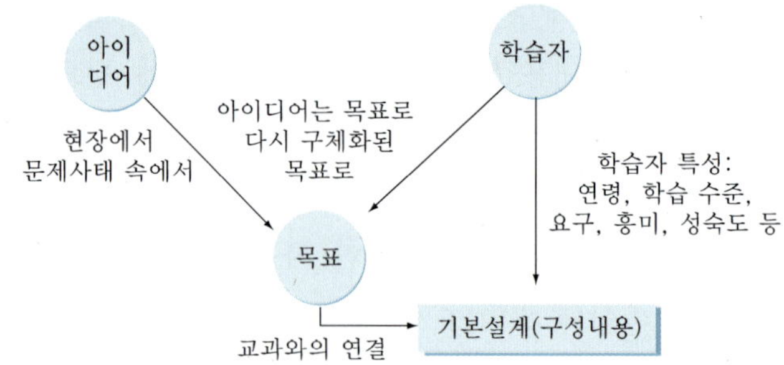

그림 8-7 매체제작의 구상과 설계

구상과 설계가 이루어지면 이 설계에 따라 작업수행 계획이 짜여진다. 수행계획에는 다음과 같은 요인이 조화 있게 고려되어야 한다. ① 작업과정의 우선순위가 정해진다. ② 각 작업과정의 소요시간이 결정된다. ③ 필요한 매체의 종류와 수량을 계산하여 확보해 둔다. ④ 조력 및 협동인력의 작업팀 구상계획을 세운다. 교과전문가, 기술자를 비롯한 필요 인원을 작업팀에 참가시킨다. ⑤ 비용을 확보하고 필요시 지출하도록 한다.

(7) 제 작

매체 제작의 설계와 계획서가 작성되면 이에 따라 실제로 제작해 가는 단체이다. 제작에 있어 유의할 점은 설계와 계획서에 따라 최대한으로 충실하게 제작하는 일이다.

(8) 적용과 수정

제작된 매체를 현장에 직접 활용하고 토의와 공개수업을 통하여 동료교사 및 전문가의 의견을 듣고 지적된 점을 수정한다. 중요한 것은 본래의 제작목적에 충실하도록 해야 한다.

(9) 지침서 작성

매체가 완성되면 매체의 작품소개와 활용을 위한 지침서를 함께 작성해야 한다. 지침서에는 매체 제작일, 제작자 등을 명시하고 매체의 특성과 활용방법 사용시 주의할 점 등을 자세히 밝혀야 한다. 특히, 교수-학습 과정에 어떻게 활용될 수 있는 구체적인 실례를 그림과 함께 제시하며, 보관에 유의해야 할 사항을 명시한다. 지침서를 작성한 후에 보급·활용하도록 한다.

4) 교수매체의 구분

교수매체의 분류는 매체의 특성이나 활용 정도 또는 매체들 간의 결합 형태에 의하여 다양하게 구분될 수 있다. 여기에서는 전통적인 교수매체를 중심으로 교수매체를 시각자료와 청각자료, 그리고 시청각자료로 구분하여 소개하고 컴퓨터와 관련된 부분은 다음 장에서 별도로 다루고자 한다.

(1) 시각자료

시각자료는 제시되는 정보를 단순히 눈으로 보기만 하는 교수자료를 말한다. 최근 다양한 시청각자료와 컴퓨터를 기반으로 하는 수업매체들이 등장하고 있는 현실에서 어느 정도 시대에 뒤떨어지는 경향이 있지만, 아직도 교육현장에 많이 사용되고 있는 교수매체는 시각자료라고 할 수 있다. 시각자료는 고전적이지만 제작의 용이성과 경제적 이득 때문에 많이 사용되고 있으며 또한 학습자와 교사들에게 친근한 매체이다.

가. 융 판

시각자료로 가장 많이 사용되고 있는 것 중의 하나가 융판이다. 융판은 복잡한 내용을 간략하게 묘사할 수 있고, 제작이 용이하기 때문에 학교 현장, 특히 유치원이나 초등학교에서 많이 활용되고 있다.

나. 특성자료

특성자료는 일반적으로 그래픽(graphic), 도표(charts), 게시판(bulletin board)자료, 디오라마(dioramas) 등이 있다. 특성자료는 사진이나 실물처럼 실제의 모형을 그대로 제시하는 것이 아니라 게시물의 특성을 적절하게 조합하여 제시하는 것이다. 특성자료는 제작이 간단하고 비용이 적게 들어 다양한 형태로 교실현장에서 활용되고 있다.

다. 사진자료

시각자료 중에서 가장 쉽게, 그리고 가장 보편적으로 사용되고 있는 매체인 사진자료는 인물, 장소, 사건 등을 사진기를 이용하여 실제에 가깝게 재현해 주는 정적 시각매체이다. 사진을 직접 촬영하여 사용하기도 하고, 잡지 · 서적 등에 있는 사진을 복사 · 확대하여 사용하기도 한다. 특히, 그래픽 자료와 다른 특성은 실물을 형태 그대로 재현해 줄 수 있다는 것이다. 즉 그래픽 자료가 원자료의 특징적인 부분만을 강조하여 보여 줄 수 있는 추상성이 강한 반면 사진자료는 모든 자료의 원자료를 그대로 재현해 줄 수 있다는 것이다.

라. OHP자료

OHP(Overhead Projector)는 TP(Transparency) 자료를 반사경 및 렌즈에 의해 머리 위로 영사할 수 있는 기기이다. 수업매체로서의

OHP는 다양한 특성을 지니고 있어 다른 어느 매체보다도 가장 일반화되어 효과적으로 사용될 수 있는 가능성을 지니고 있다.

마. 슬라이드

슬라이드(slides)는 사진이 촬영된 35mm 필름이나 투명필름에 그림을 그려 넣은 것을 한 프레임(frame)씩 끊어서 영사할 수 있도록 만든 것으로, TP 자료와 함께 교육현장에서 뿐만 아니라 다양한 분야에서 폭넓게 사용하고 있는 투시 가능한 정적 매체이다.

(2) 청각자료

청각자료는 녹음테이프나 레코드판 등에 '소리'를 담은 학습자료로서, 음상(auditory image)을 이용해서 학습에 필요한 지식, 정보를 제공하는 청각 매체이다. 녹음자료는 레코드판, 녹음테이프 - 릴(reel), 카트리지(cartridge), 카세트(cassette) - 등 종류가 다양하다. 일반적인 녹음기(record player)는 녹음, 재생, 기록의 세 가지 기능이 있는데, 최근에는 카세트 녹음기가 자동화, 소형화됨에 따라 사용법이 간편해졌다. 녹음기는 방송국에서의 전문적인 활용을 제외하고는 누구나 쉽게 사용할 수 있을 만큼 조작이 간단하고 필요한 곳에서 언제든지 사용할 수 있다. 녹음자료는 소집단, 대집단 수업에 직접 활용되는 것은 물론 개별학습용으로도 좋은 학습자료이다.

청각자료로 가장 많이 이용되고 있는 것은 라디오 방송을 통한 원격교육이나 각종 카세트테이프나 오디오 테이프 등이 있다. 청각자료의 일반적인 특징은 학습자에게 시각적 모형을 보여 주지 못하기 때문에 음성은 확인할 수는 있으나 장면의 분위기를 확인하지 못하는 단점이 있다.

가. 청각자료의 특성

청각자료의 특성은 다음과 같다.

① 반복 · 재생이 용이하다.

② 시간적 · 공간적 제한을 최소화한다.

③ 편집이 용이하다.
④ 휴대하기가 간편하다.
⑤ 보관 · 취급 활용이 용이하다.
⑥ 다양한 분위기 조성이 가능하다.

나. 청각자료의 활용

청각자료를 수업해 활용하여 효과적으로 이용하려면 다음 사항에 유의해야 한다.

① 듣기에 방해가 될 수 있는 요인을 없애야 한다.
② 교실환경을 듣기에 적합하게 정비한다.
③ 청각자료는 학습자의 흥미, 어휘 능력, 지적 수준 등에 적절해야 한다.
④ 청각자료는 필요한 학습활동에만 사용한다.
⑤ 청각자료를 활용하고 난 후 학습자의 후속활동을 장려한다.

다. 녹음기

녹음기는 테이프를 활용하여 반복적으로 청취가 가능하며, 최근에는 녹음기의 소형화가 이루어져 휴대하기 간편하고 강력한 기능을 하고 있는 녹음기들이 많이 보급되어 개별학습자들의 학습에 많이 활용되고 있다.

라. 라디오

라디오는 청각자료의 대표적인 매체이지만 직접 그것을 통해 교육을 할 수 있는 기능이 뛰어나기 때문에 단순히 청각 매체로만 보기는 어렵다. 라디오는 흔히 텔레비전과 더불어 방송매체라고 분류되기도 하고, 교육방송 또는 학교방송이라는 이름 아래 다루어지기도 한다. 라디오를 교육적 목적을 위해 사용하는 것을 교육 라디오(Educational Radio: ER), 그리고 특정 대상에게 특정 교과 내용을 가르치는 것을 교수 라디오(Instructional Radio: IR)라고 부른다.

우리나라에서는 모든 라디오 방송이 상당한 시간을 교육에 할애하고 있다. 특히 1970년대부터는 방송통신 대학과 고등학교가 설립되어 많은 사람에게 교육적 혜택을 주고 있다. 라디오를 통해서 직접 여러 가지 교과를 가르치기 때문에 학교교육의 기능을 거의 수행하고 있는 셈이다.

(3) 시청각자료

시청각자료는 학습자에게 제공되는 각종 수업자료가 시각적 효과와 청각적 효과를 동시에 제공하는 것을 말한다. 시청각자료에는 영화, 비디오테이프, TV방송 등이 시청각 매체이다. 최근에는 과학문명의 발달과 다양한 매체들의 개발로 인하여 시청각 매체가 많이 활용되고 있다.

가. 영 화

① 영화의 특성

첫째, 영화는 아주 미세한 세계뿐 아니라 광대한 세계를 다룰 수 있다. 따라서 공간의 조작이 가능하다.

둘째, 영화는 시간의 변화 또한 가능하게 해 준다. 시간 또한 축소와 확대가 가능하다.

셋째, 볼 수 없는 세계를 가시화할 수 있다.

넷째, 동작의 정지를 가능하게 한다.

넷째, 영화의 특징 중 하나는 비활동체에 동작을 부여할 수 있다.

② 영화의 장 · 단점

영화가 교육적으로 이용될 때 나타날 수 있는 장점은 다음과 같다.

첫째, 영화는 동작을 보여 줄 수 있다.

둘째, 영화는 사회의 과정을 잘 나타내 준다.

셋째, 영화는 안전한 관찰을 가능하게 해 준다.

넷째, 영화는 여러 가지 기술을 가르치기에 적당하다.

다섯째, 영화는 사태를 극화시켜 준다.

여섯째, 영화는 정서적 감흥을 불러일으킨다.

일곱째, 영화는 문제해결 능력을 길러준다.

여덟째, 영화는 익숙치 않은 문화에 대해 접하게 해 준다.
아홉째, 영화는 주의집중의 기능이 있다.
열 번째, 영화는 단서의 기능이 크다.

영화는 교육적으로 활용될 수 있는 많은 장점에도 불구하고 다음과 같은 단점이 있다.

첫째, 영화는 가격이 너무 비싸다.
둘째, 학생들이 직접 제작하기에는 너무 어려운 점이 많다.
셋째, 영화는 학생들의 참여 학습에까지는 이르지 못한다.

나. 텔레비전

텔레비전은 1936년 영국의 BBC 방송국이 방영을 시작한 이래 매 각광을 받는 매체가 되었다. 그전에 라디오가 잠식해 온 위치를 대신할 뿐 아니라 훨씬 더 영향력을 크게 발휘하였다. TV는 시청각을 총동원하기 때문에 시청자의 호기심을 유발하기에 충분했다. 따라서 영화의 효과를 안방과 교실 안으로 가져다 놓은 셈이다(이영덕, 1985).

① 매체의 특성

텔레비전은 시청자들에게 지식, 정보, 교양, 교육을 동시에 제공하고 있으며, 다양한 기능을 하고 있는 텔레비전이 가지고 있는 특성은 다음과 같다(김신곤 외, 1999).

첫째, 동시성이다. 즉 텔레비전이 가지고 있는 최대의 특성은 어떤 사건이 일어나고 있는 시각에 사건의 진행을 그대로 시청할 수 있다.
둘째, 구체성이다. 라디오는 소리만으로 암시하여 추상성이 강하나, 텔레비전은 매우 강한 구체적인 사실을 보여 주게 된다.
셋째, 현실성이다. 텔레비전은 다른 매체들보다 높은 현실적 자료들을 제공한다. 즉 현장감 있는 정보를 시청자들에게 전해준다.
넷째, 대량성이다. 정보 및 지식을 많은 사람들에게 동시에 전달할 수 있다.

다섯째, 시간과 공간의 극복이다. 텔레비전은 과거의 기록을 재생하고 현재의 사건을 기록하여 보관할 수 있으므로 시간적인 제약을 최소화하며, 지구 반대편에 있는 사건들도 실시간으로 전송하여 공간적인 제약도 최소화한다.

여섯째, 정서성이다. 텔레비전은 소리와 영상을 동시에 전달함으로써 극적이며 정서적인 감정을 전달할 수 있다. 또한 고도의 예술적인 작품이나 도덕적인 내용도 전달할 수 있다.

② 텔레비전의 장점

텔레비전을 교육적으로 활용할 때 다음과 같은 장점을 가진다(김철주, 1998).

첫째, 동적인 학습내용의 전달에 우수하다. 물리적인 움직임과 추상적인 변화과정을 나타낼 때도 유용할 뿐만 아니라, 변화과정을 짧은 시간에 특수 촬영기법을 통하여 필요한 부분만을 발췌하여 보여줄 수도 있다.

둘째, 수업의 내용에 따라 시간·공간적으로 옮겨다니며 수업할 필요가 있는 것들은 시공을 극복할 수 있는 텔레비전의 특성을 통하여 학습자들에게 대리적 경험을 제공할 수 있다.

셋째, 정서적인 분위기를 조장할 필요가 있는 수업에 효과적이다. 음악과 미술 등과 같은 작품의 감상, 역사적 사실, 사상이나 철학 등과 같은 내용을 담고 있는 수업뿐만 아니라 도덕이나 윤리와 같은 수업에서도 효과적인 수업이 가능하다.

③ 텔레비전의 단점

많은 장점에도 불구하고 텔레비전을 교육적으로 이용하는 데에는 몇 가지 단점이 있다.

첫째, 프로그램 제작이 용이하지 않다. 조잡한 프로그램은 교육적 효과를 오히려 떨어뜨릴 수도 있다. 따라서 제작에 신중을 기해야 하는 데, 전문제작 기술자와 교과전문가들이 함께 일하기는 그렇게 쉽지 않다. 더구나 일선 교사가 제작해 보려고 할 때는 더욱 어려움이 따른다.

둘째, TV 시청은 기상변화와 장애물과 관련이 있다. 따라서 날씨가 나쁠 때나 부근에 장애물이 있을 때는 시청에 어려움이 따르게 된다. 물론 이는 공중 방영에 의한 TV 시청시의 경우이다. 따라서 학급에서 시청할 때는 이러한 점에 유의하여 사전에 기상관계 정보를 알아보고 또한 장애물이 없는 곳에서 시청하도록 계획을 세워야 한다.

셋째, 대집단 수업에 이용하기가 불편하다. TV 수상기의 화면이 큰 것도 있지만 이는 값도 비싸고 널리 보급되어 있지 않다. 일반적으로 보급된 수상기의 경우는 화면이 적어 많은 학생을 대상으로 해야 하는 대단위 수업에서의 수상기가 여러 대 있지 않으면 불편하게 된다.

넷째, TV의 가장 큰 약점은 일방전달이라는 점이다. 학생은 수동적으로 시청해야만 한다. 따라서 교사와의 대화를 통한 진정한 의미의 참여학습은 기대하기 어렵다.

3 | 컴퓨터의 교육적 활용

최근 교육현장에서는 다양한 형태의 컴퓨터 보조 교수-학습이 이루어지고 있으며, 컴퓨터를 활용한 수업은 다른 교수매체를 활용한 수업보다 높은 수업효과를 나타내고 있다는 연구들이 보고되고 있다. 컴퓨터 보조수업과 관련해서는 제6장에서 다루었으므로 여기에서는 컴퓨터의 교육적 활용을 중심으로 살펴보고자 한다.

1) 교육에서의 컴퓨터의 활용의 필요성과 역사

(1) 컴퓨터 활용의 필요성

현재 우리가 살고 있는 사회는 농경사회로부터 산업사회를 거쳐 정보에 의존하는 정보화 사회로 발전하고 있다. 사회의 중심이 과거 농경산출물에서 공업산출물을 거쳐 정보산출물로 이동하고 있다. 정보사회란 지식과 정보가 사회의 주요 자본이 되어 정보의 창출과 유통이 사회의 중심이 되는 지식중심사회이다. 따라서 정보화사회에서 개개인에게 요청되는 기술과 능력은 정보를 효율적으로 수집하고 분석·종합하여 이를 효과적으로 활용할 수 있는 정보처리기술과 자신의 필요에 의하여 정보를 탐색·수집·분석·조합하고 활용할 수 있는 정보생산 능력이다.

Branson(1990)은 정보가 폭발적으로 증가하고 지식이 급속도로 확장되는 정보화사회에 대응하기 위해서 미래 학교교육의 패러다임은 과거나 기존의 패러다임으로부터 변화되어야 한다고 주장하고 있다. 즉 과거 교사의 지식과 경험이 학습자에게 일방적으로 전달되던 언어를 사용하는 전통적 패러다임(oraltradition paradigm)에 지식이 기하급수적으로 증가하고 학습자에게 요구되는 지적 활동에 따라 증가되는 미래의 학교교육에서는 지식의 전달이 교사뿐 아니라 테크놀로지를 기반으로 하는 패러다임(technology-based paradigm)으로 변화되어야 한다고 주장하였다.

미래의 학교교육은 단순히 존재하고 있는 정보와 지식을 수동적으로 습득하는 것이 아니라 학습자가 스스로 정보를 만들어 낼 수 있는 능력을 습득하도록 될 것이다. 이러한 교육은 단순히 교사와 학습자 간의 전통적인 의사소통에 의하여 이루어지지는 않는다. 이를 위하여 컴퓨터 테크놀로지를 활용한 지식 데이터베이스(knowledge database)와 전문가 시스템(expert system) 중심의 교육이 이루어져야 하고, 학습자는 자신의 학습요구에 따라 지식 데이터베이스, 전문가 시스템, 동료 학생 등과 상호작용을 통하여 능동적으로 학습할 수 있어야 한다.

따라서 미래사회에서 개인의 삶을 영위하기 위해서는 필수적으로 컴퓨터 관련 기능과 활용 능력의 습득이 필수적이 될 것이다. 즉 컴퓨터 사회 전반의 모든 분야에 걸쳐 다양하게 활용될 것이며, 또한 일상생활 대부분의 활동이 컴퓨터를 매개로 하여 이루어질 것이다.

그러므로 컴퓨터에 관련된 기능과 활용 능력의 습득은 정보화사회에서 삶을 영위할 개인을 준비시키는 데 없어서는 안 될 분야일 뿐 아니라 교육의 효과성, 효율성을 높이고 교육의 개별화, 첨단화, 정보화에도 핵심적인 개념이 되는 것이다.

(2) 교육에서 컴퓨터 활용의 역사

컴퓨터가 교육분야에서 활용되기 시작한 것은 1950년대 말 IBM 연구소에서 IBM 650 기종 컴퓨터로 티칭머신(Teaching Machine)의 기능을 수행하게 하기 위해 사용되었던 것이 최초였다. 컴퓨터를 교육에 적용하는 분야 중에서 가장 많은 부분을 차지하고 있는 CAI 시스템의 시작은 1960년 초 일리노이 대학에서 대형 컴퓨터를 활용한 교수 시스템인 PLATO(Programmed Logic for Automatic Teaching Operation) 시스템 개발 프로젝트를 수행하면서 더욱 발전하게 되었고, 그 후 미시간 대학에서 시작된 SAID(Speech Auto-Instructional Device), 스탠포드 대학에서 Patrick Supper와 Richard Atkinson가 수학 학습용 컴퓨터 프로그램을 개발하는 등 대학과 연구기관에서 컴퓨터를 교수-학습 상황에 적용시키는 다수의 프로젝트가 수행되기 시작하였다(Venezky R. & Osin L., 1991).

1960년대 중반에서 1970대 초에 컴퓨터 시스템의 가격이 저하되고 컴퓨터의 보급이 증가됨에 따라 여러 개의 컴퓨터 활용교육 프로젝트는 PLATO와 TICCIT(Time-shared Interactive Computer Controlled Instructional Television)로 집중 지원되어 발전되기 시작하였다. TICCIT 시스템은 1972년 MITRE사와 브리감영 대학에서 공동으로 제작한 마이크로 컴퓨터에서 활용될 수 있는 CAI시스템으로 교수-학습 프로그램은 텔레비전에 제시되고, 학습자는 키보드를 사용하여 학습을 진행하게 고안되었다. TICCIT 시스템은 학습자 통제에 의한 교수(Learner Controlled Instruction: LCI) 원리에 입각하여 개개인의 학습자가 자신의 학습속도와 학습 스타일에 맞추어 학습을 진행할 수 있도록 고안된 프로그램이었다. 성인용으로 개발되어 주로 성인교육기관과 군대에서 교육용으로 활용되던 TICCIT

시스템은 프로그램 개발자가 학습순서를 미리 정하는 것이 아니라, 학습자가 스스로 결정하여 학습하도록 학습자에게 통제권을 부여하였다.

1960년대에 시작한 PLATO 시스템은 1970년대에 들어와 타임쉐어링(Time Sharing) 시스템으로 개발되어 6백여 명의 학습자가 동시에 단말기를 통해 학습할 수 있도록 하였고, 학습자들이 학습을 진행하는 동안에도 교수자나 개발자는 프로그램을 개발할 수 있도록 설계되어 있어 학습진행의 편리함을 제공하였다. PLATO 시스템은 교수-학습에 활용한 연구 결과에 따르면, PLATO 시스템은 다음과 같은 장점이 있는 것으로 보고되었다.

첫째, 개별학습이 가능하여 학습자의 흥미와 동기를 유발하는 데 유용하고 학습 진행에 필요한 피드백을, 즉각적으로 제공할 수 있다. 둘째, 교수목표에 따라 컴퓨터, 비디오, 오디오 테이프, 보조 시험기 등 다양한 교수매체를 복합적으로 활용할 수 있다. 셋째, 학습자의 실험실시 여부와 평가를 자동으로 처리하고 학습진도를 점검하며 학습평가와 성적관리가 가능하다. 넷째, 교사의 반복적인 업무를 컴퓨터가 대신하여 교사는 교재 연구와 학생 상담을 할 수 있게 된다(Merril et al, 1992).

1970년대 초 또 다른 CAI 시스템은 메사추세츠 공과대학(MIT)에서 Papert에 의해 시도되었다. Papert는 인지심리학자인 Pigget의 학습이론에 기반을 두고 컴퓨터 언어인 LOGO를 개발하여 아동이 스스로 사고하고 문제를 해결하는 능력을 키워나갈 수 있는 환경을 컴퓨터 언어를 통해 제공해 주려고 하였다. Papert는 LOGO 언어와 함께 사용할 수 있는 로봇 거북이(Turtle)를 제작하여 유치원 아동을 비롯하여 초등학교 어린이들이 손쉽게 LOGO를 배울 수 있도록 하였다(Papert, 1980). 1970년에는 5개의 공동연구 단체인 CONDUIT가 아이오와 대학 오리건 대학, 북 캐롤라이나 대학, 텍사스 대학, 그리고 달튜뮤스(Dartmouth) 대학을 중심으로 결성되어 교육용 소프트웨어인 코스웨어(Courseware)의 질적 개선을 도모하는 일을 하였다. 1972년 결성된 미네소타 교육 컴퓨터 협동위원회(Minnesota

Educational Computer Consortium: MECC)에서는 대학기관뿐 아니라, 일반 초 · 중 · 고등학교에서 CAI 활용을 위한 프로젝트를 시도하였다. MECC는 타임 쉐어링 방법에 의해 미네소타주의 모든 학생이 CAI 학습을 제공받을 수 있도록 하여, CAI 시스템 중에서도 그 규모로 볼 때 가히 첫 번째라고 할 수 있다. 또한 MECC는 애플(Apple) 컴퓨터용 교수 프로그램을 꾸준히 개발해 온 결과, 현재 마이크로 컴퓨터용 소프트웨어 개발의 대표적인 기관으로 명성을 얻고 있다.

한편, 1977년 비영리기관으로 WICAT(World Institute for Computer Assisted Teaching)이 설립되어 교육과 훈련을 개선할 수 있는 CAI 시스템의 개발과 이에 관한 연구를 실시하였다. WICAT에서는 영어, 수학, 독해 등의 기본교과 영역의 모범 소프트웨어를 개발하고 새로운 테크놀로지를 교수-학습에 효과적으로 적용하는 연구, 그리고 CAI를 효율적으로 실시할 수 있는 이상적인 컴퓨터 실습실 설계 등을 그 주요 활동으로 하고 있다.

학교 현장에서 CAI에 대한 관심이 높아짐에 따라 다양한 코스웨어가 개발되었으나 대다수가 학습자의 개인차 변인을 수용하지 못하여 학습자와 교사의 요구를 만족시키지 못하였고, 질적으로 개선될 여지가 많은 것으로 나타났다. 1970년 말에 이르러는 이러한 CAI 시스템의 단점을 극복하고 컴퓨터의 성능을 충분히 활용한 상호작용적 CAI 시스템을 개발하고자 하는 운동이 ICAI(Intelligent Computer Assisted Instruction), ITS(Intelligent Tutoring System)를 출현시키게 되었다.

ICAI는 인공지능(Artificial Intelligence: AI)을 교육에 적용시킨 분야이다. 여기서 인공지능이란, 인간의 지능을 컴퓨터 시스템이 유사하게 수행할 수 있도록 하는 것으로, 인간이 언어를 이해하고 학습하며 추론하고 문제를 해결하는 것과 같은 지적 행위를 컴퓨터 시스템에서 가능하게 하는 것이다. 인공지능을 CAI와 적용시키면 학습자는 컴퓨터와의 대화를 통해 교육전문가와 함께 학습을 하며 자신의 능력과 요구에 맞는 학습이 가능하게 될 것이다.

현재 개발된 ICAI 시스템에는 지리교과를 대상으로 한 SCHOLOR, 물리교과의 전기분야를 다룬 SOPHIE, 사칙연산을 다룬 BUGGY, 의학에서의 진단방법을 다룬 GUIDON 등이 있으나, 아직은 대부분의 시스템이 완전하게 인공지능을 적용하지 못하고 있는 실정이다(Kearsley, 1987).

1980년 후반에는 인간학습에서 인지이론을 반영할 수 있는 하이퍼텍스트(Hypertext)의 개념이 하이퍼텍스트 저작도구인 HyperCard를 Apple 컴퓨터사가 무상으로 공급함으로써 상용화되기 시작하였고, 컴퓨터의 기능이 좋아지고 정보처리 속도가 빨라지고, 대용량의 자료를 저장할 수 있는 CD-ROM의 발달로 문자, 그래픽, 음성, 음향 그리고 영상을 복합한 멀티미디어가 교육용 소프트웨어의 유형을 바꾸어 가고 있다.

2) 교육에서의 컴퓨터 활용

교육에서 컴퓨터 활용은 교수-학습(Computer Assisted Instruction: CAI) 영역, 학습관리(Computer Based Management: CBM) 영역, 컴퓨터 리터러시(Computer Literacy) 영역으로 구분하거나, 도구(Tool), 교사(Tutor), 학습자(Tutee)로서의 컴퓨터 활용(Taylor, 1980), 컴퓨터에 관한(About Computer) 교육, 컴퓨터를 사용한(With Computer) 교육, 행정적인 활용(Administrative Use)으로 나누어 설명하기도 한다(Alessi & Trollip, 1985). 여기에서는 컴퓨터 리터러시 영역, 도구로서의 컴퓨터의 활용, 교수자의 역할, 그리고 학습관리 영역으로 구분하여 살펴보고자 한다.

(1) 컴퓨터 리터러시(Computer Literacy)

컴퓨터 리터러시란, 컴퓨터 또는 정보공학에 기반을 둔 사회에서 개인이 기능적으로 불편함 없이 생활하기 위해 필요로 하는 일반적인 기술 또는 지식을 말하며, 이러한 지식이나 기술을 가지고 컴퓨터로 하여금 자신이 원하거나 필요로 하는 일을 수행하도록 할 수 있는 능력도 컴퓨터 리터러시에 포함된다(Merrill et al., 1992). 정보화사회에서 컴퓨터 리터러시 교육의 최종목표는 개개인이 컴퓨터 테크놀로지 지향사회에서 생산적인 시민으로 충실히 기능할 수 있도록 이에 필요한 기술, 지식, 가치관 등을 함양시키는 것이다(Watt, 1980). 따라서 정보화사회의 컴퓨터 리터러시 교육은 컴퓨터의 기본적인 활용 능력을 습득하는 것이다.

컴퓨터 리터러시 교육에서 일반적으로 다루고 있는 교육과정은 컴퓨터 발달사, 컴퓨터의 기본구조 또는 하드웨어 측면, 워드프로세서, 스프레드시트와 컴퓨터 통신 등 운용 프로그램의 활용이 요구되고 있다. 이와 관련된 내용을 간략하게 살펴보면 다음과 같다.

가. 컴퓨터 발달사

컴퓨터의 기원은 BC 600년경 중국에서 사용하던 주판이었다고 하며, 계산기는 1614년에 스코트랜드의 Napier가 곱셈과 나눗셈을 쉽게 할 수 있는 '나삐에르 본(Napier Bones)'을 발명하였다. 그리고 1642년 불란서의 수학자 Pascal은 최초의 덧셈, 나눗셈 기계인 '파스칼린(Pascaline)'을 발명하였고, 이를 모델로 독일의 Von Leibnitz는 사칙연산과 평방근 계산이 가능한 계산기를 발명하였다. 1804년 불란서의 Jacquard가 펀치 카드를 이용한 자동직조기(automatic loom)를 발명함으로써 프로그램이 가능한 계산기가 처음 탄생되었으나 사용되지는 않았다. 오늘 컴퓨터 발명에 가장 큰 영향을 준 발명가는 영국의 Babbage를 들 수 있다. Babbage는 1822년 천문학이나 수학과 관련된 주기표 계산을 위해 차분기계(difference engine)를 발명하였고, 이어서 분석기계(analytical engine)를 구상하였으나 당시의 기술로는 그 기계를 완성하지 못하였다. 그러나 분석기계는 컴퓨터의 네 가지 특성인 자료의 입력, 계산, 저장, 출력의 기능을 포함하고 있어 컴퓨터의 전신이라 볼 수 있다.

한편, H. Hoolerith는 1884년 미국에서 '테블레이팅 기계(tabulating machine)'를 발명하고, 1890년 미국의 인구조사에 사용하여 9년 걸려야 완성되는 인구조사를 2년에 끝내는 성과를 얻고 성공한 후 Tabulating Machine이라는 회사를 설립하였는데, 이는 세계적으로 유명한 IBM(International Business Machine) 회사로 발전하였다.

1944년 IBM과 하버드 대학의 Aiken에 의해 발명된 'Mark I'은 최초의 자동계산기로 원자폭탄 개발을 위한 핵분열 계산에 사용되었다. 그 후 최초의 컴퓨터인 ENIAC(Electronic Numerical Integrator and Calculator)는 미국의 Eckert와 Mauchley에 의해 1945년 개발되었고, 그 후 UNIVAC I가 개발되어 최초의 상업적으로 성공한 컴퓨터가 되었다. 최초의 컴퓨터인 ENIAC과 UNIVAC I은 진공관을 사용하여 만든 컴퓨터로 제 1세대 컴퓨터라고 불리며, 이는 열이 많이 발생하여 전기장치들이 고장이 잦고 신뢰성이 떨어져 곧 제 2세대의 컴퓨터인 트랜지스터를 사용한 컴퓨터로 교체되었다.

트랜지스터 컴퓨터는 크기는 작았지만 열을 발생하는 정도가 아직도 높아 문제가 있었다. 1959년 Kilby는 직접회로(Integrated Circuit: IC)를 제작하여 한 개의 직접회로가 수백 개의 트랜지스터를 수용하게 되었고, 이는 컴퓨터의 소형화, 고속화를 가능하도록 하였다. 이러한 직접회로 컴퓨터를 제 3세대 컴퓨터라 한다.

1970년에는 미국의 Hyatt와 Hoff가 마이크로프로세서를 고안하여 처리회로, 입·출력회로, 기억회로를 단 하나의 칩(chip)에 결합하여 컴퓨터의 소형화에 획기적인 계기를 가져왔다. 이를 제 4세대 컴퓨터라 한다. 이러한 마이크로프로세서들을 여러 개 결합시켜 컴퓨터의 효율성과 처리속도를 증대하고자 하여 개발된 시스템이 병렬처리 시스템이고 이를 제 5세대 컴퓨터라 한다(박찬모 외, 1995).

나. 컴퓨터 하드웨어

컴퓨터에서 하드웨어 컴퓨터의 본체를 포함하여, 입력장치, 중앙처리장치, 기억장치 및 출력장치를 말한다. 컴퓨터에 입력된 정보는 중앙처리장치에 의해 처리되며, 컴퓨터의 두뇌라고 할 수 있는 중앙처리장치는 마이크로프로세서의 성능에 따라 286, 386, 486 PC, 펜티엄으로 구분된다. 연산장치와 제어장치가 있는 중앙처리장치는 작동에 필요한 정보가 기록되어 있는 ROM(Read Only Memory), 정보가 처리되는 동안 정보를 저장하고 수정된 정보를 일시적으로 기억하고 있는 RAM(Random Access Memory)과 함께 정보를 처리한다. 이렇게 처리된 정보는 영구적으로 기억되기 위해 디스켓으로 출력되어 저장되기도 하고, 모니터와 프린터로 출력되기도 한다. 또한 모뎀을 통해 먼 거리에 있는 다른 컴퓨터로 송신되기도 한다(이화여자대학교 교육공학과, 1998).

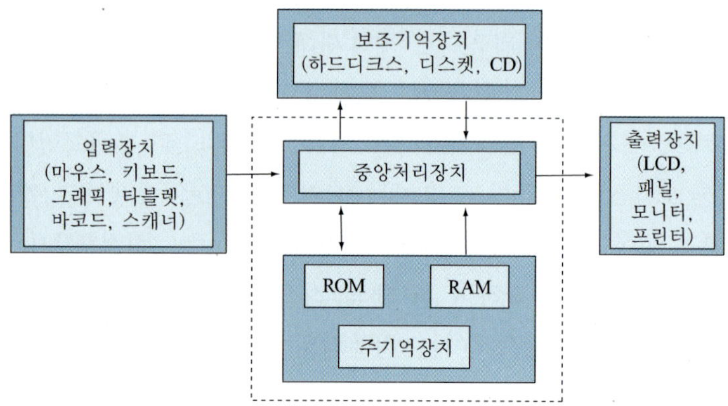

그림 8-8 컴퓨터의 기본구조

컴퓨터 하드웨어를 구성하고 있는 입력장치, 중앙처리장치, 주기억장치, 보조기억장치, 출력장치를 구분하여 설명하면 다음과 같다.

① 입력장치

컴퓨터가 내부로 자료를 받아들일 수 있도록 하는 장치를 입력장치라고 하며, 입력장치에는 문자나 기호 등을 직접 입력할 수 있는 키보드(keyboard), 마우스(mouse), 라이트 펜(light pen), 트랙 볼(track ball), 조이스틱(joystick), 터치스크린(touch screen) 등이 있다.

② 중앙처리장치

중앙처리장치(Central Processing Unit: CPU)는 컴퓨터의 뇌에 해당되는 부분으로 실제로 자료를 처리하는 곳이고, 여기에는 컴퓨터 시스템의 동작을 제어하는 제어장치와 산술연산이나 논리연산으로 자료를 처리하는 산술/논리 연산장치가 있다.

③ 주기억장치

주기억장치는 프로그램과 자료를 저장하는 장치로 ROM(Read Only Memory)과 RAM(Random Access Memory)으로 구성되어 있다. ROM은 기억장치의 내용을 읽기만 하고 수정할 수 없는 장치로 전원의 공급이 끊어지더라도 내용이 그대로 남아 있으므로, 바꾸어서는 안 되는 정보나 바꿀 필요가 없는 정보를 저장하는 데 필요한 기억장치이며, RAM은 읽고 쓰기가 자유로운 기억장치이나, 전원이 끊기면 기억되었던 내용이 모두 지워지므로 기억된 정보를 보존하기 위해서는 보조기억장치가 필요하다.

④ 보조기억장치

보조기억장치는 자료를 영구히 보존하고자 할 때에 쓰는 기억장치로 플로피디스크, 하드디스크, 자기 테이프 등이 있다. 가장 범용적으로 쓰이는 플로피디스크는 플라스틱판에 자성물질을 입혀 자료를 기억하는 장치로 5.25인치와 3.5인치 디스크가 있다. 하드디스크는 금속제 원판에 자성물질을 입혀 자료를 기록하는 장치로 컴퓨터

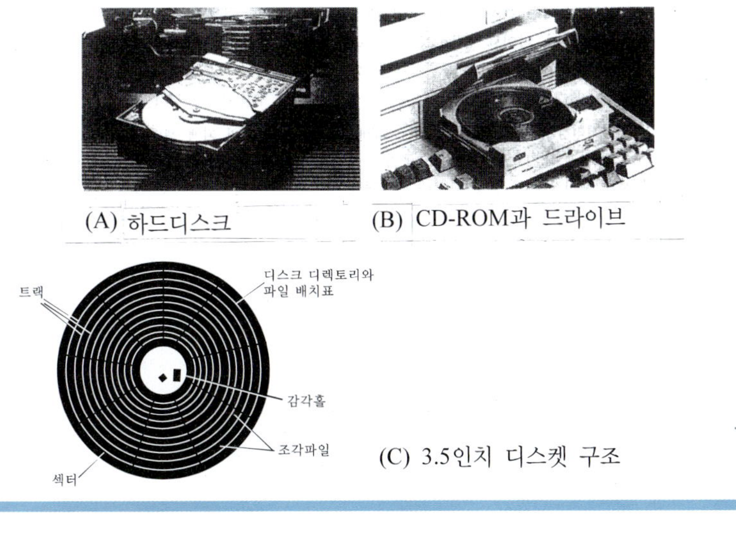

(A) 하드디스크 (B) CD-ROM과 드라이브 (C) 3.5인치 디스켓 구조

그림 8-9 보조기억장치

본체 안에 들어 있는 내장형과 본체와 분리되어 이동이 가능한 외장형 하드디스크가 있으며, 요즈음은 4.75인치 크기로 금속성 디스크에 투명한 플라스틱 소재를 입혀 550MB(Mega Byte) 정도의 대용량 정보를 기억할 수 있는 CD-ROM이 보조기억장치로 많이 활용되고 있다.

최근에는 5.25인치 디스크는 거의 사용하고 있지 않으며, 소량에 대용량의 정보를 저장할수 있는 USB 드라이브를 많이 사용하고 있다. 또한 정보의 저장만 가능했던 CD-ROM도 최근에는 재입력이 가능해져 CD-RW나 DVD-RW로 사용되면서 인기 있는 보조기억장치로 활용되고 있다.

⑤ 출력장치

컴퓨터에서 처리된 자료를 내보내는 장치가 출력장치인데 모니터, 프린터, 플로터, 스피커 등이 있다. 모니터는 우리가 보통 쓰는 영상화면 장치를 말하고, 흑백과 컬러 모니터가 있다. 프린터에는 도트 프린터, 잉크젯, 레이저 프린터 등이 있다.

다. 소프트웨어

컴퓨터는 하드웨어, 즉 기계적으로는 위와 같이 구성되어 있지만, 이러한 기계를 작동하게 하는 것은 컴퓨터 소프트웨어이다. 즉 컴

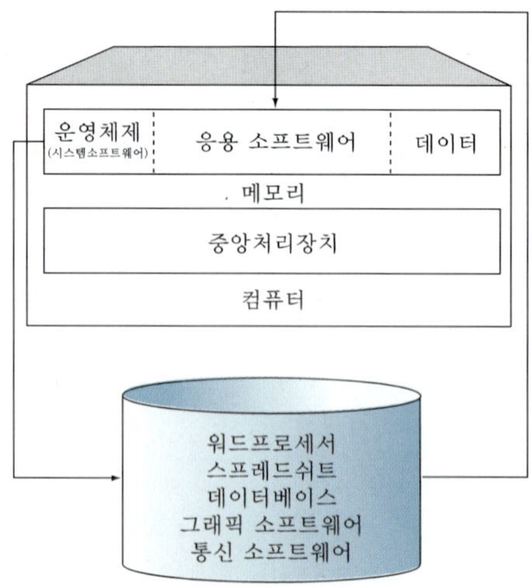

그림 8-10 시스템 소프트웨어와 응용 소프트웨어와의 관계

퓨터를 소프트웨어가 하드웨어를 명령해야만 정보의 처리가 가능하다는 것이다. 컴퓨터 소프트웨어에는 컴퓨터를 작동시키는 데에 필요한 시스템 소프트웨어가 있고, 컴퓨터가 작동한 후 업무를 위해 활용하는 응용 소프트웨어가 있다.

① 시스템 소프트웨어

컴퓨터의 내부 행동을 제어하는 시스템 소프트웨어를 운영체제라고 하며, DOS(Disk Operating System), Windows, Unix, OS/2 등이 그 예이다. 시스템 소프트웨어에는 컴퓨터가 처음 켜질 때에 시스템 프로그램 중 하나가 메모리에 적재되어 메모리 용량, 프로세서 모델, 사용될 디스크 구동기 등에 대한 정보를 갖고 있다. 일단 이 시스템 프로그램이 메모리에 적재되어야만 응용 소프트웨어를 가져올 수 있다.

② 응용 소프트웨어

응용 소프트웨어는 사용자들의 특정 문제를 해결하는 프로그램을 말한다. 이 소프트웨어는 다양한 업무를 수행해야 하는 사람들이 가질 수 있는 문제나 작업을 컴퓨터가 수행할 수 있도록 개발된 프로그램으로 문서작성을 위한 워드프로세서, 계산을 위한 스프레드쉬트, 자료나 재고관리를 하는 데이터베이스 프로그램, 그림을 그릴 수 있는 그래픽 소프트웨어, 컴퓨터 통신을 도와주는 통신 소프트웨어가 가장 많이 사용되는 응용 소프트웨어이다.

(2) 도구(Tool)로서 컴퓨터 활용

컴퓨터의 도구적 활용은 컴퓨터가 학습을 보조하는 교수-학습의 도구로 사용되는 것을 의미한다. 즉 학습자는 컴퓨터를 학습에 필요한 필기구나 노트, 그리고 타자기, 계산기 등과 같은 기능을 수행하도록 사용하는 것이다. 컴퓨터를 수업 현장에서 학습도구로 활용하는 예는 다양한데, 그 중 대표적인 것이 문서작성기로서의 워드프로세서(word processor), 회계관리 기능의 스프레드시트(spreadsheet),

정보 조직관리 기능의 데이터베이스(database), 컴퓨터 통신 · 관리 기능의 컴퓨터 통신 등이 있다.

① 워드프로세서의 활용

워드프로세서란 컴퓨터를 문서, 서신, 보고서 등을 작성하는 도구, 사용하는 문서관리 소프트웨어를 말한다. 타자기에 비해 워드프로세서는 문서의 작성, 편집, 인쇄하는 데 있어서 효율적이고 능률적이다. 워드프로세서에서는 컴퓨터의 메모리를 고성능의 전자원고지나 메모용지로 사용하여 텍스트를 손쉽고 신속하게 작성하고 교정할 수 있게 할 수 있다. 최근에는 컴퓨터 기술의 발전으로 출판의 기능까지도 지닌 고질의 워드프로세서가 출현하게 되어 탁상출판(desktop publishing)이 가능하게 되었다.

교육현장에서 워드프로세서는 국어교과를 중심으로 한 작문학습과 리포트 작성, 학급신문, 교지 및 동시 · 동요 모음집 발간을 위한 도구로서 사용될 수 있다. 컴퓨터가 연필로서 사용하는 워드프로세서는 수작업에 비해 글을 쓰고 수정하는 과정이 편리하여, 작문 학습활동에 대한 학생들의 흥미와 의욕을 불러일으키게 되고, 결과적으로 학생들의 문장구사 능력 향상뿐만 아니라 창의성 개발에도 기여할 수 있는 이점이 있다.

② 스프레드시트의 활용

컴퓨터 응용 소프트웨어의 일종인 스프레드시트는 수량적 데이터를 처리하는 회계관리용 프로그램으로서 컴퓨터의 신속하고도 정확한 계산처리 능력을 이용하여 산술적 계산이나 그 밖의 데이터 조작을 효율적으로 수행하는 프로그램이다. 스프레드시트 프로그램은 일반 사무실 업무 중 수치의 집계, 분석, 계산 결과의 보관 및 인쇄 등에 주로 활용되고 있다. 스프레드시트 프로그램은 자동계산 기능과 데이터 산출과 관련된 변인의 변경에 따른 신속한 재계산 기능을 가지고 있어 수량적 데이터를 다루는 어떤 교과에서도 효율적으로 사용될 수 있다.

스프레드시트의 장점은 성적산출을 위해서 입력한 공식에 의해

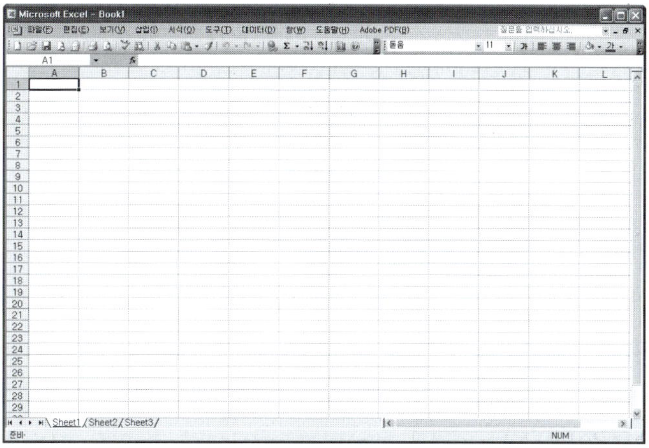

그림 8-11 스프레드시트의 모형

학습자 개개인의 성적, 반평균 등이 자동적으로, 순식간에 제시되는 것과 같은 수량 데이터의 신속한 집계 및 산출에 있다. 그러나 이보다 뛰어난 장점은 입력 데이터의 산출 공식, 예컨대, 성적산출 공식의 가중치가 변경됨에 따라 신속하게 다시 재계산하여 원하는 값을 산출하는 능력이다. 스프레드시트는 수량적 계산이 요구되는 모든 교과에 적용할 수 있다. 또한 수량적 데이터와 관련된 교과과정에 스프레드시트 프로그램이 효과적으로 통합되기 위해서는 이를 단순한 데이터 집계나 수치산출을 위해서 사용하는 데서 벗어나, 다양한 모의학습상황을 제시하고 이를 통해서 학생들이 문제와 관련된 원리, 관계 등을 발견하고 문제를 해결하는 능력을 함양하는 데 사용되어져야 할 것이다(한국교육개발원, 1993).

특히, 스프레드시트는 수학교과에서 수학의 원리 · 개념 이해와 계산 능력과 관련된 문제해결 등에 적용될 수 있다. 예를 들면, 스프레드시트 프로그램은 화폐단위 이해와 사칙연산 개념 학습을 위해서 이용될 수가 있는데, 이 때 시장놀이, 은행놀이, 물건사기 등 다양한 모의학습 상황을 통해서 학생들의 개념 습득을 도울 수 있다. 이러한 시뮬레이션 학습 상황에서는 반복적 계산 연습에 치우치지 않고, 학습자 스스로가 예산을 세우고 이를 집행하며, 오류 수정과 재분배를 실시함으로써 문제해결 능력을 함양시킬 수 있는 장점이 있다. 스프레드시트를 응용한 프로그램은 엑셀이나 SPSS, 그리고 사무실이나 영업점 등에서 사용하는 각종 재고관리, 재무관리 및 계산에 응용되는 대부분의 응용소프트웨어들이다.

③ 데이터베이스의 활용

데이터베이스란 컴퓨터에 저장된 정보의 모음을 말한다. 데이터베이스 프로그램은 사용자가 업무에 필요한 데이터를 자신의 활용 목적에 따라 분류하고 입력할 수 있게 하며, 입력된 데이터를 수정하여 정리할 수 있게 하며, 신속하게 데이터를 검색 · 활용할 수 있게 하는 기능을 가지고 있다. 한마디로 데이터의 효율적 활용을 지원해 주는 응용 프로그램이 데이터베이스 프로그램이다. 데이터베이스 프로그램은 컴퓨터를 도구로 사용하여 방대한 자료를 신속하고 효율적으로 관리할 수 있고, 정리된 자료의 검색과 인출이 신속하다는 장점이 있다. 따라서 데이터베이스 프로그램은 파일 관리가 필요한 업무, 즉 도서관 자료목록, 주소록, 사전, 전화번호부, 카탈로그 및 생활 정보망 등을 작성하는 데 사용된다.

컴퓨터 데이터베이스는 파일(file), 레코드(record), 필드(field), 캐릭터(character)의 네 가지 요소로 구성되어진다([그림 8-12] 참조). 데이터베이스는 사무실의 잘 정리된 파일박스나 도서관의 도서카드의 같이 자료를 기록, 정리, 관리하는 기능이 있다. 그러나 매뉴얼 파일박스나 도서카드와 달리 컴퓨터 데이터베이스는 정보 · 데이터의 저장, 수정, 검색 및 인출이 신속하고 융통성 있게 이루어지고, 저장된 자료는 순식간에 자동적으로 보고서로 작성될 수 있는 이점이 있다.

데이터베이스 프로그램은 과학, 사회, 역사 등과 같이 일련의 사건, 현상, 사물을 다루고 있는 교과의 교수-학습 도구로서 사용되어질 수 있다.

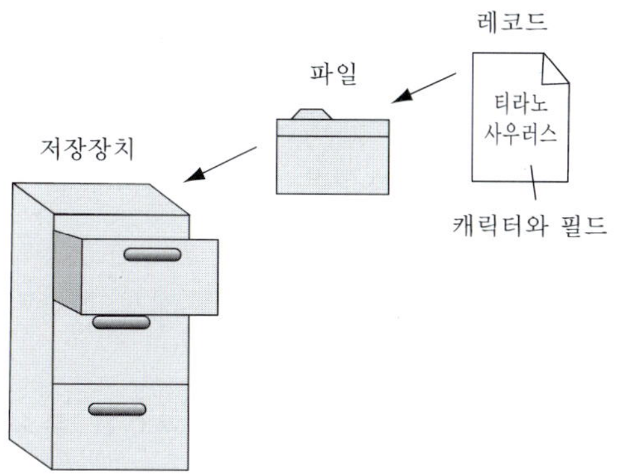

그림 8-12 데이터베이스 개념도

④ 컴퓨터 통신

컴퓨터 통신이란 컴퓨터와 컴퓨터 간에 전화선을 통해서 서로 자료를 송신하고 수신하는 의사소통을 일컫는다. 컴퓨터 통신에는 대형 컴퓨터에 연결된 워크스테이션을 통해서 방대한 정보를 제공받는 유형과 개인용 컴퓨터(PC)가 대형 컴퓨터의 공공 소프트웨어를 이용하거나 대형 컴퓨터 환경 하에서 개인용 컴퓨터 간에 정보를 서로 교환하는 통신유형이 있고, 개인용 컴퓨터끼리 프로그램과 프린터 등을 공유하고 정보를 서로 교환하는 유형이 있다. 현재 대표적인 컴퓨터 통신으로는 국내의 천리안과 하이텔을 위시하여 세계 공용의 인터넷(internet)이 있다.

PC 통신이 제공할 수 있는 서비스는 다양하여 전자우편(electronic mail), 전자게시판(BBS), 채팅(chatting), 동호회, 데이터베이스 검색 등이 있다. 전자우편은 편지가 우편을 통해서 수신자에게 가는 대신에 전자통신을 통해서 수신자의 컴퓨터로 전달되는 것을 말한다. 전자게시판은 일상생활과 관련된 각종 정보를 주컴퓨터에 수록하여 이를 PC 이용자가 게시판처럼 사용하는 것을 일컫는다. 동호회는 취향이 같은 PC 이용자끼리의 상호 친목모임이고, 채팅은 PC 화면을 이용한 온라인 대화이다.

컴퓨터 통신이 지니는 다양한 기능을 교육적으로 활용하면 교사와 학생들은 지역에 제한을 받지 않고 다른 지역에 있는 교사와 학생들과 정보교환을 할 수 있고, 공동 주체에 관한 토론과 그룹활동을 할 수 있고, 자료수집을 위한 정보 서비스와 전문가의 자문을 받을 수도 있어 효과적인 교수-학습을 이룰 수 있다.

컴퓨터 통신의 교육적 가능성은 크게 다음과 같이 집약할 수 있다(전성연 · 백영균, 1992).

- 원격지에 있는 학생들이 컴퓨터를 통해서 학습자료를 제공받고 교사의 지도를 받을 수 있다.
- 컴퓨터 동호회를 구성하고 이를 교육적으로 활용하고 운영한다.
- 학교간의 학교활동에 대해 서로 정보를 교환한다.
- 학교 간, 교사 간, 학생 간의 코스웨어를 상호 교환하여 학습내용을 풍부하게 하고 학습경험을 확대할 수 있다.

(3) 교수자의 역할

컴퓨터가 교수-학습 과정에서 교사의 가르치는 역할을 담당하고 학습자는 컴퓨터로부터 교수를 받거나 컴퓨터로 자가학습(self-learning)을 하게 되는 것이 컴퓨터의 교수자 역할이다. 교수자 역할의 가장 일반적인 학습의 단계는 컴퓨터가 학습정보를 제공하고, 학습자는 이와 관련된 문제에 응답하도록 요청되어진다. 그런 다음 컴퓨터는 준거에 의하여 학습자의 응답을 평가하고, 평가결과에 따라 학습의 다음 단계를 결정하게 된다. 이러한 과정에 관련된 모든 교수-학습 과정을 컴퓨터 보조 교수-학습이라고 한다.

컴퓨터를 활용하는 교사는 다양한 방법으로 학습을 이끌어 갈 수 있다. 학습자들에게 새로운 개념을 가르치고 그들의 이해를 돕는 개인교수형 방법이 있나 하면, 학습자들이 배운 지식을 연마시키고 확실하게 해 주는 반복 학습형, 그리고 학습자가 기술적으로 습득한 것을 실제와 유사한 화면상에서 연습하게 하는 모의 실험형 다양한 방법이 있다.

그리고 이렇게 학습을 도와주는 프로그램을 CAI(Computer Assisted Instruction), CAL(Computer Assisted Learning), CBL(Computer Based Learning) 소프트웨어 또는 교육용 소프트웨어 또는 코스웨

어라고 하며, 교수-학습 과정에서 컴퓨터를 활용하는 연구들이 지속적으로 이루어져 왔다.

이러한 연구결과에 따르면 컴퓨터로 학습하는 것은 한 가지의 좋은 수업방법이지만, 컴퓨터를 수업-학습에 효과적으로 사용하려면 교사는 컴퓨터가 어느 정도의 일을 해 주기를 원하는 지에 대한 구체적인 요구가 있어야 하고, 사용한 후 과연 그러한 요구를 컴퓨터가 충족하였는지에 대한 평가가 있어야만 그 효과가 명백해진다는 것이다. 컴퓨터에게 수업을 맡길 경우에 교사는 먼저 학습목표를 명백하고 구체적으로 세우는 것이 중요하다. 즉 학습 대상자가 학습이 일어난 후 행해야 할 수행능력, 학습자의 수행이 이루어지는 환경과 그 수행 정도를 나타내는 학습목표의 구체적인 진술은 성공적인 컴퓨터 활용 학습을 이끄는 지름길이다.

다음으로, 교사는 컴퓨터로 학습이 일어날 학습의 영역을 정하는 것이다. Gagné에 의하면 학습의 영역은 다섯 가지로 나누어지는데 태도, 신체기능, 인지전략, 언어정보, 지적기능이다. 학습자들이 스스로 해야 할 일을 정할 수 있도록 하는 태도 영역의 학습에서 컴퓨터는 직접적이기보다는 간접적으로 활용된다. 예를 들면, 산수문제를 재미있는 게임의 형식으로 풀게 하면 학습자는 산수문제를 푸는 것이 즐거워질 것이고, 따라서 산수문제를 스스로 풀고 싶다는 태도가 형성될 것이다. 신체적인 기능을 학습시키는 영역에서 컴퓨터는 매우 제한적으로 활용될 수밖에 없을 것이다. 키보드를 사용하게 한다든지, 신체적 기능을 분석해 놓은 멀티미디어 자료, 즉 테니스의 서비스 넣는 모양을 절차적으로 보여 주면 해설하는 자료는 신체적 기능의 습득에 도움을 줄 수 있을 것이다.

학습자가 학습의 여러 유형 중 가장 자신에게 효율적인 방법을 선택해서 사용할 수 있는 인지전략 학습영역에서 컴퓨터는 문제를 제공하고 풀어가는 과정에서 요구되는 도구를 제공함으로써 인지전략을 습득할 수 있도록 훈련시키는 데 커다란 가능성을 가지고 있다. 지명, 영어단어 등 비교적 단순한 사실적 정보를 말하거나 묘사하는 능력과 관련되는 언어정보 영역에서 컴퓨터는 개인 교수를 통한 개념형성과 반복연습을 통한 강화로 매우 유용하게 활용되고 있다. 개념의 변별과 확인, 분류, 시도, 그리고 일반화의 다섯 가지 하부 영역으로 나누어지는 지적 영역의 학습을 위해 컴퓨터는 개인교수형, 반복학습형, 모의실험형, 문제해결형, 자료제시형 등 다양한 교육용 소프트웨어 유형으로 접근하고 있다.

교육용 소프트웨어는 컴퓨터의 장점을 충분히 살리면서 학습이 가장 효과적, 효율적으로 이루어지도록 학습이론과 학습전략에 관한 이론을 적용하여 제작되어야 한다. 이렇게 제작된 소프트웨어를 양질의 교육용 소프트웨어라 하고, 그 특성은 학습자의 학업성취를 높이고, 학습자의 인지능력인 창의력, 문제해결력, 논리적 사고력을 증진시킬 수 있으며, 학습자의 동기유발을 높일 수 있는 소프트웨어이다(강명희, 1994). 효율적인 소프트웨어는 다른 학습방법보다 교육용 소프트웨어를 사용할 경우 학습시간이 단축되고, 교육비용이 절감되는 시간과 경제적인 측면에서 이익을 가져다주는 소프트웨어를 의미한다.

양질의 소프트웨어가 가지고 있어야 할 구체적인 특성은 다음의 a 몇 가지로 요약될 수 있다. 첫째, 개발목적과 학습목표, 그리고 활용방안이 구체적이며 명백해야 한다. 둘째, 학습자의 수준을 고려하고, 학습동기를 유발시키고, 학습자에게 적절한 통제권을 부여하며, 학습의 평가가 정확해야 한다. 셋째, 학습자가 사용하기 용이하며, 쉽게 학습을 진행할 수 있고, 프로그램의 오류가 없어야 한다. 다시 말하면, 학습목표와 학습내용이 구체적이고 정확해야 하며, 학습전략이 우수하고 학습진행에 불편이 없어야 한다는 것이다.

이러한 양질의 교육용 소프트웨어를 제작하기 위해서는 여러 단계를 거쳐야 하나, 크게는 세 단계로 구분할 수 있다. 첫 번째 단계는 학습의 대상자를 이해하고 그들의 요구를 파악하는 요구분석의 단계이고, 두 번째 교수목표 진술과 교과내용 분석, 평가전략과 교수전략을 수립하는 설계단계이고, 세 번째는 흐름도와 스토리보드 작성, 그리고 교사 지침서와 학습자 매뉴얼을 설계하고 프로그램을 개발하는 개발단계이다. 평가는 각 단계에서 연속적으로 해야 하므로 모든 단계에 포함되어 있다(Hannafin & Peck, 1988).

(4) 컴퓨터 학습관리

좋은 학습이 이루어지려면 수업을 담당하는 교사는 다음과 같은 네 가지의 요소들을 가지고 수업을 운영해야 한다. ① 명확하고 의미 있는 학습목표, ② 효과적이고 효율적인 교수-학습 방법, ③ 학습결과를 정확하게 측정하는 것, ④ 학습과정과 결과를 기록하여 학습자에게 올바른 학습을 인도해 주는 것이다(Futrell & Geisert, 1990).

따라서 교사는 학습자의 진도와 성취도를 측정해서 학습자의 성취도가 어느 정도이고 언제 진도를 나가야 할지를 알아야 한다. 이러한 교사의 업무를 도와주는 용도로 컴퓨터가 사용될 때에 컴퓨터 학습관리(Computer Based Management: CBM)가 이루어진다고 할 수 있다. 여기서 컴퓨터는 학습자가 어떤 주제를 이해하지 못하는지, 학습자의 각 과목별 점수는 몇 점인지, 학급 평균 점수는 몇 점인지에 관한 정보를 쉽게 빨리 알 수 있도록 교사에게 정보를 주어 수업의 운영을 도와주어야 한다.

이러한 업무를 보조해 주는 컴퓨터 프로그램에는 시험/평가의 절차와 학습자의 성적을 기록하고 관리해 주는 성적관리 프로그램과 시험문제 은행 데이터베이스를 이용한 시험출제 프로그램 등이 있다.

4 | 멀티미디어(Multimedia)의 교육적 활용

교육현장에서 컴퓨터의 활용은 최근 교수효과의 극대화라는 측면에서 컴퓨터와 다양한 매체들을 결합한 멀티미디어 또는 하이퍼미디어가 등장하게 되었다. 멀티미디어는 컴퓨터와 다양한 매체들이 결합함으로써 학습자들에게 보다 높은 수준의 학습흥미를 유지할 수 있도록 하며 학습을 위한 최적의 환경을 제공해 주고 있다. 본

절에서는 교육에서의 멀티미디어의 활용을 중심으로 간략하게 살펴보도록 하겠다.

1) 멀티미디어의 정의

멀티미디어는 시대에 따라 그 의미가 달라져 왔다. 50년대 처음 생성된 멀티미디어는 영어로 Multi-Media로 썼으며, 여러 가지 시청각 매체를 사용하는 것을 뜻하였다. 즉 OHP(Overhead Projector), 슬라이드 프로젝터(Slide Projector), VCR의 사용을 멀티미디어라고 하였다. 1970년대 들어서면서 멀티미디어는 Multi Image나 Multi Image Show라는 용어로 더 많이 사용되었으며, 이는 여러 개의 슬라이드 프로젝터와 비디오테이프, 영화 등 다양한 영상자료가 오디오 카세트테이프에 프로그램이 되어 영상과 음성이 일치가 되어 자동으로 프레젠테이션이 되는 것을 뜻하였다. 이 Multi Image나 Multi Image Show는 한 스크린에 투사할 수도 있고 360도 스크린에 투사하기도 하여 입체감을 주기도 한다.

최근 멀티미디어(Multimedia)는 문자, 그림, 사진, 영상, 애니메이션, 음향, 음악, 출판 등이 디지털 방식으로 컴퓨터를 중심으로 통합된 커뮤니케이션과 상호작용이 수반되는 복합 다중매체를 뜻한다. 그러므로 멀티미디어는 매체의 결합형식에 따라 다양한 정의가 내려지고 있다. 매체운영을 중심으로 한 정의의 한 예로 "멀티미디어란 음성, 화상 및 정보처리에 관한 데이터를 동시에 운용하는 것이며, 또한 이 동시 운용을 가능케 하는 데이터를 동시에 운용하는 것이며, 또한 이 동시 운용을 가능케 하는 데이터의 창출, 축적, 전송 및 재생에 관한 기술의 총체를 말한다"라고 정의하기도 하고, 통신에 중점을 둔 정의로는 "멀티미디어 통신이란 비디오, 오디오, 텍스트, 데이터를 결합하는 능력이며, 사용자 상호간 또는 사용자와 네트워크 단말 간을 양방향으로 통신하는 것이다"라고 정의하기도 하였다. 각각의 정의들은 공통점을 가지고 있다. 멀티미디어에 대한 다양한 정의가 이루어지고 있지만, 공통적인 부분으로서는 다양한 정보들이 컴퓨터를 중심으로 결합되어 커뮤니케이션이 이루어지고 있는 다중매체라는 것이다. 이를 [그림 8-13]로 나타내면 다음과 같다.

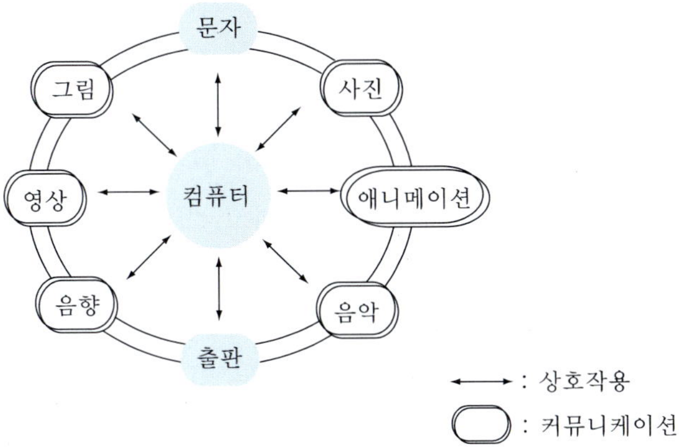

그림 8-13 멀티미디어

2) 하이퍼미디어, 상호작용적 비디오 및 CD-ROM

멀티미디어 프로그램은 여러 가지 형태로 제작되고 저장될 수 있다. 그 중에서도 가장 많이 보급되어 쓰이고 있는 하이퍼미디어, 상호작용적 비디오, 그리고 CD-ROM에 대하여 간략하게 살펴보기로 한다.

(1) 하이퍼미디어(Hypermedia)

1945년 7월 Vannevar Bush는 Atlantic Monthly라는 잡지에 “As We May Think”라는 글을 게재하였고, Bush는 앞으로 정보가 폭발적으로 증가할 것을 예측하고 ‘Memex’라는 전자 슈퍼데스크를 제의하였다. Bush는 도서관에서 카드 열람표를 보고 정보를 손쉽게 찾아낼 수 있듯이 앞으로 우리 인간은 Memex라는 전자 슈퍼데스크에서 필요한 정보를 손쉽게 찾아낼 수 있어야 한다고 주장하였다. 그러나 Bush의 주장은 하나의 이론으로 그쳤을 뿐 그의 이론을 구체화한 장치는 고안되지 않은 채 20여 년의 세월이 흘렀다.

1965년 Theodor H. Nelson은 '하이퍼텍스트(Hypertext)'라는 단어를 처음 만들어 내었다. Nelson에 의하면, "하이퍼텍스트란 하나의 소프트웨어로 생각할 수 있으며, 이 소프트웨어에서는 정보가 따로따로 떨어진 비연속적인 점(nodes)으로 저장되면 각 점은 검색이나 색인이 용이하도록 주소나 레이블을 가지고 있다"고 하였다. 하이퍼텍스트에서 가장 중요한 두 가지 개념은 점(nodes)과 연결(link), 즉 각 점을 연결하는 것이다. 점의 주소나 레이블이 잘못될 경우 연결이 되지 않을 수도 있으며, 이 연결이 되지 않을 때 찾고자 하는 정보를 찾지 못하게 되기도 하고, 프로그램을 사용하다보면 막다른 골목에 봉착하여 프로그램에서 빠져 나오는 방법이 없을 수도 있다. 그 뒤 Nelson의 하이퍼텍스트 개념은 1987년 Apple 컴퓨터 회사가 '하이퍼카드(HyperCard)'라는 일종의 저작도구를 개발해 내면서 일반화, 구체화, 상품화되었다. 그 이후 많은 교육용 컴퓨터 소프트웨어나 멀티미디어 프로그램이 이 하이퍼카드를 이용하여 프로그램을 개발하기 시작하였고, 초창기에는 이를 하이퍼미디어라고 불렀다. 그러나 요즈음 하이퍼미디어란 하이퍼카드를 이용하지 않았어도 하이퍼텍스트의 개념을 적용하여 개발된 프로그램을 일반적으로 지칭하며, 대부분의 멀티미디어 프로그램이 이 하이퍼텍스트의 개념을 적용하고 있어 하이퍼미디어라고 부를 수도 있으나 모든 멀티미디어 프로그램이 반드시 하이퍼미디어 프로그램인 것은 아니다.

이 하이퍼텍스트와 하이퍼미디어의 개념을 [그림 8-14], [그림 8-15]로 나타내면 다음과 같다.

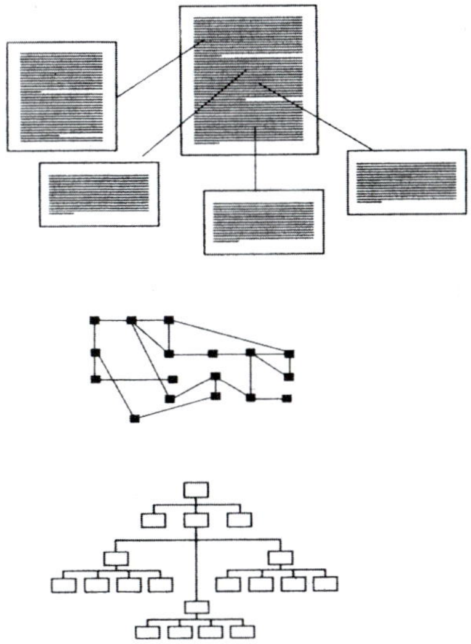

그림 8-14 하이퍼텍스트의 개념

멀티미디어는 방대한 양의 정보를 수록할 수 있고 탐색이 용이하다는 장점 이외에도 기존의 미디어와 비교할 때 다음과 같은 여러 가지 우수한 점이 있다.

첫째, 다양한 매체가 통합이 되어 한 화면에 제시가 된다.
둘째, 사용자와 매체와의 상호작용이 가능하다.
셋째, 많은 양의 정보를 수록할 수 있다.
넷째, 고질의 음향과 영상을 얻을 수 있다.
다섯째, 색인과 검색이 용이하다.

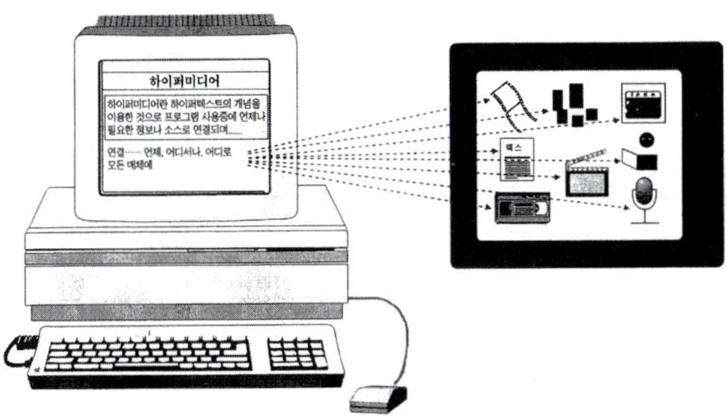

그림 8-15 하이퍼미디어의 개념

(2) 상호작용적 비디오(Interactive Video)

교육현장에 컴퓨터의 활용은 지금까지 교육현장에서 활용되어 오던 다른 매체와 달리 컴퓨터 보조학습 프로그램은 상호작용을 가능케 하였으며, 또한 개인차를 고려한 학습도 가능케 하였다. 그러나 초기의 컴퓨터 보조학습 프로그램은 컴퓨터 공학 발달의 한계로 인하여 주로 텍스트와 간단한 그림이 가능할 뿐 동화상이나 오디오의 제공이 이루어지지 않았다. 따라서 이러한 것이 가능한 비디오테이프와 컴퓨터의 결합이 자연스럽게 이루어지게 되었으며, 1980년대 초, 즉 비디오와 컴퓨터의 결합이 이루어졌다. 그 이후 공학의 발달로 인하여 레이저디스크(Laser Disk)가 도입이 되었으며, 비디오테이프를 사용하던 형식에서 비디오디스크를 사용한 상호작용적 비디오(Interactive Video) 또는 상호작용적 비디오디스크(Interactive Videodisk)가 보급이 되기 시작하였다.

상호작용적 비디오는 최근 교육현장에서 사용이 줄어들고 있다. 1980년대에서 90년대까지는 대용량의 정보를 저장할 수 있는 기술이 부족하였기 때문에 레이저디스크를 응용한 비디오디스크에 대용량의 정보를 저장하여 교육현장에서 활용하였지만, 최근에는 정보저장기술의 획기적인 발달로 인하여 사용이 이루어지고 있지 않고 있다.

(3) CD-ROM(Compact Disc-Read Only Memory)

CD-ROM은 Compact Disc Read-Only Memory의 약자로 광디스크(Optical Disk)의 일종이며 직경 12센티미터(4.72인치)에 정보가 수록된다. 이 CD류에는 CD Audio, CD(Compact Disc), CD-G (Compact Disc-Graphics), CD-I(Compact Disc-Interactive), CD-ROM(Compact Disc-Read Only Memory) 등이 있으며, 이 CD류는 많은 양의 정보를 수록할 수 있고, 오디오 CD(Audio CD)처럼 취급이 편리하며, 물리적인 포맷이 표준화되어 있을 뿐만 아니라 오래 사용할 수 있으며 값이 저렴하고 일단 수록된 정보가 사고로 지

워지거나, 조작되거나, 훼손될 염려가 없기 때문에 멀티미디어 프로그램을 저장하는 데 주로 사용이 되고 있다. 또한 양질의 오디오와 영상을 수록할 수 있을 뿐만 아니라 많은 양의 정보를 저장할 수 있어 멀티미디어 프로그램 저장에 가장 알맞은 매체로 인정되고 있다. 예를 들면, CD-ROM 한 장에 650MB의 정보를 수록할 수 있는데, 이는 자기 디스크 1,500여 장 또는 A4용지 25만여 장에 수록될 수 있는 정보에 해당하며, CD-ROM Player가 있어야 사용이 가능하다.

3) 멀티미디어 활용분야

멀티미디어는 다른 매체와 비교할 때 매우 강력한 매체이며, 새로운 분야의 매체와 결합함으로써 더욱 강력한 기능을 가진 매체가 된다. 현재의 매체 기능은 빠른 시간 내에 초고속 통신망, 양방향 화상 전송장치, 인공위성에 의한 위치추적 장치 등과 결합함으로써 언제 어디서나 원하는 정보를 접할 수 있으며, 어디에서나 자신의 업무를 수행할 수 있을 것이다. 이러한 분야에서의 연구는 원격진료, 원격화상회의 그리고 가상대학 등으로 이루어지고 있다. 그러나 현재 시점에서 이러한 분야에서의 활용은 이루어지지 않고 있으며, 현재 활용 가능한 분야에 대하여 간략하게 제시하면 다음과 같다.

(1) 키오스크

키오스크(kiosk)란 안내소 같은 역할을 하는 것으로 백화점으로 물품판매소 등에 설치해 놓고 필요한 물품을 어느 상점에서 취급하는지 또는 어디에서 구할 수 있는지 알 수 있게 해 놓은 일종의 안내형식의 멀티미디어 프로그램을 뜻한다. 만약 자동차를 수리하고자 할 때에, 자신의 차에 필요로 하는 부품이 어느 자동차 대리점에 있는지를 알려 주며, 수리 가능한 시간도 알려 준다. 그리고 버스 노선 안내나 지하철 노선 안내에도 활용된다. 또한 외국에서는 박물관, 박람회장이나 식물원, 동물원 같은 곳에도 설치되어 있어 각 식물의 특성이라든가 원천지 등의 정보를 제공해 준다. 또한 공공장소에서는 공공소식을 제시하기도 한다. 키오스크는 많은 사람이 사용하는 것을 목적으로 개발되었기 때문에 사용하는 프로그램도 간단하고 사용이 용이하도록 구성되어 있으며, 키보드나 마우스보다는 일반적으로 터치스크린을 사용한다.

(2) 오디오/비디오 분배

오디오/비디오 분배는 주문형을 의미하며 가정이나 직장 또는 학교에서 필요한 오디오나 비디오를 주문하여 받아서 듣거나 보며, 사용하는 것을 뜻한다. 물론 내용으로는 오락적인 것, 시사적인 것, 교육적인 것, 또는 경제적인 것 등이 모두 포함된다. 현재 많은 청소년들이 CD플레이어나 테이프 플레이어 대용으로 활용하고 있는 대용량의 MP플레이어를 하나의 예로 들 수 있다. 컴퓨터 통신망을 통하여 자신이 원하는 음악을 다운받아 이것을 자신의 취향에 맞게 감상할 수 있다. 그리고 영화를 인터넷을 통하여 제공하는 서비스도 현재 이루어지고 있다. 이러한 정보의 서비스는 빠른 통신속도와 데이터 압축이 필요로 하는 기술적 요구가 있지만 현재 이루어지고 있다.

(3) 제 조

제조 분야에서는 상품이 나오기까지의 과정을 멀티미디어를 이용하여 통제할 수 있으며, 또 작업 상황 등을 모니터할 수도 있다. 미국의 Federal Express회사에서는 비행의 고장 수리부터 우편물의 추적까지 모든 과정을 이 멀티미디어를 이용하여 설명하고 있어 세계 각 곳에 퍼져 있는 지사에서도 본사와 똑같은 정보를 받을 수 있으며, 이 멀티미디어 프로그램이 제시하는 설명을 보고서 업무를 처리하기도 한다.

(4) 교육/연수

멀티미디어를 이용하여 교육도 실시할 수 있으며 기업체 연수도 실시할 수 있다. 멀티미디어를 이용하여 교육이나 연수를 할 때의 장점은 첫째, 개인차를 고려한 개별화 학습이 가능하고, 둘째, 풍부한 학습 환경을 제공해 줄 수 있으며, 셋째, 시간과 공간을 초월한 학습이 가능해진다는 것이다. 현재 멀티미디어는 초고속 원격통신과 결합하여 대용량의 정보를 실시간에 전송할 수 있으므로 가상대학이 가능하게 되었다. 이러한 강력한 기능은 교육/연수 기능뿐만 아니라 원격화상회의의 실시도 가능하게 하였다.

(5) 미디어 제작

멀티미디어 영화나 비디오 제작 분야에서도 활발히 이용되고 있다. 최근 만들어지고 있는 대다수의 영화에서 멀티미디어가 이용되고 있으며, Toy Story는 컴퓨터만을 이용하여 만든 영화이기도 하다. 과거 디즈니사의 유명한 애니메이션 영화는 사람이 직접 그려서 만든 영화이지만, 요즈음에는 컴퓨터를 이용하여 애니메이션 영화를 제작하고 있다. 이외에도 테마 유원지, 즉 해저탐색, 야생동물, 우주탐험 등 하나의 주제를 집중적으로 취급한 유원지 등에서도 활용이 된다. 또한 오락물 제작이나 광고물 제작에서도 활발히 이용되고 있다.

(6) 상(image)과 시뮬레이션

멀티미디어는 의학 분야나 엔지니어링 분야에서도 활발히 이용되고 있다. 의학 분야에서는 환자들의 기록이나 진단결과물, 즉 X-ray나 위 내시경 사진들을 CD-ROM에 수록 · 보관할 뿐만 아니라 이외에도 심장의 심전도나 심장소리 등을 연구나 학습용으로 영구 보관할 수도 있다. 지금 현재 의학 분야에서 가장 잘 알려진 멀티미디어 프로그램으로는 미국에서 제작된 해부학을 가르칠 목적으로 고안된 ADAN이라는 CD-ROM Titles이다. 또한 엔지니어링 분야에서는 디자인이나 모델을 만들 때 이 멀티미디어를 이용하여 손쉽게 작업을 하기도 하고 일단 작업이 끝난 결과물을 수록 · 보관하기도 한다.

(7) 비즈니스 탁상출판

비즈니스 탁상출판을 이용해서 분야에서 많은 사람의 명단 · 주소록 등을 수록하거나 문서를 멀티미디어에 보관하기도 하고 회의를 주관할 수도 있으며, 이외에도 하나의 뉴스 게시판 형식으로 뉴스를 전달할 수도 있다. 또한 잡지나 직장의 사보 제작에도 멀티미디어는 활용되고 있다. 우리나라에서도 많은 여성 잡지들이 탁상출판을 이용하여 제작 · 출판되고 있다. 현재 이러한 기능을 통하여 다양하게 활용되고 있다.

4) 교육용 멀티미디어의 활용방법

멀티미디어는 모든 정보를 손쉽게 재생할 수 있고, 사용자의 요구에 따라 저장된 정보를 재조합하여 사용할 수 있으므로 교수-학습 매체로서 활용도가 크다. 특히 인간은 실제적 감각을 사용하면서 학습할 때 그 효과가 크며, 또한 파지 정도도 높다. 그러므로 멀티미디어는 교육현장에서 활용할 수 있는 강력한 매체가 될 것이다. 멀티미디어가 교육에 활용될 때 그 유형은 다음과 같다.

(1) 교과과정을 담은 멀티미디어 프로그램

여기서 교과과정이라고 함은 우리가 정규 또는 비정규 학습에서 배우는 내용을 뜻한다. 따라서 교과과정을 담은 멀티미디어 프로그램을 가지고 학습자는 학습을 할 수 있으며, 그 프로그램이 목표로 삼는 것을 달성할 수 있는 것이다. 교과과정을 담은 멀티미디어 프로그램으로서는 간단한 개념이나 원칙을 가르치고 이를 토대로 문제해결을 하도록 하는 단독, 즉 한 개의 프로그램도 있으면 좀더 많은 주제를 다루는 연속 프로그램도 있다.

(2) 참조물로서의 멀티미디어 프로그램

CD-ROM을 이용하면 많은 양의 정보를 수록할 수 있다. 따라서 백과사전이나 사전류, 기타 참조물을 이 멀티미디어 프로그램에 수록하여 손쉽게 사용할 수 있다. 현재 많은 정보들이 CD-ROM에 담겨져 제공되고 있으며, 수천 장 분량의 백과사전이나 그림책 등을 제공하고 있다.

(3) 교수자료를 제시하는 도구로서의 멀티미디어 프로그램

교사가 학생들을 가르칠 때 사용해 오던 시청각 매체를 이용한 자료들, 즉 오디오테이프, 슬라이드, 그림, 사진, 투시물 자료(TP) 등을 멀티미디어 프로그램에 종합, 수록하여 교수제시도구로서 사용할 수가 있다.

(4) 학습자의 학습도구로서의 멀티미디어 프로그램

학습도구는 학교에서 수업을 받을 때 사용할 수 있는 도구와 학습자가 개인적으로 학습을 할 때 사용할 수 있는 도구로 구별지을 수 있다. 컴퓨터가 보급되기 이전에 학교교실에서 사용할 수 있는 주된 학습도구로는 교과서를 비롯하여 참고서, 연습문제집, 그리고 공책과 필기도구들이었다. 그러나 컴퓨터가 보급된 이래로 학습도구는 다양해져서 학습자는 컴퓨터를 바탕으로 한 여러 가지 컴퓨터 소프트웨어와 프로그램을 학습도구로 사용할 수가 있게 되었다. 뿐만 아니라 공책은 컴퓨터 스크린으로 대치가 되어 가고 있다.

(5) 학습자의 진단 및 평가도구로서의 멀티미디어 프로그램

학습자의 학습 정도를 측정하는 방법은 시험이나 문제집을 통하여 스스로 진단하는 방법이었다. 그러나 컴퓨터가 널리 보급되고 멀티미디어 프로그램을 이용할 때 우리는 과거의 인쇄된 시험지를 사용하여 진단 및 평가를 받던 수준을 훨씬 능가한 평가를 받을 수가 있다. 인쇄된 시험지에는 그림을 그려 넣을 수 있고 사진을 복사하여 첨부할 수는 있어도 동화상을 이용한 테스트는 불가능하였다. 특히 과학교과의 평가에서 선명하고 정확한 그림자료를 활용함으로써 학습평가를 보다 정확하게 할 수 있다. 나아가 의학이나 음악 또는 첨단공학 분야의 학습평가에서의 제한점을 극복할 수 있다.

(6) 창의적인 사고도구로서의 멀티미디어 프로그램

과거에는 창의적인 일이란 과학자나 예술가 등 극히 일부 사람에게 국한된 일로 간주되었다. 그러나 사실 인류역사가 이룩해 놓은 모든 발전은 인간의 창의적인 사고에 기초하고 있다. 인간은 누구나 사고를 한다. 따라서 우리 모두가 창의적인 사고를 할 수가 있다. 창의적인 사고란 시초부터 창의적이었던 것이 아니다. 모든 사고나 아이디어에는 창의적인 요소가 있으며 이 창의적인 요소를 개발하였을 때 창의적인 사고로 전환된다. 평범하고 진부하게 보였던 사고가 창의적인 사고로 전환하는 데 가장 많은 기여를 하는 것이 시각화이다. 머리로 생각한 것이 실제로 볼 수 있게 되고, 조작할 수 있고, 용이하게 수정할 수 있을 때 평범하게 보이던 사고의 창의적인 면이 개발될 수 있는 것이다. 멀티미디어 프로그램은 창의적인 사고를 가능케 하는, 우리가 현재 갖고 있는 도구 중에서 가장 뛰어난 도구이다.

Appendix

부록 | 실기교과 학습지도안의 실례

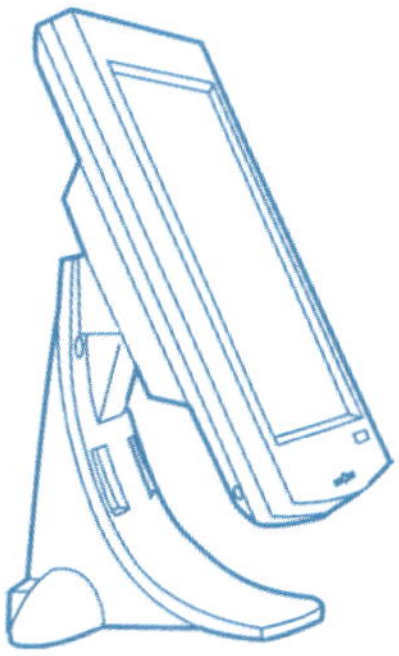

- 상업교과 학습지도안
- 체육교과 학습지도안
- 음악교과 학습지도안
- 미술교과 학습지도안

상업교과 학습지도안

1) 단원명

대단원 : 거래의 기장
소단원 : 상품매매에 관한 기장(상품재고장)

2) 단원설정의 이유

① 실업계 고등학교의 중심이 되는 과목으로서 졸업 후 직장생활에 직접관계가 있는 단원이므로, 학생들의 의욕과 활동도가 높아 학습동기를 유발시킬 수 있다.
② 상품매매업을 중심으로 하여 발생하는 각종의 거래를 충분히 파악하여 정확하고 규모 있는 장부를 기록・계산・정리・보고하는 회계처리는 모든 부기학습의 기초가 된다.
③ 올바로 배워서 경제생활에 그 방법과 실제면을 활용하여, 직장생활의 실무에 적응하는 능력과 태도를 길러준다.

3) 학습목표

① 상품재고장의 용도를 설명할 수 있다.
② 상품재고장의 종류를 나열하고 설명할 수 있다.
③ 상품재고장의 기장시 유의사항을 말할 수 있다.
④ 선입선출법으로 상품재고장을 작성할 수 있다.
⑤ 기장연습을 통하여 실무에 적용하는 태도를 기른다.
⑥ 매출・수입시 매출원가로 기장을 기록할 수 있다.
⑦ 수입과 인도란을 구별하여 기입할 수 있다.
⑧ 기장의 기말 잔액을 수입란과 구별하여 기입할 수 있다.

4) 학습과제 분석

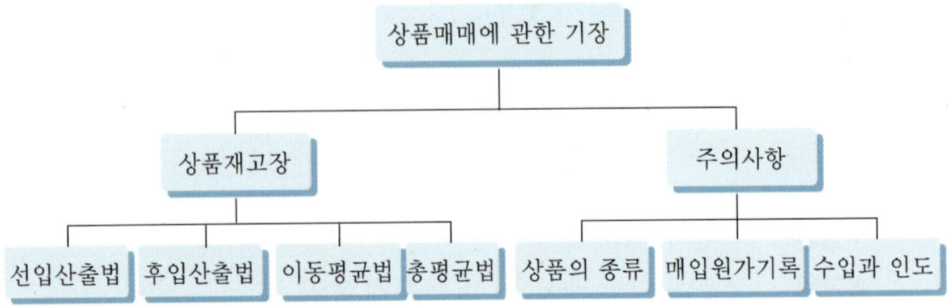

5) 본시 학습지도의 전개

구분 단계	학습내용	교수-학습활동		교수자료 매체, 방법	시간 (분)
		교사	학생		
도입	• 전시 학습복습 및 새로운 학습 내용 제시	• 전시 문제 질의 • 직업과 관련한 예시로 동기유발 • 학습목표 제시	• 응답 • 경청 • 목표 인식	• 교과서 • 전체 내용 구조도 TP 자료 (OHP)	5
전개 및 발전	2. 상품매매에 관한 기장 (1) 상품재고장 A. 상품재고장의 종류 ① 선입 선출법(FIFO) (first-in-first-out-method) ② 후입 선출법(LIFO) (last-in-first-out method) ③ 이동 평균법 (moving average method) ④ 총 평균법 (total average method) B. 상품재고장 기장 주의사항 ① 상품의 종류별로 기장 ② 매입 · 매출시 매입원가로 기입 ③ 수입란 : 상품매입 기업	• 내용별 학습 목표 제시 • 학습내용 판서(제시) • 질의(기장의 용도는? 상품재고장의 종류는? 상품재고장	• 내용별 학습 목표의 인식 • 지식 습득 (검토) • 읽기 또는 받아쓰기 • 습득된 지식을 말한다(응답)	• 교과서 • 판서 • 내용별 TP 자료 (OHP) • 설명식 • 질문법 • 토론법	32

전개 및 발전	(부대비용 포함)(흑색), 매입 환출(붉은 색), 매입 에누리(붉은 색) ④ 인도란: 매출 상품 기입(흑색), 매출 환입(붉은 색), 매출 에누리(기입 안 함) ⑤ 기말에 잔액을 인도란에 붉은 색으로 기입하여 수업란과 인도란의 합계를 평균시켜 마감한다. ⑥ 수입란과 인도란의 주기된 부분은 공제하여 마감한다. <예제> 다음 거래를 상품재고장에 기입하라(단, 선입 선출법에 의할 것). 11월 1일 A상품 매입 40개 @ ₩350 ₩20,000 운임 ₩400 현금지급 3일 A상품 매입 10개 6일 A상품 매입 60개 @ ₩540 ₩32,400 9일 A상품 6일 매입분 5개 환출 14일 A상품 매출 50개 20일 A상품 매입 30개 26일 A상품 매입 10개 환입 @ ₩350 ₩15,900 27일 A상품 25일 매입분 ₩900 에누리	기장시 유의사항은?) • 내용별 설명 • 질의 응답 유도 • 예제 제시 (적용) • 하위내용별 요약 및 판서(핵심내용)	• 이해를 위한 질의 및 토론(이해) • 예제 풀이를 통한 문제해결(적용) • 내용별 노트 정리	• 과제자료 (유인물) • 실습 • 개별지도	32
정리 및 평가	전체 내용 확인 및 요점정리	• 전체 내용 요약 • 학습내용 평가 질의	• 전체 내용 정리 및 최종 노트정리 • 질의응답	• 전체 구조도(OHP) • 질문법 • 형성평가	12
차시 예고	상품재고장 (후입선출법 및 이동평균법)	• 차시 내용 및 목표 제시	• 경청 및 받아쓰기		1

체육교과 학습지도안

1) 단원명

대단원 : 육상
중단원 : 장애물 달리기
소단원 : 허들 넘기

2) 단원설정의 이유

① 신체적으로 급속한 성장과 정서적 불안정의 특징을 지니는 중학교 학생들에게 이러한 육상운동을 시킴으로써 신체적 조화와 발달과 운동기능 향상 및 정서 순화에 도움을 줄 수 있다.
② 육상의 실천을 통해서 순발력 · 민첩성 · 근력 · 유연성 · 지구력 등의 발달을 꾀하며, 또 그 결과로 얻어지는 정신적인 건강의 문제까지 해결함으로써 -자신감 · 창조성 · 책임감 · 인내심 · 협동성 · 진취성 · 판단력 등의 사회적 태도 함양- 현대사회가 체육교과에 요구하는 바람직한 인간상으로 만들어 갈 수 있다.
③ 육상의 특성과 효과를 정확하게 익히고 실시하여 신체적인 지각, 운동 능력을 기름으로써 다른 운동활동을 실시함에 있어서 보다 효과적이고 능률적으로 자신의 신체를 조정할 수 있고 운동을 수행해 낼 수 있게 할 수 있다.

3) 학습목표

① 허들 넘기의 요소를 열거 · 설명할 수 있다.
② 올바른 스탠딩 출발법으로 출발할 수 있다.
③ 허들 넘기에 앞서 걸음 수를 조절할 수 있다.

④ 허들 앞에서 도약하여 넘을 수 있다.
⑤ 공중자세 시 올바른 팔과 다리의 자세를 취할 수 있다.
⑥ 올바른 착지자세를 취할 수 있다.
⑦ 올바른 허들 넘기를 할 수 있다.
⑧ 경기 규칙과 심판법을 숙지하여 육상 운동경기를 관전할 수 있다.

4) 학습과제 분석

• 허들 넘기 이론 : 1. 출발 → 2. 걸음수 조절 → 3. 도약 → 4. 자세 → 5. 착지
• 허들 넘기 실기 : 1. 스탠딩 → 2. 허들 앞 걸음 수 조절 → 3. 허들 앞 도약 → 4. 공중자세 → 5. 자세의 유지 → 6. 착지법 → 7. 허들 넘기

5) 본시 학습지도의 전개

구분 단계	학습내용	교수-학습활동		교수자료 매체, 방법	시간(분)
		교사	학생		
도입	• 새로운 학습내용 제시 • 학습목표 제시 • 실습시 주의사항 지시 • 몸풀기 체조 실시	• 허들경기 필름보여주기(동기유발) • 학습목표 제시 • 운동시 사고 설명 • 몸풀기 운동	• 필름 보기 • 목표 인식 • 주의 사항 경청 • 체조 실시	• 괘도 • 필름 (영화 또는 슬라이드)	5
전개 및 발전	1. 허들 넘기 • 출발법(스탠딩 출발법) • 걸음 수의 조절 • 허들 앞 도약(90cm) • 자세의 유지(도약시 각 다	• 내용별 학습목표 제시 • 학습내용 제시	• 시범을 본다 • 이해를 위한 질의(이해)	• 각 조별 허들 1개 • 시범과 모방	32

<table>
<tr><td rowspan="3">전개 및 발전</td><td>리의 90도 유지)
• 공중자세시 다리의 위치
• 공중자세시 팔의 자세
• 착지방법 및 착지시 자세</td><td>• 질의(허들 앞 도약 위치? 도약시 팔과 다리의 자세는? 착지시 다리의 위치는? 등)</td><td></td><td></td><td rowspan="3">32</td></tr>
<tr><td>2. 허들 넘기 조별 연습</td><td>• 허들 넘기 시범
• 조 구성
• 조장 결정 및 연습위치 지정
• 각 조별 순회 지도(적용)</td><td>• 조별로 3~5회 정도 허들 넘기 실시(적용)
• 조별 연습
• 시범을 통한 자세의 교정</td><td>• 조별연습
• 연습</td></tr>
<tr><td>3. 허들 넘기 전체 연습</td><td>• 자세 최종 시범(요약)
• 2~3회 전체 연습지도</td><td>• 순서에 따라 연습</td><td></td></tr>
<tr><td>정리 및 평가</td><td>• 전체 내용 확인 및 요점 정리
• 연습시 애로점 확인
• 평가
• 정리운동
• 운동기구 정리</td><td>• 전체 내용 요약
• 질의 및 평가
• 몸풀기 운동
• 운동기구 정리 지도</td><td>• 전체 내용 정리
• 응답 및 지명된 조 허들 넘기
• 체조 실시
• 운동기구 정리</td><td>• 괘도
• 설명
• 질문법
• 형성 평가</td><td>7</td></tr>
<tr><td>차시 예고</td><td>이어달리기</td><td>• 차시 내용 및 목표 제시</td><td>• 경청</td><td></td><td>1</td></tr>
</table>

음악교과 학습지도안

1) 단원명

대단원 : 감상

소단원 : 모음곡「동물의 사육제」감상

2) 단원설정의 이유

① 본 단원은 음악의 체험을 통한 미적 감각을 길러 주며 정서를 순화시키고 학생들의 감성을 계발시켜 주기에 적합하여, 정신적 및 육체적 변화가 매우 빠르고 자기를 표현하려고 하는 욕구가 강한 중학교 1학년들에게 적합하다.

② 중학교 학생들은 음악에 대한 관심이 점차 생기게 되며 음악의 아름다움을 체득할 단계이므로, 본 단원은 순음악보다는 이해가 쉬운 표제 음악을 통해 음악성을 계발시키는 데 큰 도움을 줄 수 있을 것이다.

③ 현대의 다양하고 급격한 변화에 의한 성장기 학생들의 정서적 불안을 감소시키고, 심리적인 안정을 얻게 할 것이며, 생활 속에서의 음악을 통한 음악을 즐길 수 있는 능력을 기르고 이를 통하여 원만한 사회인으로 성장하는 데 도움을 줄 수 있을 것이다.

3) 학습목표

① 사육제의 뜻을 설명할 수 있다.

② 모음곡의 뜻을 설명할 수 있다.

③ 감상곡에 나오는 여러 종류의 리듬을 칠 수 있다.

④ 악기의 음조를 구별할 수 있다.

⑤ 악기의 음빛깔, 리듬, 바르기, 셈여림 등에 따라 그 표현내용을 말할 수 있다.

⑥ 선율의 아름다움을 느낀다.

⑦ 음악을 끝까지 조용히 듣는 태도를 갖는다.

⑧ 음악 감상 및 문화공연장 이용시 예절을 습득한다.

4) 학습과제 분석

대단원

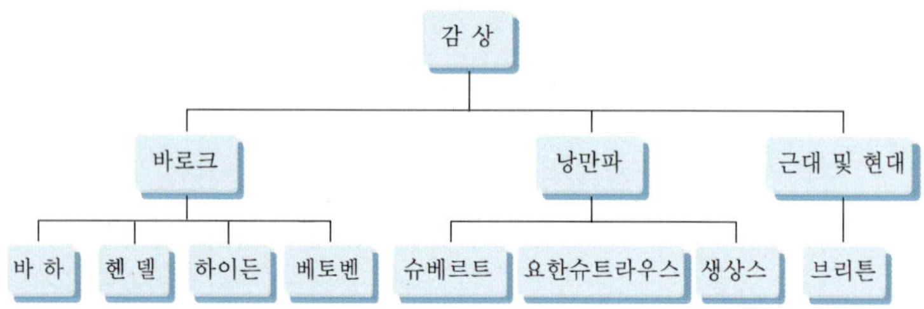

소단원

- 모음곡「동물의 사육제」 :
  - 사육제의 뜻
  - 모음곡의 뜻
- 감 상 :
  1. 악기의 리듬 치기
  2. 악기의 음조 구별
  3. 악기의 음빛깔
  4. 빠르기
  5. 셈여림의 표현
  6. 선율의 아름다움 느끼기
  7. 감상태도

5) 본시 학습지도의 전개

구분 단계	학습내용	교수–학습활동		교수자료 매체, 방법	시간 (분)
		교사	학생		
도입	• 전시 학습 확인 ① 생상스에 대하여 ② 제1곡, 2곡, 4곡 계이름 • 새로운 학습내용 제시(모음곡 『동물의 사육제』 감상) • 학습목표 제시 • 음악감상시 주의사항	• 전시 문제의 질의 및 확인(생상스를 설명하시오. 지휘에 따라 계이름으로 부르시오.) -동기유발 • 단원명, 학습 내용 제시 • 학습목표 제시 • 음악감상시 주의사항 전달	• 응답(생상스에 대해서 응답, 계이름으로 부른다.) • 경청 또는 받아쓰기 • 목표 인식 • 경청	• 교과서 • 녹음기 • 녹음테이프	4
전개 및 발전	1. 음악감상시 유의점 ① 끝까지 주의 깊게 듣는다. ② 제목에 맞는 분위기를 상상한다. ③ 여러 동물을 표현한 악기의 음빛깔, 리듬, 셈여림 등의 관계를 살핀다. ④ 반복되는 가락을 왼다. 2. 악기의 음빛깔, 리듬 ① 바이올린 ② 첼로 ③ 클라리넷 ④ 플루트 3. 감상곡 ① 제6곡 : 캥거루의 뛰는 모습을 꾸밈으로 나타냄	• 내용별 학습목표 제시 • 학습내용(제시) • 대표적인 현악기와 목관악기의 음빛깔과 리듬을 들려준다. • 감상곡설명	• 내용별 학습목표의 인식 • 지식 습득(검토) • 설명을 듣고 조용히 듣는다. • 경청 또는 필기	• 교과서 • 판서 • 녹음기 • 녹음테이프 • 설명식 • 교과서 • 유인물	34

전개 및 발전	② 제7곡 : 부드러운 선율로 평화로움을 표현함 ③ 제8곡 : 새의 우는 소리를 바이올린으로 묘사함 ④ 제9곡 : 뻐꾸기 우는 소리를 클라리넷으로 나타냄 ⑤ 제10곡 : 플루트와 합주로 많은 새들을 나타냄 ⑥ 제11곡 : 단순한 음계의 반복으로 피아니스트가 실력 없음을 나타냄 ⑦ 제12곡 : 실로폰으로 죽음의 무도를 나타냄(프랑스 민요도 나온다) ⑧ 제13곡 : 첼로의 아름다운 선율로 백조의 모습을 나타냄 ⑨ 제14곡 : 모든 동물이 차례로 나의 본격적인 사육제를 이루면 끝남	• 질의 (음악감상시 유의점은? 각 악기의 리듬을 쳐보다. 각 악기의 음빛깔을 느껴보자. 각 악기의 음조를 구별 해보자. 감상곡을 곡별로 설명하시오. 등)	• 습득된 지식을 말하거나 지시에 따른다 (응답) (악기의 소리에 따라 리듬을 쳐 본다. 악기의 음빛깔을 느낀다. 각 악기의 음조를 구별한다. 각 곡이 뜻하는 바를 발표한다.)	또는 TP 자료 (OHP) • 녹음기 • 녹음테이프 • 설명식 • 질문법	34
	4. 감상 ① 제6곡~제14곡 감상 ② 동물그림	• 9개 곡을 틀어준다. • 동물그림을 보여 준다.	• 동물그림을 보며 주의깊게 듣는다. • 동물의 동작과 곡의 리듬 • 음빛색깔의 관계를 살핀다. • 선율의 아름다움을 느끼려는 태도를 갖는다.		
	5. 감상소감 발표 ① 대표곡 제13곡	• 대표적인 제13곡을 한 번 더 들려 준다.	• 조용히 들으면서 감상한다. • 멜로디를 외어 노래	• 녹음기 • 녹음테	

전개 및 발전	② 감상소감 요령	• 제13곡의 멜로디를 외어 보도록 한다. • 감상소감 적기 요령 지도 예) 제 13곡 : 첼로의 부드러운 선율이 잔잔한 호숫가에서 평화로이 떠다니는 백조의 아름다운 모습을 연상하게 한다. • 2~3명 지명	한다. • 감상소감을 적는다. • 감상 후 느낀 점을 발표 한 다 . (2~3명)	이프 • 발표	34
정리 및 평가	• 전체 내용 확인 및 요점 정리 • 평가 및 의의	• 전체 내용 요약 • 질의 및 평가 예) 다음 멜로디를 연주한 악기는? 이 곡은 어떤 동물을 묘사했는가? 다음 곡은 제 몇 곡에 해당하는가? • 의미 전달 : 오늘 감상은 여러 동물을 재미있게 표현한 음악 이어서 이해도 쉽고 흥미 있었다. 앞으로 음	• 전체 내용 정리 • 응답	• TP 자료 (OHP) • 설명식 • 질문법 • 형성평가	6

정리 및 평가		악을 자주 들어 정서를 풍부하게 하여 즐거운 생활을 꾸려나가도록 노력하자.			6
차시 예고	현재명 작곡「고향생각」	• 차시 내용 및 목표 제시	• 경청		1

미술교과 학습지도안

1) 단원명

대단원 : 회화(관찰 표현)
소단원 : 수묵 채색으로 꽃그림 그리기

2) 단원설정의 이유

① 중학교 시기의 학생들은 미적 특성으로 자연을 시각적인 사실로 표현하고자 하는 사실적이고 객관적인 특성을 갖고 있으며, 또한 이 시기에 사실적인 묘사와 더불어 주관적이고 감성적인 표현도 어느 정도는 가능하다. 따라서 그리려는 대상을 관찰하고 그것을 사실적이고 객관적인 표현과 더불어 개성적인 표현도 할 수 있다.

② 학생들은 이제까지 회화, 조소, 디자인의 영역들을 학습해 오면서 대상을 관찰하고 묘사, 표현하는 능력을 길러 왔다. 이러한 학습경험을 바탕으로 본 단원을 학습함으로써 동양화의 표현 능력을 발전시키며 심미적 인격의 형성까지도 도모할 수 있다.

③ 오랜 역사 속에서 내려오는 우리나라 회화의 대표적이라고 할 수 있는 수묵 채색화에 대한 특징을 이해하고 구체적 · 직접적인 표현을 경험해 보고 감상하는 기회를 통하여, 우리 주위에 남아 있는 문화유산에 대해 감상할 수 있는 안목을 기르고 아끼고 보존하려는 마음을 기르는데 적합한 단원이다.

3) 학습목표

① 수묵 채색화의 특성을 설명할 수 있다.
② 동양화의 특징을 설명하고 종류를 열거할 수 있다.

③ 동양화의 재료를 열거하고 그 특성을 설명할 수 있다.
④ 재료의 특성을 살려 수묵 채색화의 표현기법을 설명할 수 있다.
⑤ 재료의 사용방법을 설명할 수 있다.
⑥ 소재의 관찰 표현에 맞는 수묵 채색기법을 설명할 수 있다.
⑦ 화면 전체 구성과 수묵, 채색의 조화를 설명할 수 있다.
⑧ 대상의 관찰 표현과 수묵 채색기법을 작품에 응용할 수 있다.
⑨ 짜임새 있는 화면 구성을 다른 조형활동에 적용할 수 있다.
⑩ 우리의 고유 문화유산을 감상하는 안목과 태도를 가진다.

4) 학습과제 분석

- 동양화의 특징
  - 정신적 표현
    - 주관적 감정표현
    - 선과 여백의 미
  - 정적 표현
    - 평면적 화면

- 동양화의 종류

◦ 준거: 먹과 채색 정도

- 수묵화
- 채색화
  - 수묵 담채화
  - 수묵 채색화
  - 진채화

◦ 준거: 그리는 소재

-산수화	-인물화	-초상화
-사군자	-풍속화	-영모화
-화조화	-화훼화	-초충도
-여행화	-기명 절지화	

• 동양화의 재료(문방사보)

문방사보 -종이(화선지) -붓 -먹 -벼루

-서전 -접시

-채색 물감 -물통

• 수묵 채색화 표현기법
- 구륵법
- 몰골법
- 삼묵법
  - 농묵
  - 중묵
  - 담묵

• 수묵 채색화 그리기

1. 대상의 관찰 표현(심미성과 창의성)
2. 짜임새 있는 전체 화면의 구성
3. 밑그림(하도) 작업의 이해
3. 수묵과 채색의 적절한 조화

5) 본식 학습지도의 전개(2차시)

구분 단계	학습내용	교수-학습활동		교수자료 매체, 방법	시간 (분)
		교사	학생		
도입	• 전시 학습 복습 및 새로운 학습내용 제시	• 전시내용 정리 및 질의(정리, 교과서에 실린 작품 감상 요구) • 전시와 관련지어 학습내용 제시(지난 시간에 꽃을	• 교과서 내용 확인 • 응답(문제에 답하고, 느낌을 대답한다) • 경청	• 교과서 • 질문법	5

도입	• 학습목표 제시	스케치 한 것을 밑그림으로 하여 화선지를 대고 연필로 윤곽선을 뜨고, 먹과 채색을 적절히 조화시켜 짜임새 있고 창의적인 수묵 채색화를 그려 보자) -동기유발 • 학습목표 제시	• 목표 인식		5
전개 및 발전	1. 동양화의 특징 ① 정신적인 표현: 사물의 본질 추구 ② 주관적인 감정 표현 ③ 선과 여백의 미 중시 ④ 정적인 표현 ⑤ 평면적인 화면: 그림자, 물체의 음영을 표현하지 않는다. 2. 재료의 특성과 사용법 • 화선지 · 붓 · 먹 · 벼루 · 서진 · 접시 · 채색 물감 · 물통 3. 수묵 채색화 표현기법 ① 구륵법 ② 몰골법 ③ 삼묵법 : 농묵, 담묵, 중묵 (기법) • 음영, 그림자를 나타내지 않고	• 내용별 학습목표 제시 • 학습내용 판서(제시) • 내용별 설명 • 질의 (동양화의 특징은? 동양화 재료의 사용법은? 수묵채색화의 기법의 차이는?)	• 내용별 학습 목표의 인식 • 지식 습득 (검토) • 읽기 또는 받아쓰기 • 습득된 지식을 말한다(응답)	• 화선지 • 붓 • 먹 • 벼루 • 접시 • 물감 • 물통 • 설명식 • 질문법	70

단계	학습 내용	교사 활동	학생 활동	자료	시간
	가장 튀어나온 부분을 진하게 그리고 먹선을 두른다. • 채색과 먹 쓰는 순서는 마음대로이다. • 먹색과 채색의 적절한 조화를 이룬다. 4. 예시 작품의 감상	• 작품을 보여주고 설명	• 짜임새 있는 화면구성을 이해한다.	• 예시 작품	
전개 및 발전	5. 제작방법 및 순서 ① 스케치 ② 화선지 대고 윤곽선 그리기 ③ 재료의 정돈 ④ 먹과 채색의 농담 조절 ⑤ 화면 전체 구성과 여백의 미를 생각한다.	• 작품 제작 순서 설명 • 주의사항 지시 • 재료를 사용하기 좋게 배치한다. • 종묵은 수정이 안 되므로 처음에는 중묵을 사용할 것 • 채색 물감이 너무 강렬하면 조화가 안 되므로 먹색을 조금 섞어서 사용할 것 • 짜임새와 여백의 미를 생각하면서 농담과 선에 변화를 주어 그린다.	• 먹과 채색의 어울림을 관찰한다. • 수묵 채색화 기법의 활용을 살펴본다.		70
	6. 제작상의 유의사항	• 제작상의	• 유의사항을	• 화선지	

전개 및 발전	① 화선지에 일단 붓질을 하면 수정이 불가능하므로 화면구성을 잘한다. ② 의도된 표현과 우연적인 표현효과를 적절히 활용한다. ③ 몰골법과 구륵법을 다양하게 활용한다. ④ 자유로운 표현으로 개성적인 작품을 만든다. ⑤ 밑그림과 똑같지 않아도 되므로 적당히 변화를 준다. ⑥ 먹물이 튀지 않도록 조심한다. ⑦ 차분히 해 나간다.	유의사항을 설명 • 유의사항에 대해 학생에게 질의	경청하고, 주요 사항을 필기 • 질의응답	• 붓 • 먹 • 벼루 • 접시 • 물통 • 물감 • 서진 • 꽃 • 화선지 • 스케치 본	
	7. 작품 제작 실시	• 작품완성 시간을 알려 주고 작업 시작을 지시 • 순화지도를 하면서 시범도 병행한다. • 준비물과 스케치가 잘 되었는지 점검하고, 짜임새 있는 구성을 하도록 유도한다. • 재료, 용구 사용에 어려운 점을 지도한다.	• 제작에 앞서 문의 • 작품완성 시간을 알고 제작 시작 • 스케치를 정리하고 밑그림을 화선지에 본뜨기 • 먹을 갈고 먹과 물감의 농담을 조절하며 그린다. • 제작의 어려움을 지도 받는다.	• 설명식 • 질문법 • 시범 • 개별지도	70
정리 및 평가	• 작품 완성	• 작품 완성을 마무리하도록 지시	• 작품 제작을 마무리한다.	• 완성작품	14
	• 평가 및 의의(감상)	• 완성된 작	• 친구들의	• 발표	

정리 및 평가	• 용구 정리 및 청소	품을 골라 감상시킨다. • 잘된 점과 잘못된 점을 학생들과 함께 지적한다(기법의 표현, 화면의 구성, 수묵과 채색의 조화, 심미성과 창의성 등). • 학생들의 이해 정도를 파악한다. • 개별 또는 전체적으로 느낀 점을 발표시킨다. • 용구의 정리 및 청소를 지시한다.	작품을 감상하고 그 느낀 점을 말한다.	• 질문법	14
차시 예고	수묵 담채화	• 차시 내용 및 목표제시	• 경청		1

참 고 문 헌

강인애 외(1997). 문제중심학습과 구성주의 이론. **21세기를 향한 교육공학의 이론과 실제**. 서울 : 교육과학사.

고윤희(1996). 문제중심 구성주의 수업과 전통적 수업이 학업성취에 미치는 효과. 한국교원대학교 대학원 석사학위논문.

권성호(1995). **교육공학원론**. 서울 : 양서원.

김경중 외(2006). **아동발달심리**. 서울 : 학지사.

김기정(1985). 학업성취와 지각된 양육태도가 자아개념에 미치는 영향. 중앙대학교 대학원 박사학위논문.

김석우 · 김대현(1999). **교육과정 및 교육평가**. 서울 : 학지사.

김신곤 외(1999). **실기교육방법론**. 서울 : 학지사.

김영환(1996). 과학교육에서의 멀티미디어. **교육방송연구, 제1집**.

김정휘 · 주영숙(1998). **교육심리학 탐구**. 서울 : 형설출판사.

김철주(1998). **효과적인 교수방법의 탐구**. 서울 : 강남대학교 출판부.

김호권(1985). **현대교수이론**. 서울 : 교육출판사.

문용린(1996). 한국학생들의 정서지능 측정 연구. **새로운 지능의 개념: 감성지능**. 피터셀로비 교수 초청강연회 자료집.

박영태(1995). **사랑의 학습지도법**. 서울 : 학지사.

박인우(1996). 학교교육에 있어서 구성주의 교수원리의 실현 매체로서 인터넷 고찰. **교육공학연구, Vol.12, No.2**.

박찬모 외(1995). **정보문화인의 컴퓨터 배우기**. 서울 : 교육과학사.

변영계 · 김영환 · 손미(2000). **교육방법 및 교육공학**. 서울 : 학지사.

송인섭(1989). **자아개념**. 서울 : 양서원.

신명희 · 박명순 · 권영심 · 강소연(2007). **교육심리학의 이해**. 서울 : 학지사.

신세호(1976). **교육력을 극대화하는 학습지도의 원리와 실제**. 서울특별시 교육청.

안범희(2000). **학교학습심리학**. 서울 : 하우.

유기섭(1993). **교육심리학**. 서울 : 동문사.

유기섭 · 김태호(2006). **교육심리학**. 서울 : 동문사.

유영만(1994). 수업체제설계의 연구동향과 발전방향 - 패러다임 전환과 이론적 실천에서의 시사점 논의를 중심으로 -. **교육공학연구, Vol.10, No.1**.

윤종건(1998). **창의력 이론과 실제**. 서울 : 원미사.

이영덕(1985). **수업이론**. 서울 : 한국방송통신대학교.

이화여자대학교 교육공학과(1998). **교육방법 및 교육공학**. 서울 : 교육과학사.

임규혁(1998). **교육심리학**. 서울 : 학지사.

임창재(1997). **교육심리학**. 서울 : 학지사.

전성연 · 백영균(1992). **교육과 컴퓨터**. 서울 : 양서원.

정순례(2003). **교육심리학**. 서울 : 원미사.

정범모(1991). **교육과 교육학**. 서울 : 배영사.

최철용(1985). 불안수준이 높은 아동을 위한 프로그램 교수자료에 의한 교수방법의 효과. 중앙대학교 대학원 석사학위논문.

하대현(1997). 새로운 지능개념으로서의 정서지능의 이해: 그 타당성과 한계. **사회과학연구**, 2, 1-43.

한국교육개발원(1993). **교수-학습을 위한 컴퓨터의 도구적 활용사례**. 한국교육개발원.

허운나(1989). 교육방법 쇄신책으로서의 원격교육. **교육공학연구**, **제5권 1호**, 51-70.

허형(1983). 학교학습모형의 개념적 문제와 학업성취 수준. **교육과정연구**, **제3집**, 75-94.

____(1996). **교육평가**. 서울 : 배영사.

____(1997). 유아교육과정의 방향: 구성주의적 접근. **유아교육학의 연구동향**, 제3회 유아교육학술대회 발표자료집, 87-111.

홍성윤 · 김유미(1999). **효과적인 교수방법: 교육방법 및 교육공학**. 중앙대학교 출판부.

황정규(1984). **인간의 지능**. 서울 : 문음사.

Alan, F.(1996). Are you smart enough to keep your job?. *Fortune*, *133(1)*, 34-36.

Alessi, S. M., & Trollip, S. R.(1985). *Computer-based instruction: Methods & development*. Englewood Cliffs, N. J. : Prentice-Hall Inc.

Bandura, A.(1963). The role of imitation in personality development. *Journal of Nursery Education*, *18*.

Bigge, M. L.(1982). *Learning Theories for Teachers(4th ed.)*. N. Y. : Happer & Row.

Bloom, B. S.(1956). *Taxonomy of Educational Objectives*: *The Classification of Educational Goals, Handbook 1: Cognitive Domain*. N. Y. :

Longmans Green.

___________(1968). Learning for Mastery, UCLA-CSEIP Evaluation Commend 1(2). In J. H. Block(Ed.). *Master Learning Theory and Practice*. N. Y. : Holt, Rinehart and Winston, Inc.

___________(1976). *Human Characteristic and School Learning*. N. Y. : McGraw-Hill Book Co.

Bonder, G. N.(1986). Constructivism: A theory knowledge. *Journal of Chemical Education.*

Bower, G. H.(1991). Mood congruity of social judgments. In J. P. Forgas (Ed.). *Emotion and Social Judgement*. Oxford : Pergamon Press.

Branson, R. K.(1990). Issues in the designing of schooling: Changing the paradigm. *Educational Technology*, *April*, 7-10.

Bretz, R.(l971). *The selection of appropriate communication media for instruction: A guide for designers of air force technical training programs*. Santa Monica, CA : Rand.

Briggs, L. J., & Wager, W. W.(1981). *Handbook of procedures for the design of instruction(2nd ed.)*. Englewood Cliffs, N. J. : Educational Technology Publications.

Bruner, J. S.(1960). *The Press of Education*. Cambridge : Harvard University Press.

___________(1966). *Toward a Theory of Instruction*. Cambridge, MA : Harvard University Press.

Carroll, J. B.(1963). A model of school learning. *Teachers College Record*, *64*, 723-733.

Cognitive Technology Group at Vanderbilt(1990). Anchored instruction and its relationship to situated cognition. *Educational Researcher*, *19(6)*, 2-10.

Corey, R. E.(1967). The Nature of Instruction. In M. D. Merrill(Ed.). *Instructional Design: Readings*. N. J. : Englewood Cliffs, Prentice Hall, Inc.

Dale, E. A.(1969). *Audiovisual methods in teaching(3rd ed.)*. N. Y. : Holt, Rinehart, and Winston.

Dick, W., & Carey, L.(1996). *The systematic design of instruction(4th ed.)*. N. Y. : Harper Collins.

Diener, E., & Larsen, R. J.(1993). The experience of emotional well-being.

In Leis, M., & Haviland, J. M.(Ed.). *Handbook of Emotion*. N. Y. : Guilford Press.

Driscoll, M. P.(1994). *Psychology for instruction*. Needham Height, MA : Allyn & Bacon.

Estes, W. K.(1975). *Handbook of Learning and Cognitive Process*(*Vol. 1*). Hillsdale, N. J. : Erlbaum.

Fosnot, C. T.(1996). *Contructivism: Theory, Perspectives, and Practice*. N. Y. : Teachers College Press.

Gagné, R. M., & Briggs, L. M.(1979). *Principles of instructional design*. N. Y. : Holt, Rinehart and Winston.

Gagné, R. M., & Brriggs, L. J.(1987). Foundations in learning research. In R. W. Gagné(Ed.), *Instructional technology*. Hillsdale, N. J. : Lawrence Erlbaum Association.

Gagné, R. M., & Driscoll, M.(1988). *Essentials of learning for Instruction*(*2nd ed.*). Englewood Cliffs, N. J. : Prentice-Hall.

Gagné, R. W.(1985). *The conditions of Learning and Theory of Instruction (4th ed.)*. N. Y. : Holt, Rinehart and Winston.

Gardner, H.(1983). *Frames of mind: The theory of multiple intelligence*. N. Y. : Basic Books.

Gardner, H.(1993). *Multiple Intelligence*. N. Y. : Basic Books.

__________(1994). Cracking open the IQ box. *The American Orospect*, *20*, 71-80.

Gerlach, V. S., & Ely, D. P.(1980). *Teaching and media*. N. J. : Prentice-Hall, Inc.

Goleman, O.(1995). *Emotional Intelligence*. N. Y. : Bantham Blooks.

Gronlund, N. E.(1988). *How to Construct Achievement Tests*. N. Y. : Macmillan.

Guilford, J. P.(1988). Some changes in the structure of the intellect model. *Educational and Psychological Measurement*, *89*, 40-59.

Hannafin, M. J., & Peck, K. L.(1988). *Interactive computer-based technologies in the design development and evaluation of instructional software*. N. Y. : Macmillan Publishing Company.

Harrow, A. J.(1972). *A Taxonomy of the Psychomotor Domain: A Guide for Developing Behavioral Objectives*. N. Y. : Mckay.

Hilgard, E. R., & Bower, G. H.(1981). *Theories of Learning*(*5th ed.*).

Englewood Cliffs, N. J. : Prentice Hall, Inc.

Jere, C.(1996). A theory of intellectual development(part 3). *For the Learning of Mathematics*, *15(2)*, 36-45.

John, O.(1996). An emotional intelligence: a conversation with Daniel Goleman. *Educational Leadership*, *54(1)*, 6-11.

Jonassen, D. H.(1992). Thinking technology: Context is everything. *Educational Technology, 31(6)*, 35-37.

_______________(1998). *Learning with Technology in the Classroom: A Constructivist Perspective.* Upper Saddle River, N. J. : Merrill/ Prentice Hall.

Keavsley, G.(1987). *Artificial intelligence and instruction*. Addison-Wesley. Pub. Co..

Krathwohl, D. R., Bloom B. S., & Masia, B. B.(1964). *Taxonomy of Educational Objective: The Classification of Educational Goals, Handbook 2*: *Affective Domain.* N. Y. : David Mckay.

Mager, R. F.(1975). *Preparing instructional objectives*. Palo Alto, Calf. : Fearnon Publishers.

Mayer, J. D., & Salovey, D.(1990). Emotional intelligence. *Imagination, Cognition, and Personality*, *9*, 185-211.

Merrill, M. D.(1990). The second generation instructional design research program. *Educational Technology*, *30(3)*, 26-31.

Merrill, P. E. et al.(1992). *Computers in education*. Boston : Allyn and Bacon.

Morgan, T. C., King, R. A., & Robinson, N. M.(1979). *Instruction to Psychology*. Tokyo : McGraw-Hill.

Papert, S.(1980). *Mindstorms*: *Children, computer and powerful ideas*. N. Y. : Basic Books.

Reigeluth, C. M.(1983). Instructional Design. What Is It and Why Is It?. In C. M. Reigeluth(Ed.). *Instructional Design Theories and Models: An Overview of their Current Status*. N. J. : Hillsdale, Lawrence Erlbaum Associates.

Rogers, C. R.(1969). *Freedom to learn.* Columbus, Ohio : Merrill.

Rosenthal, R., & Jacobson, L.(1966). Teachers expectancies: Determinants of pupils' IQ gains. *Psychological Reports, 19*, 115-118.

Salovey, P.(1996). *Emotional intelligence: another way to be smart?.*

Salovey, P., & Mayor, J. D.(1996). *What is Emotional Intelligence?.*

Sattler, P.(1990). *The Evolution of American Educational Technology*. C. O. : Libraries Unlimited.

Taylor, R. P.(1980). *The computer in the school: Tutor, tool, tutee.* N. Y. : Teachers College Press.

Torrance, E. P.(1970). *Encouraging Creativity in The Classroom*. Dubuque, IA : Wm. C. Brown.

Water. E., Garber. J., Gornal, M., & Vaughn, B. E.(1983). Q-sort correlates of visual regard among preschool peer: Validation of behavioral index of social competence. *Developmental Psychology, 19(4)*, 550-560.

Watt, D. H.(1980). Computer literacy: What should schools be doing about it?. *Classroom Computer News, November-December.*

Witkin, H. A., Moore, C. A., Goodenough, D. R., & Cox, P. W.(1977). Field-dependent and field-independent cognitive style and their educational implication. *Review of Educational Research*, *47*, 1-64.

Yelon, S. L., & Weistin, G. W.(1977). *A teacher's world.* N. Y. : Mcgraw-Hill Inc.

Zigler, E., & Trikett, P. K.(1978). I.Q., social competence and evaluation of early childhood intervention programs. *American Psychologist, 33(9)*, 778-798.

찾 아 보 기

[인 명 색 인]

[본 문 색 인]

공저자 소개

김 진 호
중앙대학교 교육학과 졸업
동 대학원 석 · 박사과정 교육심리학 전공
현, 연성대학교 유아교육과 교수
현, 한국열린유아교육학회 이사
주요저서
교육방법의 기초/유아정신건강/유아교육과정 등

최 철 용
강원대학교 교육학과 졸업
중앙대학교 대학원 교육학과(교육심리학 전공) 석사, 박사
현, 강동대학교 유아교육과 교수
현, 한국교육학회 학생위원
현, 한국열린유아교육학회 이사
주요저서
교육방법의 기초/교육학개론/교육심리학 등

박 혜 경
중앙대학교 교육학과 졸업
중앙대학교 대학원 교육학과(교육심리학 전공) 석사, 박사
한국대학교육협의회 고등교육연구소 박사 후 과정 수료
현, 중앙대학교, 건국대학교, 연성대학교 강사
주요저서
교육방법의 기초/교육학개론/교육심리학 등

강 병 재
중앙대학교 교육학과 졸업
중앙대학교 대학원 교육학과(교육심리학 전공) 석사, 박사
현, 중앙대학교, 경희대학교, 한남대학교, 청주대학교 강사
주요저서
교육방법의 기초/교육학개론/교육심리학/교육연구법 등

실기 · 예비교사를 위한
교육방법론

초판 1쇄 발행 / 2007년 8월 14일
초판 8쇄 발행 / 2018년 2월 20일

공저자 / 김진호 · 최철용 · 박혜경 · 강병재
발행인 / 이 중 수
발행처 / **동 문 사**

서울특별시 서대문구 홍제동 137-8
Tel : 02)736-3718(대), 736-3710, 3720
Fax : 02)736-3719
등록번호 : 제9-17호
가격 : 16,000원

ISBN : 978-89-8251-281-0(93370)
E-mail : dong736@naver.com
www.dongmunsa.com